Ja!
genau

Deutsch als Fremdsprache
Kurs- und Übungsbuch

Claudia Böschel
Carmen Dusemund-Brackhahn
Sabine Roth

A2
Band 2

Ja genau! A2/2
Deutsch als Fremdsprache

Im Auftrag des Verlages erarbeitet von:
Claudia Böschel, Carmen Dusemund-Brackhahn und Sabine Roth

In Zusammenarbeit mit der Redaktion: Andrea Finster (verantwortliche Redakteurin)

Bildredaktion: Nicola Späth
Projektleitung: Gunther Weimann

Beratende Mitwirkung: Eva Enzelberger, Bernhard Falch, Sara Hägi, Christina Lang,
Ester Leibnitz, Lidia Wanat

Illustrationen: Joachim Gottwald
Layoutkonzept und technische Umsetzung: zweiband.media, Berlin
Umschlaggestaltung: Rosendahl Grafikdesign, Berlin

Weitere Kursmaterialien:
Audio-CD für den Kursraum (ISBN 978-3-06-024169-9)
Sprachtraining A2 + DaZ (ISBN 978-3-06-024164-4)
Sprachtraining A2 + DaF (ISBN 978-3-06-024163-2)
Handreichungen für den Unterricht (ISBN 978-3-06-024173-6)

www.cornelsen.de

1. Auflage, 4. Druck 2015

Alle Drucke dieser Auflage sind inhaltlich unverändert und können im Unterricht nebeneinander
verwendet werden.

© 2011 Cornelsen Verlag, Berlin
© 2014 Cornelsen Schulverlage GmbH, Berlin

Druck: Firmengruppe APPL, aprinta Druck, Wemding

ISBN 978-3-06-024160-6

PEFC zertifiziert
Dieses Produkt stammt
aus nachhaltig
bewirtschafteten
Wäldern und
kontrollierten Quellen
PEFC/04-32-0928 www.pefc.de

Die Autorinnen im Gespräch
Anstelle eines Vorworts

Ja genau?!

Ja, das Lehrwerk ist unsere Antwort auf die aktuellen Anforderungen an den DaF- oder DaZ-Unterricht, wie zum Beispiel ...

Oh ja, ich kenne sowohl die Praxis als auch die Curricula und weiß, wo es immer hakt. Die **heterogene Lernerschaft** und die zum Teil sehr schwierigen Rahmenbedingungen sind eine echte Herausforderung.

Ja genau. Auch wir kennen die Praxis mit all ihren Schwierigkeiten, aber auch Erfolgversprechendes. Und dazu gehören unserer Meinung nach **ganzheitliche Ansätze**, der **Fokus auf die Stärken der Lernenden**, also **ressourcenorientiertes Arbeiten** – und natürlich **Humor**. Und wir schätzen effektive **Automatisierungsübungen** und ...

32

Ich habe ja schon einiges beim ersten Durchsehen entdeckt: Manchmal muss man **vor- oder zurückblättern**, sodass bereits Behandeltes unter einem anderen Aspekt wieder aufgegriffen wird, Stichwort **Lernschleifen**. Es gibt viele Angebote zur Binnendifferenzierung, wie zum Beispiel den Übungstyp **Schon fertig?** und mit **Musik**, **Bewegung** und **Visualisierungen** werden alle Lerntypen angesprochen.

✓ **Schon fertig?**

Ja, ganz genau. Wichtig war uns außerdem, dem Lernenden Raum zu lassen, um **zu verweilen** und **sich einzubringen**. Wir wollen **neugierig machen** und **Interessen wecken** und vor allem ist uns wichtig ...

Meinen Sie den Dosenöffner?

Ach, Sie kennen den?

Ja, den habe ich in der HRU (Anmerkung der Redaktion: Handreichungen für den Unterricht) gefunden: Er weist auf ein Grundprinzip hin. Die Idee ist natürlich nicht neu, den Lernenden das Werkzeug an die Hand zu geben, damit sie **selbstständig im deutschsprachigen Raum zurechtkommen**. Aber der Öffner veranschaulicht das ganz nett.

Genial, dass Sie die HRU gelesen haben. Aber was wir eben sagen wollten: Vor allem ist uns wichtig, dass die Lernenden **genauer hinschauen** bzw. **hinhören** und dadurch immer wieder **Aha-Erlebnisse** haben.

Klar, deswegen ja auch der Titel. Mir ist übrigens dadurch erst bewusst geworden, wie oft ich eigentlich „Ja genau!" sage ...

Und wir erst! Jedenfalls hoffen wir auf viele Erkenntnisse – beim Deutschlernen und Deutschlehren. Wir freuen uns sehr auf den **Dialog** mit Lehrenden und Lernenden und wünschen viel Spaß und Erfolg mit *Ja genau!*

Ja genau!

- ein Lehrwerk für Erwachsene ohne Vorkenntnisse

- in sechs Bänden:
  Band 1 und 2 führen zur Niveaustufe A1, Band 3 und 4 zu A2,
  Band 5 und 6 zu B1 des Gemeinsamen europäischen Referenzrahmens

- Das Lehrwerk bereitet auf folgende Prüfungen vor:
  Goethe-Zertifikat A1: Start Deutsch 1; telc Deutsch A1; ÖSD A1
  Goethe-Zertifikat A2: Start Deutsch 2; telc Deutsch A2; ÖSD A2
  Goethe-Zertifikat B1: Zertifikat Deutsch; telc Deutsch B1; Deutsch-Test für Zuwanderer;
  Österreichisches Sprachdiplom Deutsch B1

- Jeder Band hat sieben Einheiten.

- Jede Einheit besteht aus zehn Seiten:
  zwei Einstiegsseiten, vier Präsentationsseiten, eine Projektseite, eine Extra-Seite mit fakultativem
  Zusatzmaterial, eine „Ich kann ..."-Seite als Zusammenfassung der Lerninhalte und eine Über-
  gangsseite „Und wie geht es weiter?", die auf das kommende Thema einstimmt.

- Der Übungsteil ist ins Kursbuch integriert. Zu jeder Einheit gibt es fünf Seiten mit Übungen
  sowie eine Seite, die den Lernwortschatz präsentiert.

- In das Kurs- und Übungsbuch eingelegt ist eine Audio-CD für Lernende (mit allen Hörtexten
  des Übungsteils).

- Neben dem Kurs- und Übungsbuch gibt es noch: ein Trainingsheft, eine Audio-CD für Lehrende
  (Kursraum-CD) und die Handreichungen für den Unterricht.

Legende

Die Symbole und ihre Bedeutung

Hier gibt es etwas zu hören.
5   Wo? Zahl = Tracknummer der Kursraum-CD für Lehrende.
Nur die Tracknummern im Übungsbuchteil beziehen sich auf die im Buch eingelegte CD.

Hier arbeiten Sie zu zweit.

Hier arbeiten Sie mit dem Ich-Text – in vier oder fünf immer gleichen Schritten.
Sie werden in Einheit 8 (vgl. S. 7) erklärt, danach taucht nur noch die Hand als Symbol auf.

7   Hier müssen Sie vor- oder zurückblättern. Wohin? Die Seitenzahl ist angegeben.

Was!? Schon fertig? Hier finden Sie weitere Aufgaben.

 Hier werden Sie aufgefordert, das Erlernte in der Welt draußen auszuprobieren. Wenn Sie nicht in
D A CH lernen, nutzen Sie das Internet oder probieren Sie die Aufgabe im Kursraum aus.

Hier finden Sie zusätzliche Übungen, wenn Sie etwas vertiefen wollen.

Inhalt

Medien im Alltag

Medien früher und heute

1 Was ist das? Hören und raten Sie.

> Ich höre ein Handy.

> Das ist vielleicht eine ...

2 Wo und wann benutzen Sie heute Medien? Und früher?

Früher habe ich jeden Tag ... Stunden ferngesehen. Heute bin ich ... im Internet./
spiele ich am Computer.
Morgens/Samstags/... höre ich immer noch Radio./ ... lese ich Zeitung./ ... sehe ich ...
Früher habe ich abends mit meiner Familie/meinen Freunden ... telefoniert. Heute skype ich./
schreibe ich SMS.
Nach der Arbeit .../Wenn ich Bus/U-Bahn/... fahre, lese ich/ höre ich Musik/ ... Früher hatte ich
einen CD-Player, heute benutze ich einen MP3-Player.
Heute gehe ich oft/manchmal/jede Woche/jeden Tag ins Internetcafé.
Beim Kochen höre ich immer Musik./Beim Essen sehen wir oft fern.

3 Medienwörter systematisch. Ergänzen Sie die Grafik.

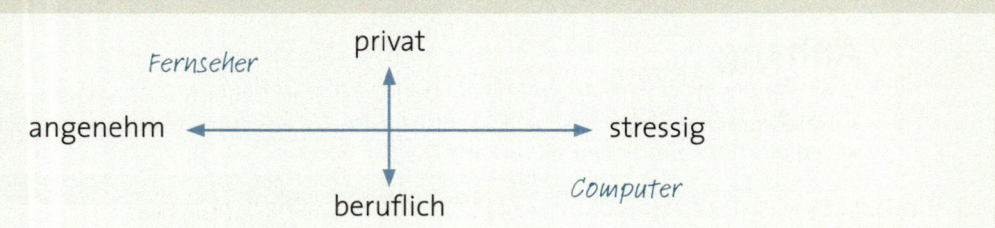

privat

Fernseher

angenehm ←——————→ stressig

beruflich

Computer

8

→ über Medien im eigenen Alltag sprechen → das Fernsehprogramm verstehen
→ einen Zweck ausdrücken: Nebensätze mit *damit* → Verben nominalisieren:
beim Kochen ... → *welcher, welches, welche* → englische Wörter auf Deutsch

4 Computer und Internet.
a) Was meinen Sie, was steht im Text? Lesen Sie die Überschriften und sammeln Sie Ideen im Kurs.

b) Das ist neu. Unterstreichen Sie diese Wörter im Text und klären Sie sie im Kurs.

erobern • abstürzen • anders (sein) • recherchieren • jemandem etwas mitteilen •
die Besprechung • der Bote/die Botin • die Agentur • bestellen • der Umschlag • spannend •
das Gespräch • der Internetzugang • der PC

Hat der Computer Ihr Leben verändert?

„Ohne ihn sind wir verloren!" sagt die Lektorin Anna Maluki. Der Computer hat in den letzten
20 Jahren nicht nur ihren Alltag erobert. Aber wie war es früher? Anna Maluki erinnert sich

Wenn heute der Computer abstürzt, ist das Arbeiten nicht mehr möglich. Das war früher anders. Wir haben Briefe geschrieben und zum Recherchieren telefoniert, oder wir sind in die Bibliothek gegangen.

5 Wenn ich meinen Kollegen etwas mitteilen oder Besprechungen organisieren wollte, musste ich ein „Memo" schreiben. Diese Nachrichten hat dann ein Bote im Haus verteilt.

Auch unsere Fotos habe ich per
10 Post bei den Agenturen bestellt. Nach zwei Tagen habe ich einen dicken Umschlag mit vielen Bildern bekommen. Das war immer sehr spannend. Die Bilder haben wir zusammen aus-
15 gesucht.

Seit es das Internet gibt, machen wir alles am Computer. Das geht viel schneller. Aber oft fehlt das gemeinsame Gespräch. Man kann fast alles per E-Mail organisieren und findet fast jede Information im Netz. Aber ich frage mich, ob wirklich jede E-Mail so wichtig ist? Täglich 20 kommen mehr ...

Ich habe auch privat einen Internetzugang. Aber den nutze ich nicht so oft. Nur zum Buchen von Reisen oder wenn ich wissen will, was im Kino läuft. Ich sitze den 25 ganzen Tag am PC, da will ich abends nicht mehr ins Internet. Das ist bei meinen Kindern ganz anders ...

5 Fünf Schritte. Arbeiten Sie mit dem Text.

1. Schritt: Ich-Erzählerin → Sie-Erzählerin (Zeile 5–13)
   Wenn ich meinen Kollegen ... → *Wenn sie ihren Kollegen ...*
2. Schritt: Rückblick (Zeile 22–28)
   Ich habe auch privat einen ... → *Ich hatte auch privat ...*
3. Nacherzählung mit Nebensätzen (Zeile 9–15)
   Auch unsere Fotos haben wir ... → *Sie sagt, dass sie auch ihre Fotos ...*
4. Schritt: Schreiben Sie eine W-Frage und stellen Sie sie im Kurs.
   → *Wie hat sie früher Besprechungen organisiert?*
5. Schritt: Finden Sie zu jedem Textabschnitt eine Überschrift.
   → *Früher war es anders / Jetzt gibt es das Internet*

✓ **Schon fertig?**
Was glauben Sie, was ist bei den Kindern von Anna anders?
Machen Sie Stichpunkte.

6 Und bei Ihnen? Was hat sich in den letzten zehn Jahren geändert?

Damit ich unterwegs ...

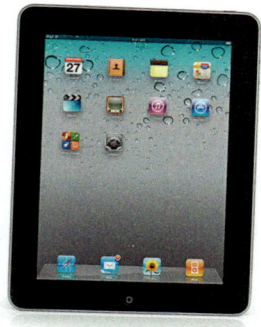

○ 3

7 Der Tablet-Computer.
a) Freut sich Sabine über das Geschenk?
Hören und antworten Sie.

☐ Filme/Bücher runterladen
☐ E-Mails checken/ beantworten
☐ Filme ansehen
☐ lesen
☐ Fotos ansehen
☐ im Internet surfen
☐ chatten
☐ arbeiten
☐ spielen

b) Was macht Sabine mit dem Tablet-Computer? Lesen Sie den Dialog und die Wörter rechts. Kreuzen Sie an.

Sabine: Hallo Julia, stell dir vor, ich habe von meinen Eltern einen Tablet-Computer zum Geburtstag bekommen! Damit ich nicht immer so viele Bücher auf Reisen mitnehmen muss!

Julia: Cool. Wie ist er denn so?

Sabine: Also zum Bücherlesen ist er toll. Aber ich muss vor der Reise die Bücher aus dem Netz runterladen. Denn ich habe keinen mobilen Internetzugang. Das ist mir zu teuer.

Julia: Das heißt, du kannst deine Mails gar nicht checken, wenn du unterwegs bist?

Sabine: Nur wenn es einen HotSpot gibt. Aber das stört mich nicht. Beim Schreiben muss ich die Bildschirmtastatur benutzen, da bin ich noch etwas langsam. Aber ich möchte meine E-Mails auch gar nicht beantworten, wenn ich im Urlaub bin.

Julia: Kannst du Filme ansehen?

Sabine: Na ja, eigentlich schon ... aber das Runterladen dauert ganz schön lange und teuer ist es auch ... Aber die Bildqualität ist super. Zum Filme ansehen, Zeitunglesen und Internetsurfen ist der Tablet-Computer toll. Und es gefällt mir, dass man nicht mehr mit der Maus klicken muss. Ich tippe einfach auf den Bildschirm. Das ist ganz leicht ... und man versteht es auch ohne Gebrauchsanweisung. Mit dem Finger kannst du durch die Seiten blättern, spielen, etwas vergrößern, Fotos ansehen – alles, was man im Internet so machen kann. Aber zum Schreiben, Chatten oder Arbeiten finde ich das Notebook besser.

Julia: Warum soll ich mir dann einen Tablet-Computer kaufen? Nur damit ich keine Bücher mehr mitnehmen muss?

Sabine: Na, ja, wenn ich mein Notebook auf Reisen mitnehme, arbeite ich auch. Ich denke, ein Tablet-Computer ist vor allem für die Freizeit gut. Ich nehme ihn mit, damit ich das Internet zum Entspannen und nicht zum Arbeiten nutze. Doch, ich mag meinen Tablet-Computer!

8 Was machen Sie am Computer? Haben Sie auch einen Tablet-Computer?

> *Ich gehe jeden Tag ins Internet und chatte mit meinen Freunden.*

> *Ich arbeite nur am Computer.*

> *Mit dem Computer kann ich meinen Freunden Fotos schicken.*

9 Was nehmen Sie auf Reisen mit? Begründen Sie wie im Beispiel.

Zeitung • Krimi • Kinderbuch • Malbuch • Spiele •
MP3-Player • Notebook • Brote und Obst • Wasser

die Kinder spielen/malen • Musik hören • etwas essen/trinken • etwas vorlesen • lesen • arbeiten

Hauptsatz   Nebensatz
Ich nehme einen Krimi mit, damit ich unterwegs lesen kann.

10 *Damit* ... Verbinden Sie und schreiben Sie Sätze wie im Beispiel.

Meine Tochter braucht ein Handy, damit sie sagen kann, wo sie ist.

mein/e | Vater Mutter Bruder Schwester Sohn | braucht ...
       | Tochter Mann Frau Freund/in ... |

1. einen Fernseher
2. ein Handy
3. einen Internetanschluss und eine Kamera
4. eine Tageszeitung
5. einen Radiowecker
6. ...

a) sagen, wo er/sie ist / wann er/sie kommt *say where they're from*
b) SMS schreiben *write text*
c) sich nicht langweilen *don't get bored*
d) wissen, was in der Welt passiert *know whats going on in the world*
e) nicht verschlafen *not overslept*
f) mit ... im Ausland sprechen
g) ...

11 Nach *beim + zum* ist das Verb ein Nomen.
a) Lesen Sie. Finden Sie weitere Beispiele im Text auf Seite 8.

essen ► das Essen ► Beim Essen sehen wir oft fern.
Bücher lesen ► das Lesen ► Zum Bücherlesen ist er toll.

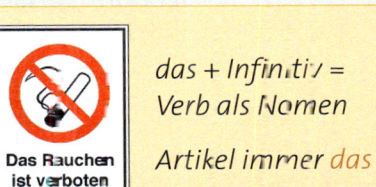

das + Infinitiv = Verb als Nomen

Artikel immer das

b) Finden Sie zu jedem Verb drei Sätze.

Zum Einschlafen lese ich einen guten Krimi.

putzen

Das Einschlafen

Das Putzen

Einschlafen

Beim Putzen höre ich immer Musik.

lesen • entspannen • fahren • lernen • fernsehen • schreiben • putzen • ...

Wann? (gleichzeitig):
Beim Kochen singe ich.
Wozu?
Zum Kochen brauche ich Zeit.

12 „Englische Wörter" auf Deutsch.
4   a) Hören Sie und singen Sie mit.
     b) Wie heißen diese Wörter in Ihrer Sprache?

Computer – Notebook – Handy
E-Mail und Internet
surfen – chatten – checken
CD – App und DVD
MP3 und Download

Was kommt denn heute?

13 Freitagabend. Was sollen wir uns anschauen?
a) Was kommt um 20:15 Uhr? Lesen Sie das Programm.

DAS ERSTE ①

| 19.50 | **Das Wetter** | 8-415-883 |
| 20.00 | **Tagesschau** ⊿ | 45-357 |

FUSSBALL

20.15 Belgien – Deutschland HD ⊿ 70-220-932
live Qualifikationsspiel
TIPP zur Fußball-Europameisterschaft 2012. Aus Brüssel. Anstoß: 20.45 Im ersten Spiel der EM-Qualifikation trifft die DFB-Elf heute in Brüssel auf die „Roten Teufel" von Trainer Georges Leekens. Die letzte Begegnung im August vor zwei Jahren konnte die deutsche Nationalmannschaft mit 2:0 für sich entscheiden. Die Tore erzielten Bastian Schweinsteiger (Foto) und Marko Marin. → S. 79

RTL RTL

| 19.40 | **Gute Zeiten, schlechte Zeiten** | |
| | Daily Soap | 4-010-864 |

QUIZSHOW

20.15 Wer wird Millionär? 7-622-970
Bei Günther Jauch (Foto) gibt es eine kleine Neuerung: Ab sofort besteht die Auswahlrunde zu Beginn der Sendung nicht mehr aus zehn, sondern nur noch aus fünf Kandidaten. Dadurch haben die Teilnehmer eine doppelt so große Chance, tatsächlich auf dem Ratestuhl Platz zu nehmen und um die Million zu spielen.

22.15 Otto live! Das Original 466-319
TIPP Comedyshow
Das Allroundtalent Otto Waalkes beweist mit seiner Bühnenshow eindrucksvoll, dass er das Blödeln nicht verlernt hat. → S. 79

PRO SIEBEN ⁊

| 19.10 | **Galileo** Wissensmagazin 6-915-796 |
| | Der Akinator – Computer versus Gehirn. Mod.: Stefan Gödde |

THRILLER

20.15 **James Bond 007: GoldenEye** 🅇
FILM ⊿ GB/USA 1995. Mit 16-029-951
TOP TIPP Famke Janssen, Pierce Brosnan
James Bonds Ex-Kollege Alec Trevelyan ist zur russischen Mafia-Gruppe Janus übergelaufen und hat mit ihr einen großen Coup gelandet: Sie haben „Golden Eye", zwei gefährliche Satelliten, unter ihre Kontrolle gebracht. Gemeinsam mit dem Computerspezialistin Natalya Simonov nimmt 007 die Verfolgung des Verräters auf. → S. 76

VOX V•X

19.00	**Das perfekte Dinner** 966-086
	Tag 5: Christian / Hamburg
	Die Vorspeise bei Christian besteht aus Rucola-Salat mit Feigen, Mozzarella und Schinken.
19.50	**Prominent!** Infomagazin 520-222
	Moderation: Constanze Rick

KRIMISERIE

20.15 CSI: NY (1/21) 901-319
WIEDER DA USA 2007. Stumme Zeugen
Wh. der 4. Staffel
Mit Kato James Bonner, Gary Sinise, Melina Kanakaredes
Mac und sein Team suchen einen unheimlichen Serienmörder, der bei seinen Opfern Hinweise auf weitere Morde platziert hat.

3SAT 3sat

| 19.20 | **Kulturzeit** 47-162-203 |
| 20.00 | **Tagesschau** 6-108-135 |

DOKU

20.15 Ins heiße 4-521-680
Herz Afrikas (2/2)
Eine Entdeckungsreise auf dem Niger
Jenseits von Timbuktu Werner Zeppenfeld reist von Sansanding bis nach Nordnigeria.

21.00 auslandsjournal 3-362-628
extra
21.30 3satBörse 3-361-999
Versinkt am Golf das Ölzeitalter?

⊙
5

b) Hören Sie den Dialog und markieren Sie die Sendungen im Programm. Vergleichen Sie mit Ihrem/Ihrer Partner/in und hören Sie noch einmal.

14 „Schnüffelgruppen"
a) Lesen Sie zu zweit das Programm und suchen Sie eine passende Sendung für jede Rubrik.

Nachrichten	Quiz/Show	Sport	Spielfilm	Serie	Dokumentation	Magazin

b) Wählen Sie eine Sendung aus und machen Sie eine Pantomime. Die anderen raten. Sie dürfen nur *Ja* oder *Nein* sagen.

Ist das ein Film?

Kommt der Film auf Pro 7?

Kommt die Sendung um …?

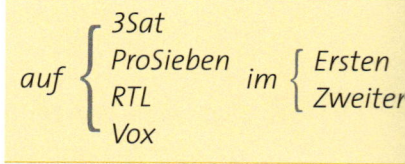

auf { 3Sat / ProSieben / RTL / Vox } im { Ersten / Zweiten }

15 Lesen Sie die Fragen mit *welch-*. Fragen und antworten Sie wie im Beispiel.

der Krimi • meine Lieblingssendung • die Serie • das Quiz • der Tierfilm • …

‹ **Der** Film ist toll!   ‹ Welche**r** Film?   ‹ Grüne Tomaten.
‹ **Das** Magazin ist   ‹ Welche**s** Magazin?   ‹ Galileo.
  interessant.
‹ **Die** Sendung kommt   ‹ Welche Sendung?   ‹ CSI New York.
  immer freitags.

16 Noch mehr Fragen.
a) Notieren Sie die Fragen auf Karten. Machen Sie Interviews im Kurs.

Akkusativ	Magazin (*das*)	
Welchen	Sport (*der*)	siehst du am liebsten/
Welches	Serie (*die*)	am häufigsten/nie?
Welche	Schauspieler/in	magst du gern/nicht?
	Komiker (*der*)	findest du langweilig/interessant?
	Film (*der*)	hasst du/liebst du?
	Sendungen	
Dativ		
Auf welchem	Sender (*der*)	kommt …
In welcher	Sendung (*die*)	

b) Berichten Sie.

> Maria sieht gern Kochshows, weil sie auch gern kocht.

> Anita sieht nie fern.

> Emre mag keine Sportsendungen.

 Raus mit der Sprache. Fragen Sie in der Pause / im Café drei Personen: Wann sehen Sie fern? Wie oft? Was haben Sie gestern Abend / am Wochenende gesehen? Berichten Sie im Kurs.

17 Schreiben Sie einen Text über Ihre Fernsehgewohnheiten.

Wie lange sehen Sie fern (Stunden pro Woche) / Warum?
Ihr Lieblingssender / Ihre Lieblingssendungen?
Was ärgert Sie am Fernsehprogramm?

---

welcher, welche, welches:
Endung wie beim bestimmten Artikel **der**, **die**, **das**.

Ich mag … (Akkusativ)
den Sender ➞ welch**en**?
die Serie ➞ welch**e**?
das Magazin ➞ welch**es**?
die Filme (Pl.) ➞ welch**e**?

Wo …? (Dativ)
der Sender ➞ auf **dem** Sender
➞ auf welch**em** Sender?
die Zeitung ➞ in **der** Zeitung
➞ in welch**er** Zeitung?

Medien im Alltag

Alle zusammen

18 Vier Geräte – vier Ecken. Verteilen Sie im Kursraum vier Zettel.

das Radio

der Computer

das Handy

der Fernseher

a) Wählen Sie eine Ecke aus. Machen Sie für Ihr Gerät ein Wörternetz.

die Sender

das Radio

der Computer

hören

der Moderator ...

b) Was machen Sie mit Ihrem Gerät? Wie oft? Wann? Wo? Schreiben Sie Sätze.

c) Jetzt sind Sie das Gerät. Schreiben Sie einen Text.

> *Ich fahre hoch und wieder runter. Ich kann gut rechnen.*
> *Ich speichere Bilder, Texte, Musik und Filme. Ich bin ein ...*

d) Tauschen Sie Ihre Texte. Lesen Sie den Text vor. Die anderen raten.

19 „Sie haben Post." Schreiben Sie jeden Schritt auf einen großen Zettel und verteilen Sie sie. Stellen Sie sich in eine sinnvolle Reihenfolge.

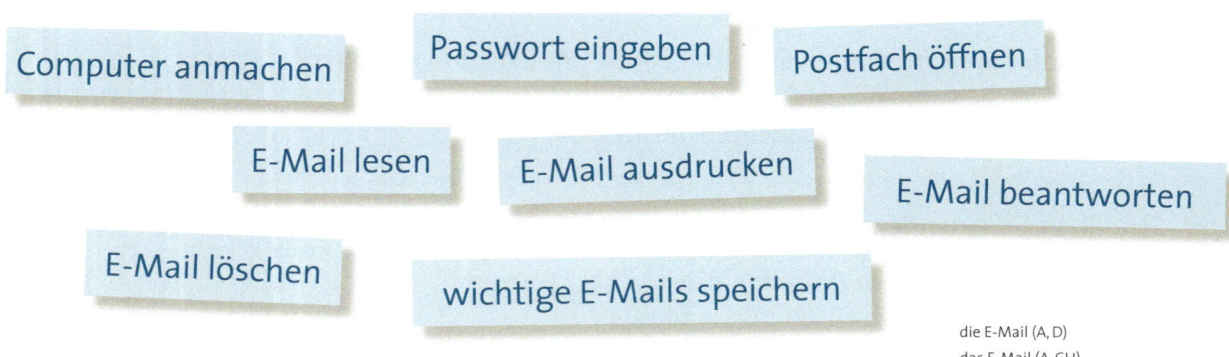

Computer anmachen

Passwort eingeben

Postfach öffnen

E-Mail lesen

E-Mail ausdrucken

E-Mail beantworten

E-Mail löschen

wichtige E-Mails speichern

die E-Mail (A, D)
das E-Mail (A, CH)

Was ist das?

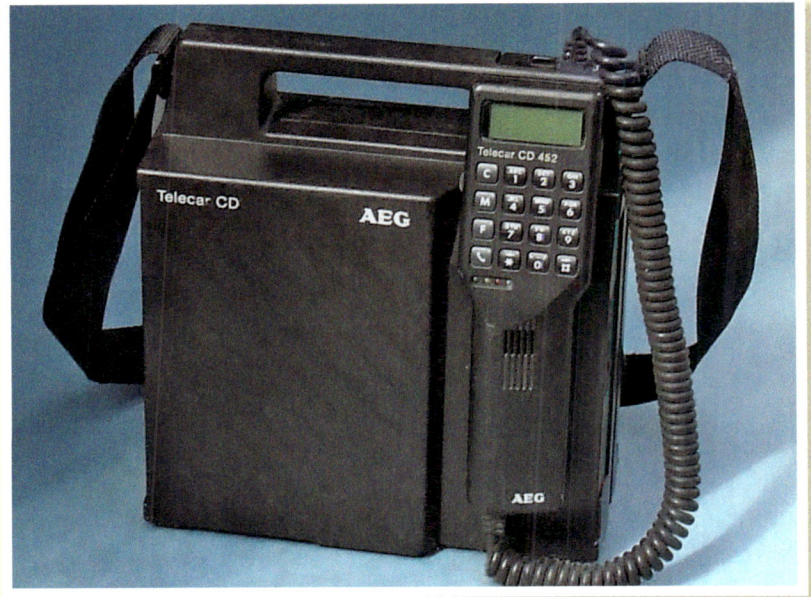

Ein mobiles Telefon aus den 80er Jahren. Man hat es vor allem als Autotelefon benutzt. Es funktionierte noch über ein analoges C-Netz, das man auch in Portugal und Südafrika benutzt hat. Es hatte ca. 800 000 Teilnehmer/innen.

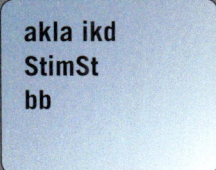

8ung 4u:	Achtung, für dich:
hdl	Hab dich lieb!
waudi	Warte auf dich.
Guk	Gruß und Kuss

akla ikd	Alles klar. Ich küsse dich.
StimSt	Stehe im Stau.
bb	Bis bald.

gn8 = Gute Nacht; WE = Wochenende; MEDIWI = Melde dich wieder

Wissenswertes

Ist die Werbung wirklich lauter?

Kennen Sie das? Sie sehen einen schönen Spielfilm und gerade wenn es richtig spannend ist, kommt die Werbung. Dann stellen Sie erstmal den Ton leiser, denn die Werbung ist viel lauter, oder? Tatsächlich darf die Werbung nicht lauter sein. Das wirkt nur so, das ist ein technischer Trick. Die leisen Teile spielt man lauter als normal und die lauten leiser, insgesamt wirkt dann alles lauter.

Gute Nacht!

Am 22. November 1959 um 18:55 Uhr hatte „Unser Sandmännchen" seinen ersten Auftritt im ostdeutschen Fernsehen und war so ein paar Tage schneller als die westdeutsche Variante. Bis kurz nach der Wende waren beide Sandmännchen auf Sendung. 1991 ging der West-Kollege in Rente. Auch heute noch erzählt der Sandmann seinen kleinen Zuschauern jeden Abend eine Gute-Nacht-Geschichte. Besuchen Sie es doch einmal!

http://www.sandmaennchen.de/freunde/index.html

Ich kann ...

über Medien sprechen

Wir sehen oft beim Essen fern. / Beim Kochen höre ich immer Radio.
Abends telefoniere ich mit meiner Familie / meinen Freunden ...
Wenn ich Bus/U-Bahn ... fahre, schreibe ich SMS / lese ich / höre ich Musik.
Wenn ich am Computer sitze, dann kann ich nicht ...
Jeden Tag sehe ich ... Stunden fern / bin ich ... im Internet / spiele ich am Computer.
Früher hatte ich einen CD-Player, heute habe ich einen MP3-Player.

über das Fernsehprogramm sprechen

‹ Was kommt denn heute Abend?

‹ Auf 3 Sat kommt eine Dokumentation über
   Kasachstan. Die möchte ich sehen.
‹ Um 21 Uhr.
‹ Welchen Schauspieler magst du?
‹ Welche Sendungen siehst du am liebsten?

▐ Im Ersten spielt Deutschland. Im Zweiten
   kommt ein Krimi.

▐ Wann denn?
▐ Und was kommt danach?
▐ Ich finde ... ganz toll.
▐ Am liebsten sehe ich Krimis/
   Dokumentationen.

Ich kenne ...

Nebensätze mit *damit*

Ich nehme ein Buch mit,   damit ich mich unterwegs nicht (langweile.)

Ich brauche einen Computer,   damit ich zu Hause arbeiten (kann.)

Nomen aus Verben nach *bei* oder *zu*

Beim Fernsehen bügle ich oft. **Beim K**ochen höre ich Radio.
Zum Lesen brauche ich meine Brille.

Das Fragewort *welch-*

	der	*das*	*die*	
Nominativ	Welch**er** Sender	Welch**es** Handy	Welch**e** Zeitung	ist das?
Akkusativ	Welch**en** Sender	Welch**es** Handy	Welch**e** Zeitung	brauchst du?
Dativ	Auf welch**em** Sender kommt der Film?	Mit welch**em** Handy hast du telefoniert?	In welch**er** Zeitung hast du das gelesen?	

Englische Wörter auf Deutsch

der Download aus dem Internet • surfen und checken • der Computer und das Notebook •
die/das E-Mail

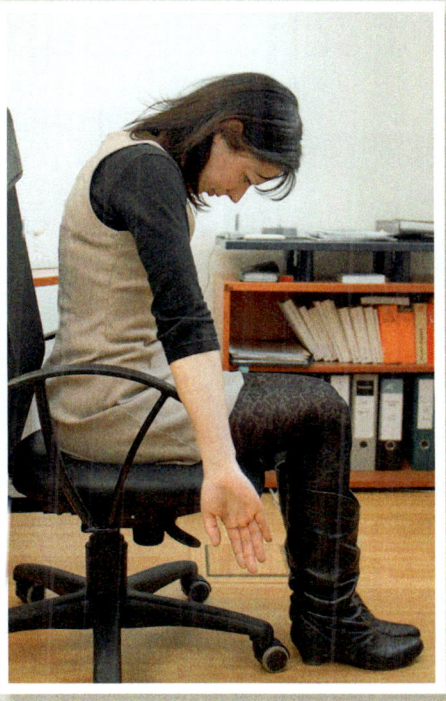

Was macht die Person? Warum tut sie das? Probieren Sie es aus!

Für die nächsten Stunden:
Alles zum Thema Gesundheit. Blättern Sie Zeitschriften durch.
Schneiden Sie Wörter und Bilder aus und machen Sie eine Collage.

Sind Sie gesund?

Was heißt schon gesund?

1 Krank oder gesund?
a) Sprechen Sie über die Fotos.

> Ich glaube, die Person auf Bild x ist krank/gesund, weil ...
> Vielleicht ist die Person auf Bild x krank. Sie sitzt im Rollstuhl/ist ...
> Das Kind/Der Mann/Die Frau sieht krank/fit/gesund/sportlich ... aus.
> Die Frau/Der Mann ist wahrscheinlich/vielleicht ...
> Sie/Er ist nicht krank/gesund, aber ...

b) Hören Sie. Welches Bild passt zu welcher Person?

6

Person 1 ☐   Person 3 ☐   Person 5 ☐

Person 2 ☐   Person 4 ☐   Person 6 ☐

2 Gesund sein – was heißt das?
Diskutieren Sie.

> Wenn man alles machen kann, ist man gesund.

> Ich mache keinen Sport, aber ich bin gesund.

> Alleinsein ist ungesund.

> Rauchen ist ungesund.

> Bei uns lebt man gesund, wenn man ...

> Das finde ich nicht. Ich ...

- über Gesundheit sprechen • Lebensziele nennen • früher und heute vergleichen •
Verben im Präteritum: *sie arbeitete, es gab, ...* • Ratschläge geben: *er/sie sollte ...,
du solltest ...* • Silben klopfen

3 Ein Leben im Rollstuhl.
a) Wie ist das? Was denken Sie? Sammeln Sie Ideen im Kurs.

b) Das ist neu. Unterstreichen Sie diese Wörter im Text und klären Sie sie im Kurs.

die Leidenschaft • die Operation • verzweifelt • die Rehaklinik • die Gymnastik •
guttun • der Bericht • die Goldmedaille • motivieren • schwer • zum Glück •
jemandem Mut machen • die Behinderung • teilnehmen an (+ Dativ)

Rollstuhlfahrerin trainiert für die Paralympics in Rio de Janeiro

Ein Motorradunfall hat ihr Leben verändert. Susanne Müller sitzt seit vier Jahren im Rollstuhl.
Aber der Sport bleibt ihre große Leidenschaft

„Ich war schon immer sehr sportlich.
Fahrradfahren, Laufen und Schwimmen
waren meine größten Hobbys und ich
wollte beim Iron Man auf Hawaii mit-
5 machen. Doch dann kam alles anders.
Vor vier Jahren hatte ich einen Motorradunfall. Seit diesem Unfall sitze ich im
Rollstuhl.
Zuerst gab es noch etwas Hoffnung.
10 Aber nach einigen Operationen wusste
ich, dass ich nie mehr gehen kann. Ich war verzweifelt.
Dann kam ich in die Rehaklinik und habe viel Wassergymnastik gemacht. Das hat mir gutgetan, endlich
konnte ich mich ein wenig bewegen. Etwas später habe
15 ich in der Zeitung einen Bericht über die Paralympics gelesen. Eine querschnittsgelähmte, deutsche Schwimmerin hat die Goldmedaille gewonnen. Das hat mich
motiviert, ich wollte auch wieder schwimmen.
Nach der Rehaklinik wollte ich bald wieder mit dem
20 Training anfangen. Aber ich musste erst noch warten,

denn mein neuer Alltag war zuerst wirk-
lich schwer: Nichts war mehr wie früher.
Ich musste vieles neu lernen. Ich habe
mich oft schlecht gefühlt und gedacht:
Das schaffe ich nie! Zum Glück haben 25
mir meine Familie und viele Freunde
geholfen. Sie haben mir immer wieder
Mut gemacht, wenn ich traurig war.
Nach einem Jahr konnte ich mit dem
Schwimmtraining anfangen, zuerst nur 30
zweimal pro Woche. Dann bin ich immer öfter zum
Training gegangen. Im Wasser fühle ich mich so leicht.
Beim Sport habe ich viele Menschen mit Behinderungen
kennengelernt und heute habe ich viele neue Freunde.
Mein Freund Frank und ich heiraten bald. Ich arbeite 35
halbtags in einer Bank und trainiere fast 20 Stunden pro
Woche. Ich lebe gesünder als vor meinem Unfall und ich
habe ein neues großes Ziel: 2016 will ich an den Paralympics in Rio de Janeiro teilnehmen!"

4 Fünf Schritte. Arbeiten Sie mit der Hand.

✓ **Schon fertig?**
1. Schreiben Sie: Was hat Susanne motiviert?
2. Und was motiviert Sie? Schreiben Sie eine Liste.

5 Welche Ziele haben Sie?

Ich will mit dem Rauchen aufhören.

Ich will die Prüfung schaffen.

Ich will weniger ...

1. *Ich-Erzählerin* ➤
   Sie-Erzählerin (Zeile 10–18)
2. *Rückblick:* Nach meinem
   Unfall haben mein Freund ...
   (Zeile 35–39)
3. *Nacherzählung mit dass-*
   Sätzen: Sie sagt, dass ...
   (Zeile 19–28)
4. *Schreiben Sie eine W-Frage*
   und stellen Sie sie im Kurs.
5. *Interview. Finden Sie zu*
   jedem Textabschnitt eine
   Überschrift.

Früher lebte sie …

6 „Was hat sich verändert?"
a) Reporter Rainer Schnell hat Susanne interviewt.
Lesen Sie seine Notizen und unterstreichen Sie die Verben.

Vor dem Unfall
– Sie arbeitete ganztags.
– Sie blieb abends oft lange in der Firma.
– Sie kam spät nach Hause.
– Sie lebte in einer Wohnung im 5. Stock.
– Sie ging oft zum Sport.
– Ihr Traum war der Iron Man.
– Es gab wenig Probleme im Alltag.

Nach dem Unfall
– Sie arbeitet nur noch halbtags.
– Sie bleibt abends oft zu Hause.
– Sie kommt um 14:00 Uhr nach Hause.
– Sie lebt in einem Bungalow
– Sie geht täglich zum Schwimmen.
– Die Paralympics in Rio de Janeiro sind ihr neues Ziel.
– Jeden Tag gibt es neue Herausforderungen, aber ihr Leben macht ihr wieder Spaß!

---

b) Einige Verben im Präteritum. Ergänzen Sie die Tabelle.

Präteritum	Präsens	Infinitiv
sie _____	sie arbeitet	arbeiten
sie blieb	sie bleibt	_____
sie _____	sie _____	kommen
sie lebte	sie _____	_____
sie _____	sie geht	gehen
sie _____	sie _____	sein
es _____	es gibt	geben

So geht's:
Das Präteritum lesen Sie oft in der Zeitung. Beim Sprechen benutzt man meistens das Perfekt. Aber bei einigen Verben auch oft das Präteritum: z.B. **arbeiten, geben, leben, kommen, haben, sein** und bei allen Modalverben.

7 Training Präteritum. Wie geht der Satz weiter? Zuerst würfeln Sie und dann sprechen Sie.

⚀ Als ich 20 war, lebte ich in …

⚁ 2003 kam ich nach …

⚂ Ich blieb … Jahre in …

⚃ Ich arbeitete …

⚄ Ich ging jeden Tag zum/zur …

⚅ Sonntags gab es bei uns immer …

> Als ich zwanzig war, lebte ich in Frankreich.

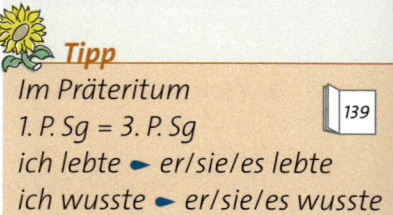

Tipp
Im Präteritum
1. P. Sg = 3. P. Sg
ich lebte ► er/sie/es lebte
ich wusste ► er/sie/es wusste

139

8 Was erlebt Pedro?

a) Ordnen Sie die Sätze den Bildern zu.

ihm die Telefonnummer geben ☐   nach Deutschland kommen ☐
mit ihr Essen gehen / verliebt sein ☐   als Krankenpfleger
arbeiten ☐   einen Motorradunfall haben ☐   Katrin im Krankenhaus kennenlernen ☐

 1.   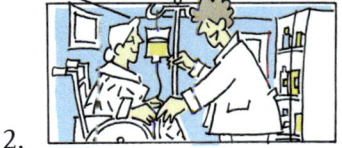 2.    3.

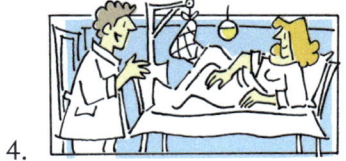 4.    5.    6.

b) Schreiben Sie die Geschichte im Präteritum.

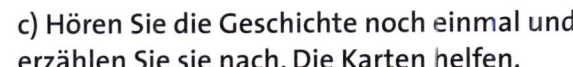

Pedro kam vor drei Jahren nach … Er arbeitete …

9 Präteritumpflücken.

a) Notieren Sie die Verbformen rechts einzeln auf Karten
und legen Sie sie auf einen Stuhl.

7

b) 3 bis 4 Personen stehen um den Stuhl.
Hören Sie die Geschichte. Wenn Sie ein
passendes Verb hören, ziehen Sie die Karte.
Wer ist am schnellsten?

7

c) Hören Sie die Geschichte noch einmal und
erzählen Sie sie nach. Die Karten helfen.

d) Vergleichen Sie die Geschichte mit Ihrem Text aus Aufgabe 8b).
Was ist anders?

kam • lebte • blieb • hatte •
arbeitete • musste • kam •
hatte • musste • blieb • war •
musste • kam • ging • gab •
ging • gab • war • waren •
war

10 Wörter klopfen und stampfen.

a) Hören Sie die Wörter. Sprechen und klopfen Sie sie nach.

b) Arbeiten Sie zu zweit. Eine/r liest, der/die andere klopft.

Fußball – Schwimmtraining ☛ Zeitung – Zeitungstext ☛
Rollstuhl – Kopfschmerzen ☛ Schuhe – Hausschuhe ☛
Unfall – Busunfall ☛ Zahnarzt – Zahnpasta

c) Laufen Sie durch den Kursraum und sprechen Sie gleichzeitig
die Wörter. Dabei stampfen Sie die Betonung.

Sind Sie gesund?

11 Rückenschmerzen

a) Lesen Sie den Text. Haben auch Sie Tipps für Peter? Sammeln Sie.

Peter Rosenberger ist 40 Jahre alt, verheiratet und hat zwei kleine Kinder. Er arbeitet in einer großen Firma als Computerspezialist. In letzter Zeit hat Peter oft Rückenschmerzen. Beim Mittagessen in der Kantine unterhält er sich mit seinen Kollegen. Sie geben ihm einige Tipps.

b) Hören Sie das Gespräch in der Kantine. Ist ein Tipp von Ihnen dabei?

9

c) Richtig oder falsch? Hören Sie das Gespräch noch einmal und kreuzen Sie an.

9

	richtig	falsch
1. Peter sollte sich mehr bewegen.	☐	☐
2. Er sollte öfter das Fenster aufmachen.	☐	☐
3. Er sollte in der Mittagspause einen Spaziergang machen.	☐	☐
4. Er sollte nicht so oft Treppen steigen.	☐	☐
5. Er sollte sich eine neue Matratze kaufen.	☐	☐

> Mit „sollte ..." kann man Ratschläge geben: **Du solltest mehr Sport machen.**
> ich soll**te**
> du soll**test**
> er/sie/es soll**te**
> wir soll**ten**
> ihr soll**tet**
> sie/Sie soll**ten**

12 Probleme. Welche Ratschläge haben Sie? Arbeiten Sie zu zweit. Eine/r liest vor, Ihr/e Partner/in gibt einen Tipp.

Ich habe oft Kopfschmerzen.
Meine Frau hustet oft.
Mein Sohn ist immer müde.
Ich habe immer Durst.
Ich habe oft Erkältungen.
Ich schlafe schlecht ein.
Mir ist oft kalt.

> Du solltest mehr trinken.

> mehr trinken • das Fenster aufmachen • mit dem Rauchen aufhören • zum Arzt gehen • früher schlafen gehen • öfter draußen sein • gesünder essen • ein Glas Milch trinken • ...

13 Gesundheitstest: Wie fit ist Ihr Rücken?
a) Machen Sie den Test.

	oft	häufig	selten	nie
1. Arbeiten Sie am Tag mehr als vier Stunden am Computer?	☐	☐	☐	☐
2. Arbeiten Sie im Sitzen?	☐	☐	☐	☐
3. Sind Sie im Alltag gestresst?	☐	☐	☐	☐
4. Hatten Sie schon einmal schwere Rückenprobleme?	☐	☐	☐	☐
5. Machen Sie Entspannungsübungen, Yoga, Meditation oder ähnliches?	☐	☐	☐	☐
6. Bewegen Sie sich in Ihrer Freizeit? (im Garten arbeiten, spazieren gehen, Treppen steigen)	☐	☐	☐	☐
7. Treiben sie rückenfreundlichen Sport? (Gymnastik, Fahrrad fahren, Schwimmen, Tanzen, Walking)	☐	☐	☐	☐

b) Partnerseite. Tauschen Sie Ihre Tests. Benutzen Sie Seite 125 und rechnen Sie das Ergebnis aus. Geben Sie Tipps.

 125

 Raus mit der Sprache. Machen Sie in der Pause eine Umfrage. Fragen Sie drei Personen und notieren Sie die Antworten.

Was tun Sie, wenn Sie Rückenschmerzen haben?

14 Peter Rosenberger muss ins Krankenhaus. Was muss er *nicht* mitnehmen? Streichen Sie die falschen Dinge durch.

- Überweisung
- Pfanne
- Impfbuch[1]
- Fußball
- Bademantel
- Versicherungskarte
- Schlafanzug oder Nachthemd
- Unterwäsche
- Brille

- Buch / Zeitschrift
- Kaffeemaschine
- Seife, Rasierer
- Röntgenbilder
- Familienfotos
- Hausschuhe
- Hund
- Kleingeld
- Kamm / Bürste

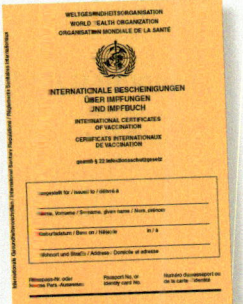

1 In A und D auch:) der Impfpass

15 Kettenspiel: Sie packen Ihren Krankenhauskoffer.

> Ich packe in meinen Koffer meine Hausschuhe.

> Ich packe in meinen Koffer meine Hausschuhe und meine Überweisung.

> Ich packe in meinen Koffer meine Hausschuhe, meine Überweisung und …

Alle zusammen

16 Wohlfühlmonitor. Wo entspannen Sie?
a) Schließen Sie die Augen und denken Sie an Ihren Lieblingsort. Was sehen, hören, fühlen und riechen Sie?

b) Zeichnen Sie den Ort in den Monitor.

c) Arbeiten Sie zu zweit. A bestimmt das Programm (rot, blau, grün, gelb) und fragt. B antwortet. Danach fragt B und A antwortet.

die Berge • das Meer • meine Badewanne • mein Bett • ...
‹ Was siehst du? ❙ Ein grünes Sofa.
‹ Was fühlst du? ❙ Das Sofa ist weich.
‹ Was hörst du?   ❙ Ich höre Musik von ...
‹ Was riechst du? ❙ Ich rieche das Meer.

17 Gesundheits-ABC
a) Bilden Sie Gruppen (3 bis 4 Personen). Schreiben Sie das Alphabet auf einen Zettel und finden Sie Wörter zu den Buchstaben.

b) Vergleichen Sie Ihre Alphabete und machen Sie ein gemeinsames Plakat für den Kursraum.

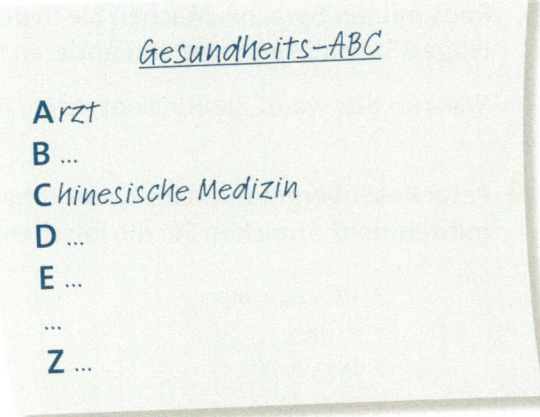

Gesundheits-ABC

Arzt
B ...
Chinesische Medizin
D ...
E ...
...
Z ...

18 Gesundheit international.

Welche Gesundheitstipps gibt es in Ihrem Land? Sammeln Sie und präsentieren Sie Ihre Ergebnisse im Kurs.

Sich entspannen

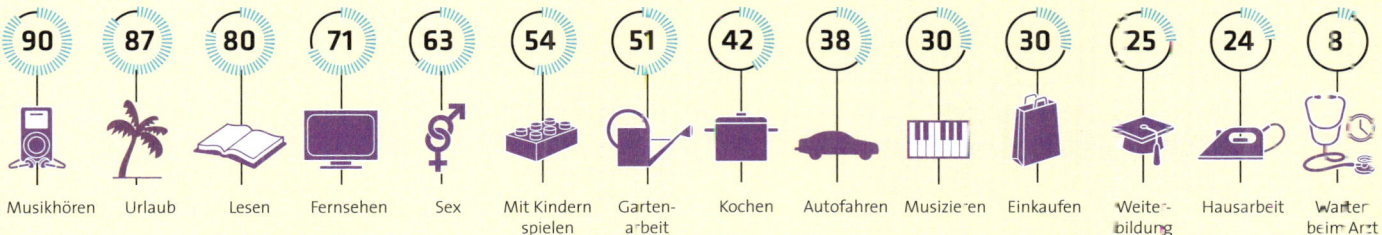

90	87	80	71	63	54	51	42	38	30	30	25	24	8
Musikhören	Urlaub	Lesen	Fernsehen	Sex	Mit Kindern spielen	Garten-arbeit	Kochen	Autofahren	Musizieren	Einkaufen	Weiter-bildung	Hausarbeit	Warten beim Arzt

Allensbach fragte 2005: „Welche Tätigkeiten verbinden Sie mit Entspannung?" Angaben in Prozent, Mehrfachnennungen möglich
aus: Zeit Wissen – Psychologie 2/2010

Was heißt das?

In einem gesunden Körper steckt auch ein gesunder Geist.

Lachen ist die beste Medizin.

In der Ruhe liegt die Kraft.

Man muss nur den inneren Schweinehund überwinden.

Mein Deutsch

Schlaflosigkeit
In Beipackzetteln von Medikamenten gab es immer wieder Wörter, die ich nicht verstanden habe: „Schlaflosigkeit" war so ein Wort. Schlaf, okay, das kannte ich. Aber was bitte ist „Losigkeit"? Das findet man ja auch in keinem Wörterbuch!

GERALD ASAMOAH, 30, Fußballprofi

aus: SZ Magazin, Nummer 30, 24.07.2009

Echt passiert

Franca Velázquez aus Spanien hat das Wort „Hexenschuss" schon oft in Deutschland gehört, aber sie kann es sich nicht merken. Als sie bei einem Umzug hilft, bekommt sie plötzlich starke Rücken-schmerzen und geht zum Arzt. Dort sagt sie: „Herr Doktor, ich glaube, ich habe eine Schweinshaxe. Der Arzt fragt: „Was haben Sie?" „Na ja, hier unten tut mir der Rücken so weh, heißt das nicht Schweinshaxe?" Beide müssen lachen. Danach hat Franca das Wort „Hexenschuss" nie wieder vergessen.

Ich kann ...

über Gesundheit sprechen

Wann ist man gesund? / Was ist (un)gesund?
Wenn man alles machen kann. / Rauchen ist / Zu viel Sport ist ungesund.
Ich finde, dass Fleisch gesund ist. Das finde ich nicht.
Der Mann/Die Frau sieht krank aus. Vielleicht hat er/sie ...
Ich fühle mich alt/krank/gut/fit ...

Ziele nennen

Ich will die Prüfung schaffen. / Ich will gesünder leben und endlich mit dem Rauchen aufhören.
Ich will mich mehr bewegen, damit/weil ...

früher und heute vergleichen

Früher wohnte ich in einer Wohnung, heute lebe ich in einem Haus. / Früher gab es keine
Probleme. Ich ging jeden Tag zur Arbeit, heute bin ich viel zu Hause. / Als ich zwanzig war,
arbeitete ich noch nicht und hatte viel Zeit. Heute bin ich jeden Tag im Büro. /
Jetzt bin ich in einem Altersheim.
Früher blieb sie immer zu Hause, heute geht sie regelmäßig zum Training.

Ratschläge geben

Du hast Rückenschmerzen? Dann solltest du dich mehr bewegen.
Du solltest/Sie sollten zum Arzt gehen.
Du sollst/Sie sollten mehr/weniger trinken/rauchen/essen/schlafen/lesen/...

Ich kenne ...

Verben im Präteritum

	arbeiten	*bleiben*	*leben*	*kommen*	*geben*	*wissen*
ich/er, sie, es	arbeitete	blieb	lebte	kam	gab	wusste

sollte / sollten

ich	sollte	*wir*	sollten	
du	solltest	*ihr*	solltet	} öfters zum Arzt gehen.
er, sie, es	sollte	*sie/Sie*	sollten	

die Betonung von langen Wörtern

Fußball und Schwimmtraining • Kopfschmerzen • Hausschuhe • Zahnpasta

Wie feiern Sie? Sprechen Sie im Kurs.

Für „Alle zusammen" in Einheit 10: Sammeln Sie zu Hause Materialien über Feste in Ihrer Heimat und bringen Sie sie mit.

32

Feste feiern

Straßenfeste

10

1 Eine Fantasiereise.
a) Schließen Sie die Augen, hören Sie und „reisen" Sie mit.

b) Was haben Sie gesehen, gehört, gerochen und geschmeckt? Machen Sie sich Notizen.

sehen	hören	riechen	schmecken

c) Erzählen Sie im Kurs.

> Ich habe viele Menschen / tolle Straßenmusiker / lustige Clowns / ... gesehen. / Es gab ...
> Die Leute / Die Kinder haben sich amüsiert / sich unterhalten / gespielt / ...
> Sie waren fröhlich/entspannt/gestresst/... / Die Stimmung war gut/schlecht.
> Ich habe Musik/Trommeln ... gehört. / Es war laut. / Es war ...
> Es hat nach gebrannten Mandeln / nach Bier / nach ... gerochen.
> Ich habe ... geschmeckt. Das war ein (un-)angenehmer/bitterer/süßer/... Geschmack.
> Das hat mich an meine Kindheit / an ... erinnert.

2 Sambafest in Coburg. Lesen Sie den Text und beantworten Sie die W-Fragen.

Wer? • Was? • Wann? • Wo?

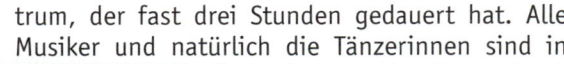

Samba, Sonne, Coburg

Fast 200.000 Menschen haben am Wochenende das Samba-Fest in Coburg besucht. Über 100 Samba-Gruppen aus 10 Ländern haben die Innenstadt in ein „Fränkisches Rio" verwandelt. An den vielen Ständen gab es brasilianisches Essen, aber auch Bratwurst, gebrannte Mandeln und Zuckerwatte – und natürlich Caipirinha. Höhepunkt war der Samba-Umzug durch das Zen-

trum, der fast drei Stunden gedauert hat. Alle Musiker und natürlich die Tänzerinnen sind in ihren bunten Kostümen durch die Straßen von Coburg gezogen – auch viele begeisterte Zuschauer haben mitgetanzt. Kinder, Studenten, Alt und Jung – alle haben sich amüsiert und gut unterhalten. Manche haben sogar ein bisschen Samba gelernt ...

11

3 Samba tanzen. Verbinden Sie die Sätze. Dann hören und vergleichen Sie.

1. Die Stimmung ist schon
2. Die Musiker schwitzen bei
3. Die Zuschauer genießen die
4. Es kann ja nicht jeder den
5. Wir können doch einen

a) Sonne bei eiskalten Cocktails.
b) Sambakurs im Radio anbieten.
c) brasilianischen Temperaturen von fast 40 Grad.
d) Samba-Schritt.
e) jetzt am Nachmittag super.

Tanzen Sie gern? Hören Sie noch einmal und machen Sie mit!

über Feste sprechen ◄ Gewohnheiten vergleichen ◄ seine Meinung sagen
◄ Relativsätze (Nominativ und Akkusativ): Das ist die Frau, die hier arbeitet.
Der Mann, den ich kenne, hat ...

10

4 Ein Straßenmusiker erzählt.

a) Mögen Sie Musik auf der Straße? Erzählen Sie.

b) Das ist neu. Unterstreichen Sie die Wörter im Text und klären Sie sie im Kurs.

der Weihnachtsbaum • auftreten (auf/in) • der Hintergrund • mitreißen • intensiv • der Rhythmus • die Kerze • der Lebkuchen • der Geruch • viel los sein • vorbereiten • probieren

Zwischen Samba und Weihnachtsbaum

Der Saxofonist Tim Bart spielt Sambamusik und tritt seit Jahren auf vielen Festivals auf.
In Coburg hat ihn unsere Redakteurin Isabell Mindenburg getroffen. Sie wollte wissen,
wie er persönlich am liebsten feiert

Sie arbeiten oft, wenn andere feiern. Wie ist das für Sie?

Auf einem Straßenfest hören die Leute manchmal nicht richtig zu, sie reden und die
5 Musik ist nur Hintergrund. Aber es kann auch viel Spaß machen. Das hängt von der Stimmung ab. Samba ist Musik, die die Leute mitreißt und dann machen alle mit und sind begeistert. Das ist dann toll.

10 **Warum spielt ein Deutscher brasilianische Musik?**

Eigentlich bin ich Jazz-Musiker, aber meine Frau Lucia, die aus Rio de Janeiro kommt, tanzt Samba. Ich mag den intensiven Rhythmus sehr und so habe ich
15 immer mehr Samba gespielt.

Feiern Sie privat noch gern oder haben Sie lieber Ihre Ruhe?

Ich gehe privat selten auf ein Straßenfest, aber natürlich feiere ich gern. Meine Frau hat elf Geschwister. Es
20 gibt also immer sehr viele Feste: Hochzeiten, Geburtstage, und und und. Aber die weite Reise ist immer sehr anstrengend. Deshalb genieße ich es, dass wir Weihnachten fast immer hier in Deutschland feiern.

Wie feiern die Brasilianer Weihnachten?

Die Stimmung ist dort ganz anders. Es ist 25 kein ruhiges, gemütliches Fest und es ist einfach zu heiß. Ich brauche Schnee, Kerzen und Lebkuchen und ich möchte mit meiner Familie zusammen sein. Ich liebe das Gefühl von Ruhe und Wärme. Wenn ich 30 Weihnachten nicht zu Hause sein kann, fehlt mir etwas. Zum Glück ist Lucia in der Weihnachtszeit gern hier. Sie liebt den Weihnachtsmarkt und seine Gerüche.

Und was ist in Brasilien anders? 35

Vor allem ist mehr los. In meiner Familie sind wir vier – mit Ehepartnern und Kindern sieben. Wenn bei meiner Frau alle zu einem Fest zusammen kommen, sind wir mindestens 30 Personen. Es ist sehr viel lauter als bei uns und alles dauert viel länger. Die Frauen bereiten 40 sehr viel Essen vor und man muss alles probieren. Und wenn sie sagen, wir treffen uns um fünf, dann kommt niemand vor sieben. Tja – und ich komme jetzt auch schon immer öfter zu spät – auch zu deutschen Festen.

5 Vier Schritte. Arbeiten Sie mit dem Text.

✓ **Schon fertig?**
Feste feiern. Schreiben Sie Sätze/einen Text mit den neuen Verben.

sich amüsieren, schwitzen, auftreten (auf), etwas vorbereiten, ...

Die Zuschauer amüsieren sich auf dem Fest.

1. Ich-Erzähler ► Er-Erzähler
   (Zeile 12–15)
3. Nacherzählung mit dass:
   Er sagt, dass die Stimmung ...
   (Zeile 25–34)
4. Schreiben Sie eine W-Frage
   auf und stellen Sie sie im Kurs.
5. Finden Sie zu jedem Textabschnitt eine Überschrift.

6 Straßenfeste in Ihrer Stadt.
Sprechen Sie im Kurs.

Ich mag das Sommerfest in unserem Stadtteil.

Ich auch. Da ist immer viel los.

Feste feiern

Tanzen Sie?

 7 Wann haben Sie das letzte Mal getanzt?
Sprechen Sie mit Ihrem Kursnachbar.

> *Auf dem Geburtstag von meiner Mutter.*

> *Auf einer Hochzeit.*

8 Was macht man wann? Ordnen Sie die Wörter rechts zu.
Manchmal gibt es mehrere Möglichkeiten.

Hochzeit	Silvester	Geburtstag	Weihnachten

9 Was erzählt Jana?
a) Lesen Sie. Vergleichen Sie mit Ihrer Tabelle aus Aufgabe 8.

Lucia: Sag mal, tanzt man hier auf Festen eigentlich nicht?

Jana: Na ja, Weihnachten z. B. ist ein ruhiges Familienfest. Die Familie kommt zusammen, zündet Kerzen an, schmückt den Weihnachtsbaum und es gibt viele Geschenke. Manche singen auch, aber tanzen …, nein, eher nicht. Aber zu Silvester laden viele ihre Freunde ein oder man geht auf eine Silvesterparty. Nach dem Feuerwerk um Mitternacht tanzt man oft bis zum Morgen.

Lucia: Und zum Geburtstag?

Jana: Das ist ganz unterschiedlich. Mein Freund Carsten tanzt gern und sehr gut. Auf seinen Partys tanzen alle. Meine Cousine Pia mag lieber Spieleabende. Alle sitzen am Tisch und spielen stundenlang. Oder man trifft sich zum Essen. Aber weißt du, wo wir eigentlich immer tanzen? Auf Hochzeiten! Das Brautpaar eröffnet den Tanz mit einem Walzer. Danach tanzen auch die anderen.

Lucia: Ja, da hast du Recht. Ich war im Sommer auf einer Hochzeit …

12

b) Wie geht der Dialog weiter? Hören und antworten Sie.

1. Warum musste Lucia auf der Hochzeit lachen?
2. Was hat das Brautpaar gemacht? Was haben die Gäste gemacht?
3. Zu welchem Fest geht Lucia nächste Woche?

10 Wie feiern Sie in Ihrem Land Hochzeit? Erzählen Sie.

> *Eine Hochzeit dauert bei uns drei Tage.*

> *Es gibt …*

> *Die Braut …*

 Raus mit der Sprache. Fragen Sie drei Personen nach ihrem Lieblingsfest.

Kerzen anzünden

sich küssen

Reis werfen

das Feuerwerk ansehen

den Baum schmücken

Geschenke auspacken

tanzen

einen Spieleabend machen

singen

Ringe tauschen

11 Die Einladung zum Geburtstag.
   a) Was bringt Lucia mit? Hören und antworten Sie.

   b) Hören Sie noch einmal. Kreuzen Sie an: richtig oder falsch?

	richtig	falsch
1. Die Nachbarin aus dem Erdgeschoss hat Lucia eingeladen.	☐	☐
2. Lucia kennt alle Gäste.	☐	☐
3. Sie fragt, was sie anziehen soll.	☐	☐
4. Sie backt einen Kuchen.	☐	☐

12 Ein paar Tage später. Was war gut, was war schlecht?
   a) Lesen Sie den Dialog und ergänzen Sie die Tabelle.

Jana: Und wie war die Geburtstagsfeier?

Lucia: Am Anfang war es ein Albtraum. Ich war superpünktlich und leider die Erste. Meine Nachbarin war noch im Stress. Dann sind langsam die anderen Gäste gekommen. Alle haben viel geredet und ich habe nur die Hälfte verstanden. Ich wollte am liebsten wieder gehen, aber ich war auch neugierig. Beim Essen, das sehr gut war, habe ich mich dann entspannt.

Jana: Und die Sache mit dem Geschenk?

Lucia: Blumen und Wein waren genau richtig. Ich glaube, meine Nachbarin hat sich gefreut. Ich habe dann erzählt, dass ich unsicher war, was ich mitbringen und wann ich kommen soll. Danach haben wir viel über deutsche Gewohnheiten gesprochen.

Jana: War es nun falsch, dass du pünktlich warst?

Lucia: Das ist nicht ganz so einfach. Manche waren der Meinung, dass man immer sehr pünktlich sein soll und manche haben gesagt, dass es von der Situation abhängt. Zwei Stunden später – so wie bei uns – kommt hier aber niemand!

☺	☹
das Essen war sehr gut	

   b) Waren Sie schon einmal auf einer Feier in D A CH? Was finden Sie auf einem Fest wichtig?

> Das kenne ich auch. Ich habe ... / bin ...
> Lucia/Jana denkt/glaubt, dass ... / Ich denke, man muss ...
> Auf einer guten Feier ist es wichtig, dass ...

– Ich finde es wichtig, dass man zu einer Einladung ...
– Ich denke nicht, dass Deutsche/Österreicher/...
– Ich glaube, in Deutschland / in der Schweiz / in ... muss man oft ...
– Ich finde, wir essen ... / wir feiern / wir ...

13 3er-Gruppen. Jeder schreibt die Satzanfänge rechts auf Karteikarten. Mischen Sie die Karten, ziehen Sie eine und ergänzen Sie.

Ein Jahr – viele Feiertage

14 Textpuzzle. Lesen Sie die Texte und ordnen Sie sie. Die Bilder rechts helfen Ihnen.

1. ☐ Auch der erste Mai, der als „Tag der Arbeit" in vielen Ländern bekannt ist, ist ein Feiertag. Manche genießen einfach nur den freien Tag, aber es gibt in vielen Städten auch Demonstrationen.

2. ☐ Danach beginnt für 40 Tage die Fastenzeit, die mit dem Osterfest endet. In der Osternacht gibt es ein großes Feuer und am Sonntag versteckt der Osterhase die Eier, die die Kinder dann suchen müssen. Karfreitag und Ostermontag sind überall freie Tage.

3. ☐ Im Süden gibt es die meisten freie Tage. Der erste Tag im Jahr – Neujahr – ist für alle ein Feiertag. Aber am sechsten Januar[1] haben nicht alle frei. Am „Tag der Heiligen Drei Könige" gehen die Kinder als „Sternsinger" von Haus zu Haus und sammeln Geld.

4. ☐ Der Sommer beginnt mit einigen freien Tagen: erst Himmelfahrt (auch als Vatertag bekannt) und dann das lange Pfingstwochenende. Da Himmelfahrt immer auf einem Donnerstag liegt, nehmen viele Menschen im Süden den Freitag als Urlaubstag. Der „Brückentag"[2] verlängert so das Wochenende.

5. ☐ Die Weihnachtsmärkte, die es dann in fast jeder Stadt gibt, sind sehr beliebt. Zu Hause zündet man bis zum 24. 12. jeden Sonntag eine Kerze auf dem Adventskranz[3] an. Am fünften Dezember kann in Österreich der Krampus (Teufel) kommen. In der Nacht zum sechsten Dezember stellen die deutschen Kinder ihre Schuhe vor die Tür, damit der Nikolaus[4] sie mit Schokolade füllt. Das Weihnachtsfest ist vor allem ein Familienfest, das am 24. 12. mit dem Heiligabend beginnt. Der Weihnachtsmann kommt und bringt den Kindern Geschenke. Die Tage bis Silvester sind oft ruhige Urlaubstage.

6. ☐ Im Februar[5] oder März ist Karneval, der auch Fasching oder Fastnacht heißt. Besonders das Rheinland feiert „die fünfte Jahreszeit". Dort nehmen viele Menschen extra Urlaub, denn der Rosenmontag ist kein gesetzlicher Feiertag. Sie verkleiden sich, sehen sich den Rosenmontagszug an und tanzen auf den Straßen.

7. ☐ Auch die Nationalfeiertage sind freie Tage, in der Schweiz ist es der erste August, in Deutschland ist es der dritte und in Österreich der 26. Oktober. Am ersten November, an Allerheiligen, denken die Menschen an ihre Toten. Sie gehen auf die Friedhöfe und legen Blumen auf die Gräber. Vier Wochen vor Weihnachten beginnt die Adventszeit[6].

a)

b)

c)

d)

e)

f)

g)

✔ **Schon fertig?**
Notieren Sie alle Monatsnamen aus den Texten und ordnen Sie die Feiertage zu.

Januar, Februar

1 Januar (D, CH), Jänner (A)
2 Brückentag (D, CH), Fenstertag (A)
3 Adventskranz (D, CH), Adventkranz (A)
4 Nikolaus (D, CH), Nikolo (A)
5 Februar (A, D, CH), Feber (A)
6 Adventszeit (D, CH), Adventzeit (A)

15 Was ist das? Sagen Sie es kürzer wie im Beispiel.

Der Weihnachtsmann?
Das ist ein Mann. Der Mann bringt Geschenke.

Relativsatz:
Das ist der Mann, der Geschenke bringt.

1. Die Adventskerze? Das ist eine Kerze. Die Kerze brennt
   am Sonntag.

   Das ist die Kerze, _____

2. Das Weihnachtsfest? Das ist ein Fest. Das Fest beginnt am 24.12.

   _____

3. Die Sternsinger? Das sind Kinder. Die Kinder singen am 6. Januar.

   _____

> **Relativpronomen im Nominativ**
> der / das / die
> **Der Relativsatz:**
> beginnt mit dem Relativprono-
> men. Es ersetzt das Nomen im
> Hauptsatz. Der Relativsatz ist
> ein Nebensatz. Das Verb steht
> am Ende und vor dem Relativ-
> pronomen steht ein Komma.

16 Der Relativsatz kann auch in der Mitte stehen. Lesen Sie das Beispiel
und schreiben Sie Sätze.

Der 1. Mai ist als „Tag der Arbeit" bekannt. Er ist ein Feiertag.
Der erste Mai, der als „Tag der Arbeit" bekannt ist, ist ein Feiertag.

1. Die Kinder gehen am 6. Januar von Haus zu Haus. Sie sammeln
   Geld.
2. Der Adventskranz ist mit vier Kerzen geschmückt. Er steht auf
   dem Wohnzimmertisch.
3. Das Osterbrot ist noch heiß. Es ist bestimmt gut.

17 Relativsätze im Akkusativ. Fragen und antworten Sie wie im Beispiel.

Was ist ein Weihnachtsbaum?
Ein Nadelbaum. Man schmückt ihn am Heiligabend.

Das ist ein Nadelbaum, den man am Heiligabend schmückt.

> **Relativpronomen im Akkusativ**
> Der Mann, den
> Das Kind, das   } wir suchen
> Die Frau, die

1. eine Geburtstagstorte? – eine Torte mit Kerzen – man bekommt
   sie zum Geburtstag
2. Weihnachtsmärkte? – Märkte – es gibt sie in der Adventszeit
3. ein Brückentag? – ein Tag – man nimmt ihn zwischen zwei Feiertagen frei

18 Das Party-Quiz. Eine/r fragt, die/der andere antwortet.

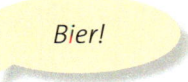

Wie heißt das
Getränk, das bitter
schmeckt?

Bier!

> Bier • Brautkleid • Straßen-
> musiker • Weihnachtslieder •
> Sambatänzerin • Caipirinha •
> Clown …

Alle zusammen

19 Auf ein Fest gehen. Wählen Sie ein Fest aus der Programmzeitung aus.
Fragen Sie im Kurs, wer mitkommen möchte.

> Am neunzehnten März ist Ostermarkt. Möchtest du mitkommen?

Das Veranstaltungsjahr im Überblick

01.01.	Neujahrsschoppen	Markt
11.02.–16.02.	Faschingsrummel	Markt
12.02.	Faschingsumzug	Innenstadt
08.03.	Internationaler Frauentag	Frauenzentrum
19.03.–21.03.	Ostermarkt	Bahnhof
18.04.	Japanisches Kirschblütenfest	Grüne Halle
24.04.	Stadtfest	Innenstadt
30.04.–01.05.	Fest um den Maibaum	Bahnhof
11.06.–13.06.	Marathon	Wiesengrund
19.06.	Tag der offenen Tür / Sommerfest	Musikschule
20.06.	Kinderfest	Rundfunkmuseum
25.06.–26.06.	Flohmarkt	Altstadtviertel
03.07.	Klassik-Open Air	Südstadtpark
24.07.	Sommernachtsball (bei Regen 31.07.)	Stadtpark
28.07.–02.08.	Weinfest	Gustavstraße
07.11.	Diwali, indisches Lichterfest	Grüne Halle
25.11.–23.12.	Weihnachtsmarkt	Innenstadt

20 Welche Feste feiern Sie in Ihrer Kultur?
a) Beschreiben Sie im Kurs.

> Wir feiern am 7. Januar unser Neujahrsfest.

> Von ... bis ... ist Ramadan.

b) Schreiben Sie alle Feste in einen Kalender für den Kursraum.

21 Meine Feste. Zeigen Sie Ihre Materialien.
a) Machen Sie eine Ausstellung im Kurs.
In Ihrem Kurs kommen Sie aus unterschiedlichen Ländern? Dann bekommt jedes Land
einen „Stand" (Tisch). Sie sind alle aus einem Land? Dann bekommt jedes Fest einen Tisch.

b) Sehen Sie sich die „Stände" an. Stellen Sie an jedem Stand eine Frage.

Wie heißt das Fest? / Wann ...? / Wie lange ...?
Was gibt es zu essen? / Was macht ihr? / Wer ...?

c) Wählen Sie Ihr Lieblingsfest und präsentieren Sie es im Kurs.

Fundstück

Einladung

Liebe Karin, lieber Micha,

ich feiere meinen Geburtstag und möchte euch gern einladen.
Ich feiere kolumbianisch. Ihr dürft also zwei bis drei Stunden später kommen, müsst euch nicht die Schuhe im Flur ausziehen und könnt mit dem Essen anfangen, wann ihr wollt. Und bringt Hunger mit. Für Kolumbianer gilt die Regel: Essen bis du platzt. Alles andere ist unhöflich!

Ich freue mich auf euch, liebe Grüße
José

Witzig

WAS MACHST DU HEUTE ABEND?

ICH GEHE AUS!

Zur Hochzeit

Das eigene Glück kann man nur verdoppeln, wenn man es teilt.
(Albert Schweitzer)

Feste in D A CH

Alemannische Fasnacht

Die „alemannische Fasnacht oder Fasnet" feiert man im südwest-deutschen Raum, in Vorarlberg und in der Nordschweiz. Die Tradition kommt aus dem Mittelalter und im 20. Jahrhundert hat man sie neu belebt. Sie unterscheidet sich stark vom rheinischen Karneval. Wichtigstes Merkmal sind die Masken aus Holz, die *Schemen* (auch *Schemmen*) oder *Larven*. Aber den berühmtesten „Schemenlauf" gibt es in Tirol: Beim Imster Schemenlauf gehen maskierte Gruppen durch die Straßen und vertreiben mit viel Lärm den Winter.

Auch das **Funken-Abbrennen** zum Ende der Fasnacht soll den Winter vertreiben. Die Menschen treffen sich rund um das hohe Feuer. Natürlich gibt es beim Funken-Fest auch Musik, Getränke und gutes Essen. Besonders beliebt ist das Vorarlberger Funken-Fest in Wien. Jedes Jahr kommen rund 2000 bis 3000 Besucher. Die Veranstaltung findet immer am dritten Fastensonntag ab 17 Uhr statt.

Ich kann ...

über Feste sprechen

Ich war auf einem Straßenfest. Es gab ... laute Musik / viele Stände mit ... / Clowns.
Wir haben (Samba) getanzt. / Alle haben gesungen.
Die Stimmung war super. Die Leute haben sich amüsiert.
Wir haben das Fest sehr/nicht genossen. / Es war lustig/zu stressig/langweilig/laut/...
Die Kinder haben gespielt / waren laut / hatten Spaß / ...
Es hat nach Essen / gebrannten Mandeln / Kuchen / ... gerochen.

Weihnachten ist ein Familienfest. Das Neujahrsfest ist am ...
Zu Silvester gibt es viele Partys. Viele laden auch Freunde ein.
Es war eine sehr schöne Hochzeit. Die Braut war ... / hatte ein weißes Kleid an.
Das Paar hat die Ringe getauscht und sich geküsst.

über Gewohnheiten sprechen

Wir feiern Weihnachten immer mit der Familie. Es gibt Geschenke, wir schmücken den Baum
und singen zusammen. / Wir feiern kein Weihnachten/Ostern/... / Wir feiern ...
Bei uns suchen die Kinder (keine) Eier. Es gibt (aber) auch ein großes Feuer in der Osternacht.
Am ... feiern wir ... Das ist das wichtigste Fest im Jahr.
Wir sind immer sehr viele Personen. Niemand kommt / Alle kommen pünktlich.
Wir schenken ... / Bei uns müssen alle (viel) ... essen/tanzen/...
Was soll ich mitbringen? / Was zieht man da an, muss ich mich schön machen?

Ich kenne ...

Relativsätze am Satzende

Hauptsatz	Nebensatz	
Ein Weihnachtsmann ist ein Mann,	der zu Weihnachten die Geschenke bringt.	*Nominativ*
Ein Weihnachtsbaum ist ein Baum,	den man mit Kugeln schmückt.	*Akkusativ*
Ein Osterbrot ist ein süßes Brot,	das es zu Ostern gibt.	*Akkusativ*
Eine Geburtstagstorte ist eine Torte,	die man zum Geburtstag bekommt.	*Akkusativ*

Relativsätze in der Satzmitte

Der Mann, der hier arbeitet, ist heute der Nikolaus.	*Nominativ*
Das Brot, das noch heiß ist, ist bestimmt gut.	*Nominativ*
Die Kinder, die am 6. Januar von Haus zu Haus ziehen, sammeln Geld.	*Nominativ*
Der Kuchen, den du gebacken hast, ist sehr gut.	*Akkusativ*

Was denkt der Mann, der die Bilder ansieht? Was denken Sie?

Für die nächsten Stunden: Bringen Sie Zeitschriften mit.

Ein netter Typ?

1 Welche Wörter erklären die Kinder? Kreuzen Sie an. Dann hören Sie noch einmal.

☐ traurig ☐ wütend ☐ höflich ☐ streng ☐ ehrlich ☐ offen ☐ frech

2 Wer ist wer?
a) Hören Sie und schauen Sie das Foto an. Ordnen Sie die Namen zu.

Carolin
Thomas
Andrea
Rolf

_____ _____ _____ _____

b) Wie haben Sie die Namen zugeordnet? Lesen und vergleichen Sie.

1. **Carolin**   Ich bin ein eher ruhiger Typ. Ich möchte mich mit allen verstehen und streite nicht gern. Meine Familie und meine Freunde sind mir wichtiger als Geld und Karriere.

3. **Andrea**   Ich lebe für meinen Job. Manchmal bin ich etwas egoistisch. Ich lebe gern allein, denn meine Unabhängigkeit ist mir sehr wichtig. Gefühle zeige ich nicht so gern.

2. **Thomas**   Ich bin nicht so selbstbewusst und sehr schüchtern. Ich treffe nicht gern Entscheidungen. Aber ich bin sehr genau und kann stundenlang an einer Arbeit sitzen, bis das Ergebnis perfekt ist.

4. **Rolf**   Ich bin sehr romantisch und träume gern. Ich glaube, ich bin ein guter Künstler. Aber ich kann nicht gut mit Geld umgehen und ich bin nicht sehr ordentlich. Aber ich bin treu und ehrlich.

c) Was denken Sie über die Personen? Was sind sie eher *nicht*? Benutzen Sie die Adjektive.

faul	glücklich	interessant	freundlich
chaotisch	zufrieden	langweilig	aggressiv
zuverlässig	nervös	offen	vorsichtig
pünktlich	cool	neugierig	flexibel

> *Ich finde Carolin sympathisch. Ich glaube, sie ist nicht aggressiv.*

➤ Menschen beschreiben ➤ Gesten vergleichen ➤ Gefühle ausdrücken
➤ Fragen mit *Was für ein …* ➤ Fragesätze (Wiederholung) + *Was für ein …*
➤ Indefinitpronomen: *niemand, jemand, viele, jeder* ➤ Aussprache: *au* [au], *eu, äu* [ɔy]

3 Ein Romanheld.
a) Welche Charaktere in einem Roman gefallen Ihnen? Erzählen Sie.

b) Das ist neu. Unterstreichen Sie die Wörter im Text und klären Sie sie im Kurs.

die Buchmesse • der Roman • (etwas) veröffentlichen • der Fremde • das Geheimnis •
gepflegt aussehen • seltsam • den Eindruck haben, dass … • einverstanden sein (mit) •
(etwas) ernst nehmen • komisch

c) Wie finden Sie den Romanhelden? Lesen und antworten Sie.

Eva Rasziesky war letztes Jahr noch unbekannt. Dieses Jahr ist sie der Star auf der Buchmesse in Leip-
5 zig. Sie hat einen neuen Roman veröffentlicht. Er heißt „Der traurige Fremde" und ist sofort in die Bestseller-Liste
10 gekommen. Er erzählt die Geschichte von einem Mann, der ein dunkles Geheimnis hat. Lesen Sie die erste Seite:

Erst als wir oben waren, konnte ich den Mann ge-nauer ansehen. Er war nicht sehr groß, hatte kurze
15 dunkle Haare und eine etwas lange Nase. Er sah ins-gesamt sehr gepflegt aus, war gut rasiert und modern gekleidet. Er hatte eine schwarze Lederjacke und bequeme Hosen an. Die Schuhe waren gut geputzt.

Er war seltsam. Er ging ganz vorsichtig und langsam die Treppe hoch. Das hat gar nicht zu ihm gepasst. 20
Erst später habe ich gesehen, dass er ein Problem mit seinem Bein hatte.

Auch sein Lächeln war seltsam. Er hat sich die Werk-statt genau angesehen und ich hatte den Eindruck, dass ihm sein möglicher Arbeitsplatz auch gefällt. Er 25
war höflich und freundlich, hat nach den Arbeitszei-ten und anderen Dingen gefragt und war auch mit dem Gehalt sofort einverstanden. Aber er musste im-mer wieder auch lachen – ich weiß nicht, ob er die Arbeitssuche wirklich ernst genommen hat. 30

Ich hatte ein komisches Gefühl. Er wirkte sehr fremd auf mich, aber ich habe ihm die Arbeit gegeben. Er hatte intelligente und liebe Augen und ich war sehr neugierig. Ich wollte diesen Mann genauer kennenlernen. 35

4 Vier Schritte. Arbeiten Sie mit der Hand.

Schon fertig?
Wählen Sie eine Person von Seite 35 aus und wählen Sie drei Adjektive, die zu ihr passen. Schreiben Sie Sätze.

35

1. *Ich-Erzählerin* ➤ *Sie-Erzählerin* (Zeile 31–36)
2. Erzählen Sie im Präsens. (Zeile 14–20): Er ist …
3. Der Journalist schreibt, dass … (Zeile 1–11)
5. Variation: Finden Sie zu jedem Textabschnitt eine Überschrift.

5 Personen raten
a) Schneiden Sie fünf Bilder von Personen aus einer Zeitschrift aus. Ziehen Sie ein Bild und sammeln Sie je drei Eigenschaften.

das sehe ich	das denke ich
ein gelbes Kleid	nett, sportlich

b) Beschreiben Sie Ihre Person. Die anderen finden das passende Bild.

Sie trägt ein gelbes Kleid.

Ich glaube, sie ist sportlich.

Was für ein Mensch bist du?

6 **Das erste Kennenlernen.**
a) Fragen und antworten Sie.

> *Was für ein Mensch bist du?*

> *Ich bin ein ruhiger Mensch. Ich bin gern zu Hause. Ich mag …*

b) *Was für ein …?*
Fragen Sie nach wie im Beispiel.

Ich bin Ärztin. / Kinderärztin

> *Was für eine Ärztin bist du?*

> *Ich bin Kinderärztin.*

1. Ich suche ein Haus. / ein Einfamilienhaus
2. Ich habe mir eine CD gekauft. / von Adele
3. …

7 **Das erste Treffen. Was fragen Sie? Sammeln Sie Fragen.**

Wie heißt du? Kochst du gerne? … / Welche …

8 **Bingo. Gehen Sie durch den Raum und stellen Sie die Fragen. Wer sagt *ja*? Schreiben Sie den Namen auf. Wer zuerst neun Personen hat, ruft Bingo und hat gewonnen.**

1. Mögen Sie Überraschungen?
2. Lernen Sie gern neue Leute kennen?
3. Können Sie gut Ihre Meinung sagen?
4. Weinen Sie bei einem traurigen Film?
5. Sind Sie gern allein?
6. Sind Sie in Ihrer Freizeit viel zu Hause?
7. Hören Sie in Gesprächen lieber zu?
8. Ärgern Sie sich leicht?
9. Hören Sie auf andere?

9 **Ein etwas anderes Selbstporträt.**
a) Beschreiben Sie sich, wie Ihre Mutter/Ihre Kaffeetasse/… Sie sieht!

*Er braucht mich jeden Tag. Morgens ist er oft sehr hektisch.
Jede rote Ampel nervt ihn und dann schlägt er auf mein Lenkrad.*

b) Lesen Sie Ihr Selbstporträt aus Aufgabe a) vor. Die anderen raten, wer das „gesagt" hat.

✔ **Schon fertig?**
Machen Sie ein Adjektiv-Rätsel. Tauschen und lösen Sie es.

Beispiel: z ___ fr ___ ___ d ___ n

Was für ein …
fragt man, wenn man etwas genauer wissen will.
Was für ein funktioniert wie der unbestimmte Artikel:
‹ Ich habe *einen* Hund.
❙ Was *für einen* Hund hast du?

So viele Fragen:
➤ Ja-Nein-Fragen
➤ W-Fragen: Wer? Was? Wann? Wo? Woher? Wohin? Seit wann? Wie? Warum? Wie viele?
➤ Fragen mit welch-? und mit Was für ein…?

Mimik und Gestik

10 Sprechen ohne Worte. Was heißt das?
Wo ist das typisch? Kennen Sie noch andere Gesten?

16

11 Oh, wie peinlich!
a) Was ist passiert? Hören Sie und antworten Sie.
b) Ist Ihnen so etwas auch schon einmal passiert? Erzählen Sie.

12 Kennen Sie die Gesten? Lesen Sie und ordnen Sie zu.

 A   B   C     D   E   F

1. ☐ Wenn jemand in Griechenland diese Geste macht, ist das eine große Beleidigung. In anderen Ländern bedeutet sie „fünf", oder einfach „Stopp!".

2. ☐ Niemand sollte in islamischen Ländern etwas mit der linken Hand übergeben. Denn das ist die Hand für die Toilette. Sie ist für soziale Kontakte tabu.

3. ☐ Hier denkt jeder, das ist eine Beleidigung. In Nordamerika heißt das: „Du bist klug."

4. ☐ Für viele ist das das Zeichen für „Super!", in Australien heißt es „Hau ab!".

5. ☐ Wenn mir in D A CH jemand direkt in die Augen schaut, will er sagen, dass er mir zuhört. In Afrika ist das sehr unhöflich.

6. ☐ In Ägypten zeigt niemand beim Sitzen die Fußsohlen. Das ist schmutzig.

13 Indefinitpronomen für Personen. Markieren Sie diese Wörter in den Texten aus Aufgabe 12 und sortieren Sie sie nach der Grafik.

jemand • jeder • niemand • viele

> Ich kenne *jemand(en)* /
> *niemand(en)*, der …
> ➤ Mit oder ohne *-en*:
> Beides ist richtig.

14 Eine traurige Party? Beschreiben Sie, was Sie (nicht) sehen. Wer schreibt die meisten Sätze in sieben Minuten?

jemand   sagen   lachen
niemand   suchen   tanzen
viele   telefonieren   trinken
jeder   Spaß haben   sich langweilen

Alles ganz menschlich

Gefühle

15 Gefühle zeigen. Sehen Sie die Fotos an. Welche Sätze passen?
Ordnen Sie zu.

1. Nein, ich will nicht! Lass mich in Ruhe! ☐
2. Super. Das macht Spaß! ☐
3. Ich habe Angst. Hoffentlich ist nichts passiert. ☐
4. Ich bin so traurig. Meine Katze ist tot. Sie fehlt mir. ☐
5. Hm, nein. Das gefällt mir nicht. Das Kleid sieht komisch aus. ☐
6. Das ist ja eine Überraschung! Kommt doch rein. ☐

> **Ganz kurz:**
> Imperativ 2. P. Plural
> wie 2. P. Präsens ohne **ihr**:
> Ihr **kommt** rein.
> ☞ *Kommt doch rein!* 📖 139

16 Wer fühlt sich wie? Hören Sie zu und ordnen Sie zu. 🔘 17

traurig: Text ☐ überrascht: Text ☐ besorgt: Text ☐

glücklich: Text ☐ wütend: Text ☐

17 Gefühlsverben. Sagen Sie Sätze mit *wenn* wie im Beispiel.

weinen • lachen • sich freuen •
Angst haben • sich ärgern

> *Ich ärgere mich, wenn du keine Zeit hast.*

18 Reaktionen.
a) Was sagen Sie, wenn jemand ... ist? Es gibt mehrere Möglichkeiten.

Jemand ist ...

wütend
glücklich
traurig
ängstlich

1. Toll. Das ist ja super!
2. Was ist denn los? Mach dir keine Sorgen.
3. Das tut mir leid.
4. Reg dich nicht so auf.
5. Was ist denn los?
6. Das schaffst du schon.
7. Wein doch nicht. Wie kann ich dir helfen?
8. Herzlichen Glückwunsch.
9. Was hast du denn?

b) Gefühle zeigen.
Arbeiten Sie in zwei Gruppen.
Danach wechseln Sie.

Gruppe 1: Jede/r wählt ein Gefühl aus
und macht allein oder zu zweit ein
Standbild.

Gruppe 2: Gehen Sie von „Bild" zu
„Bild" und reagieren Sie auf das
Gefühl.

Mehmet, wein doch nicht. Was kann ich tun?

19 Traurig und enttäuscht. Hören Sie die Sätze. Was hören Sie: *au* [au]
oder *äu/eu* [ɔy]? Kreuzen Sie an.

1. Frauen ☐   2. auch ☐   3. Trauer ☐   4. Traum ☐   5. Haufen ☐
   freuen ☐   euch ☐   treuer ☐   Träum! ☐   häufen ☐

20 Wie heißt der Plural? Sprechen Sie laut.

Traum, Maus, Bauch, Haus, Baum, Braut

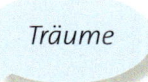

Träume

21 Wörter mit *au*, *äu* und *eu*.
a) Schreiben Sie Sätze mit den Beispielen und sprechen Sie laut.

treue Freunde • neugierige Europäer • freundliche Deutsche •
blaue Augen • traurige Frauen • braune Autos • enttäuschter
Bräutigam • verträumte Verkäufer

b) Arbeiten Sie in Kleingruppen. Schreiben Sie
au, *äu* und *eu* auf je einen großen Zettel.
Lesen Sie Ihre Sätze vor. Die anderen heben den
passenden Zettel hoch.

Alles ganz menschlich

Alle zusammen

 *Steinbock* (22.12.–20.01.) Der Steinbock ist ehrgeizig, sparsam und liebt den Erfolg. Deshalb arbeitet er viel. Er schließt nicht schnell Freundschaften. Diese halten aber oft ein Leben lang.

 *Stier* (21.04.–20.05.) Stiere sind eher gemütliche Menschen. Die Familie und auch finanzielle Sicherheit sind ihnen wichtig. Sie sind nicht sehr flexibel, aber sie haben viel Ausdauer.

 *Jungfrau* (24.08.–22.09.) Die Jungfrau ist sehr genau, fleißig und vernünftig. Sie kann kühl wirken, ist aber eine zuverlässige Freundin.

 *Wassermann* (21.01.–19.02.) Wassermänner sind ehrlich und offen. Sie lieben ihre Unabhängigkeit. Sie sind sehr spontan, das macht sie manchmal auch etwas unzuverlässig.

 *Zwilling* (21.05.–21.06.) Zwillinge sind fröhliche und freundliche Menschen mit vielen Plänen. Das macht sie aber auch chaotisch und sie sind nicht immer treu.

 *Waage* (23.09.–22.10.) Waage-Menschen sind oft gepflegt und ordentlich. Sie mögen Kunst und sind gesellig, aber sie streiten nicht gern. Sie können sich nur schwer entscheiden.

 *Fisch* (20.02.–20.03.) Fische sind geduldig, hilfsbereit und bescheiden. Manchmal wirken sie verträumt und wenig aktiv. Sie können aber auch sehr stur sein.

 *Krebs* (22.06.–22.07.) Krebse sind liebe, romantische Menschen, die sehr treu sind. Veränderungen mag der Krebs nicht, denn er ist ewas bequem.

 *Skorpion* (23.10.–22.11.) Skorpione wirken nicht sehr offen, das macht sie interessant. Sie arbeiten hart für ihre Ziele und sagen immer ehrlich, was sie denken. Das kann schon mal verletzen …

 *Widder* (21.03.–20.04.) Widdermenschen haben viel Energie, sind sehr aktiv und sie spielen gern den Chef. Manchmal treffen sie ihre Entscheidungen zu schnell.

 Löwe (23.07.–23.08.) Löwen sind unabhängig und sehr selbstbewusst. Sie stehen gern im Mittelpunkt, sind manchmal eitel. Sie sind leidenschaftlich und ehrgeizig, aber auch sehr großzügig.

 *Schütze* (23.11.–21.12.) Schützen sind ehrlich und gerecht. Sie engagieren sich in vielen Projekten und sind offen für Neues. Ihre Freiheit ist ihnen sehr wichtig.

22 Glauben Sie an Sternzeichen?
a) Bilden Sie vier Gruppen. Jede Gruppe sammelt die Adjektive zu drei Sternzeichen und ordnet sie in die Tabelle. Oft gibt es mehrere Möglichkeiten.

 b) Sagen Sie Ihr Geburtsdatum.
Ein/e Partner/in sucht Ihr Sternzeichen und liest den Text vor. Sie kommentieren.

> *Ehrgeizig? Ja, das stimmt.*

> *Nein, ich bin nicht … Mir ist viel wichtiger, dass …*

23 Unsere Persönlichkeiten. Schreiben Sie alle Namen auf. Jede/r klebt oder malt zu seinem/ihrem Namen ein Symbol für seinen/ihren Charakter und ordnet sich drei positive Eigenschaften zu.

Was ist das?

Ob das hilft?

Sie sind nervös und hektisch? Oder sind Sie oft traurig und lustlos? Sie haben noch so viel zu tun, fühlen sich aber müde und schlapp? Heute gibt es Tees für jede Stimmung.

Charakterbilder

Er ist ein richtiger Brummbär.　schlecht gelaunt

offen　　Meine Nachbarin trägt ihr Herz auf der Zunge.

Du bist stur wie ein Esel!　dickköpfig

Simi ist einfach ein Sonnenschein.　fröhlich

ungeschickt　Sei nicht so ein Elefant im Porzellanladen!

Mein Deutsch

Idiot

„Idiot. Dieses Wort höre ich sehr oft im Taxi. Die deutschen Männer sind ja so was von nervös und schimpfen immer gleich.“

Lucia Aliberti, 52, Opernsängerin Italien

aus: SZ Magazin, Nummer 30, 24.07.2009

Fluchen und Schimpfen international

Es gibt kein Land ohne Flüche. Schon im alten Ägypten konnte man lesen: „Der Hagel soll dein Feld kaputt machen.“ Studien haben gezeigt, dass wir uns Flüche besser merken können als normale Wörter. Interessant ist, dass das Fluchen in jeder Kultur anders ist. So ist ein Fluch auf die Familie in der Türkei eine große Beleidigung, in Deutschland flucht man lieber auf Polizisten oder Lehrer.

Sehr kreativ schimpfen die Italiener, z. B. mit „Du hast ja Petersilie in den Ohren!“. In der Deutschschweiz sind manche Flüche sehr brav. Man ruft „Gopfridschtotz“ (Gottfried Stutz) oder „Schtärnefoifi“ (fünf Sterne). Tiernamen wie Hund, Affe, Esel, Schwein oder Kuh sind weltweit Schimpfwörter. Aber auch da gibt es Unterschiede: Eine „Kuh“ in D A CH ist dumm, in Frankreich aber böse.

Ich kann ...

Menschen beschreiben

Ich bin ein ruhiger/treuer/fröhlicher/romantischer Mensch.
Ich bin nicht so selbstbewusst, ich bin eher ruhig.
Sie/Er spielt gern den Chef. Findest du, dass er/sie egoistisch ist?
Andere Meinungen sind ihm/ihr wichtig. Sie/Er ist gern mit anderen zusammen.
Er/Sie ist gern allein. Er/Sie ist sehr unabhängig.

Er/Sie trägt eine schwarze/schöne/teure/... Hose/Bluse/Jacke.
Er/Sie hat lange/kurze Haare und blaue/braune Augen. Er/Sie ist ...

Gesten vergleichen

Das Zeichen kennen wir auch. Bei uns heißt das „Stopp!"/„Super!"/...
Nein, wir machen so. / Du solltest deine Füße nicht zeigen / Deine linke Hand ...
Ich glaube, niemand sollte in ... / In ... sollte man immer ...

Gefühle ausdrücken und reagieren

Ich bin so traurig. Er/Sie fehlt / Du fehlst mir.

Ich freue mich sehr. Das ist toll/super/eine
schöne Überraschung.
Hoffentlich ist nichts passiert.
Nein! / Lass mich in Ruhe!
Das gefällt mir gar nicht.

Sei nicht traurig. / Wein doch nicht.
Das tut mir leid.
Herzlichen Glückwunsch! Ich freue mich auch.
Schön, dass ihr da seid.
Hab' keine Angst. / Mach dir keine Sorgen.
Reg' dich nicht so auf. / Was ist denn los?
Was hast du denn? / Sei nicht so aggressiv.

Ich kenne ...

Fragen mit *Was für ein ...*

‹ Wir haben eine neue Kollegin.
‹ Ich suche einen Mann.

▮ Was für ein Mensch ist sie?
▮ Was für einen Mann?

‹ Ich glaube, sie ist nett.
‹ Er muss intelligent sein.

den Imperativ (2. Person) im Präsens

Plural: ihr kommt (ohne *ihr*):   Kommt rein. / Seid lustig und amüsiert euch!

Indefinitpronomen

Hier sind aber viele. / Siehst du jemand(en), den ich kenne?
Nein, ich kenne hier niemand(en). / Aber jeder kennt dich!

Diphtonge: *au* [au̯] und *äu/eu* [ɔy]

der Baum – die Bäume • das Haus – die Häuser • die Maus – die Mäuse
treu, neugierig, freundlich, deutsch

Sammeln Sie Wörter zu den Gruppen.

Tiere   Natur   Sachen

Für die nächste Stunde: Bringen Sie Kartons mit.

Stadt und Land

Wo leben Sie lieber?

1 Landschaften.
a) Bilden Sie Gruppen. Bauen Sie eine Landschaft und beschriften Sie sie. Machen Sie Fotos.

b) Beschreiben Sie Ihre Landschaft.

> Das ist ein Hochhaus.

> Neben dem Haus steht ein Baum.

2 Warum leben Sie gern auf dem Land oder in der Stadt?
a) Schreiben Sie Stichwörter auf Karten.

Natur

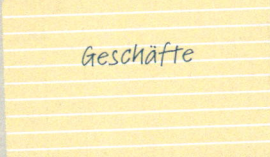

Geschäfte

b) Sammeln Sie Argumente für das Leben auf dem Land und in der Stadt.

	☺	☹
Stadt:	viele Geschäfte	viel Verkehr
Land:	es gibt Natur	wenig Geschäfte

c) Legen Sie Ihre Karten auf den Tisch. Würfeln Sie und nennen Sie die Argumente.

> Ich lebe gern auf dem Land, weil ich die Natur liebe.

> Ich lebe gern in der Stadt, weil es dort viele Geschäfte gibt.

► seine Umwelt beschreiben ● über das Stadt- und Landleben sprechen
► besondere Berufe ● Adjektive vor dem Nomen ● Demonstrativartikel: *dieser*,
dieses, *diese* ● der Ich- und Ach-Laut (Wiederholung)

12

3 a) Wer mag das Leben auf dem Land? Lesen Sie das Chatforum und antworten Sie.

b) Das ist neu. Unterstreichen Sie diese Wörter im Text und klären Sie sie im Kurs.

sich sicher sein ● die Großstadt ● der Igel ● der Bauernhof ● der Kommentar ● weite Felder ●
etwas entdecken ● sich etwas vorstellen ● die Auswahl ● verschieden

Auf dem Land leben – Vor- und Nachteile?

gefragt von ANGELIKA am 24.05. um 22:10 Uhr

Mein Freund möchte mit mir und den Kindern aufs Land ziehen. Ich bin mir aber nicht sicher, ob mir
das gefällt. Was meint ihr: Kann man gut auf dem Land leben oder ist es schrecklich langweilig?
5 Freue mich über eure Antworten.

FRAGE BEANTWORTEN

Antwort von HANS-PETER am 25.05. um 11:54 Uhr

Als Kind habe ich in einer Großstadt gewohnt. Jetzt lebe ich schon seit 21 Jahren auf dem Land
und es ist herrlich. Hier ist alles so schön grün. Es gibt keinen Lärm und keine Staus. Wir haben viel
weniger Stress und die Ruhe ist so angenehm. In meinem Garten lebt ein Igel und meine Milch
10 bekomme ich vom Bauernhof. Ich liebe das Landleben!

Kommentar von WOLFGANG am 25.05. um 11:58 Uhr

Ich kann es nicht mehr hören: „Die Ruhe ist angenehm". Mich macht die Ruhe nervös. Als ich aus der
Stadt ins Dorf gezogen bin, bin ich oft nachts aufgewacht und habe mich gefragt, ob die Welt noch
da ist! So still und dunkel war es. Aber am schlimmsten sind die Nachbarn: Sie wollen alles wissen.
15 Komme ich spät nachts nach Hause, fragen sie mich am nächsten Tag, was ich denn gemacht habe.
Trage ich meine Einkäufe ins Haus, gibt es Kommentare wie: „Sie essen aber viel Pizza!"

Antwort von RAINER am 25.05. um 12:10 Uhr

Jetzt wohne ich auf dem Land und ich genieße es jeden Tag. Ich gehe raus und bin sofort in der Natur. Weite Felder, grüne Wiesen mit vielen bunten Blumen und ein kleiner Fluss. Auch für die Kinder
20 ist es toll. Sie können draußen spielen und sie entdecken immer wieder etwas Neues, weil die Natur
zu jeder Jahreszeit anders ist. Ich bin froh, dass ich hier Arbeit gefunden habe. Es war gar nicht so
einfach. Die größte Auswahl an Jobs gibt es nun mal in der Stadt.

Antwort von HEIKE am 25.05. um 13:34 Uhr

Ein Leben auf dem Land kann ich mir nicht vorstellen. Ja klar, ich mag die Natur, aber in der Stadt
25 habe ich viel mehr Möglichkeiten: die neue Ausstellung im Museum, ein Spaziergang im Park, ein
Besuch im Schwimmbad oder im Theater. Und wenn ich nicht alleine frühstücken möchte, treffe
ich mich mit Freunden in einem gemütlichen Café. Die Stadt ist viel bunter! Hier leben viele verschiedene Menschen und man kann immer neue Leute kennenlernen.

4 Vier Schritte. Arbeiten Sie mit dem Text.

✓ **Schon fertig?**

1. Warum gefällt Heike und Wolfgang das Landleben nicht?
2. Sammeln Sie Themen für eine eigene Frage in einem Chatforum.

1. Ich-Erzählerin ►
   Sie-Erzählerin (Zeile 24–27)
3. Nacherzählung mit *dass*:
   Er sagt, dass ... (Zeile 7–10)
4. Schreiben Sie eine W-Frage
   und stellen Sie sie im Kurs.
5. Interview: Finden Sie zu jedem
   Eintrag eine W-Frage.

5 Schreiben auch Sie Angelika eine Antwort.

Stadt und Land

Neues Leben – großes Glück?

6 Bilden Sie drei Gruppen: blau, rot und grün.
Jede Gruppe löst die Aufgaben a–c zu
ihrem Text.
a) Lesen Sie den Text und ordnen Sie
das passende Foto zu.

b) Wie leben die Personen jetzt und wie
möchten sie später leben? Markieren Sie.

c) Jede/r unterstreicht die Adjektive und schreibt die Ergänzung
auf eine Karte. Vergleichen Sie in der Gruppe.

> *das große Haus*　　　*mit dem riesigen Garten*

René Marquard:
Im März habe ich Geburtstag und werde 65. Im Sommer gehe ich in Rente[1].
Dann habe ich endlich Zeit und kann viel reisen. Das große Haus mit dem
riesigen Garten brauchen wir dann nicht mehr. Wir kaufen uns eine kleine
Wohnung in der Nähe von unserer Tochter. Wir haben schon eine Anzeige
gelesen: gemütliche 3-Zimmerwohnung mit sonnigem Balkon in zentraler
Lage. Das ist genau das Richtige für uns! □

1 in Rente gehen (D)
  in Pension gehen (A, D)
  pensioniert werden (CH, D)

Anton Fiebig:
Mich nervt es, dass wir so weit draußen auf dem langweiligen Land leben.
Meine Freunde wohnen sehr weit weg. Mit Bus und Bahn ist das eine lange
Fahrt. Aber in zwei Jahren bin ich 16 und mache den Mopedführerschein.
Dann kann ich selbst fahren, und meine armen Eltern müssen mich nicht
immer abholen. Und wenn ich 18 bin, suche ich mir ein kleines Zimmer in
einer netten Wohngemeinschaft mitten in der großen Stadt. □

Ina Merkel:
Ich war immer ein echter Stadtmensch. Mein ganzes Leben auf dem flachen
Land – das konnte ich mir nicht vorstellen. Dann habe ich auf einer Feier
Dieter getroffen. Er ist meine große Liebe. Ich habe ihn auf seinem schönen
Bauernhof besucht, seinen netten Hund kennengelernt, die Kühe gemolken
und die Hühner und Schweine gefüttert. Die harte Arbeit auf dem Bauernhof
hat mir Spaß gemacht. Ich freue mich schon auf mein neues Leben als Bau-
ersfrau – im Juni heiraten wir und dann lebe ich bei ihm auf dem Land. □

7 Sie sind Experte für Ihren Text. Mischen Sie
die Gruppen neu. In jeder Gruppe müssen alle
Farben sein. Lösen Sie die Aufgaben a–c.
a) Beschreiben Sie Ihr Foto.

> *Auf meinem Foto
> sieht man einen ...*

> *Wenn man über die Zukunft
> spricht, benutzt man meisten
> das Präsens:*
> ***Im Sommer** gehe ich in Rente.*

b) Jetzt und später.
Präsentieren Sie Ihre Person.

> *René Marquard
> lebt jetzt ...*

> *Später möchte
> er ...*

48 achtundvierzig

c) Lesen Sie die Regel zu den Adjektiven:

Regel: Es gibt immer einen typischen Buchstaben, ein Signal.
Dieses Signal ist am Artikel oder am Adjektiv.

**Vergleichen Sie Ihre Karten aus Aufgabe 6c) mit der Tabelle auf
Seite 54. Markieren Sie das Signal wie auf den Fotos.**

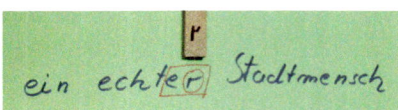

8 **Wörter kombinieren.**
**a) Jede/r wählt eine Adjektivkarte aus 7c aus. Notieren Sie auf einem
blauen Zettel das Nomen mit Artikel, auf einem roten Zettel das
Adjektiv ohne Endung.**

ein echter Stadtmensch
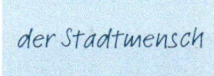
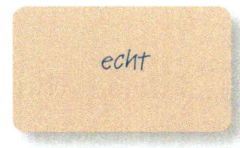

**b) Legen Sie alle Zettel auf einen Tisch und mischen Sie. Jede/r zieht
einen blauen und einen roten Zettel. Schreiben Sie Sätze aus den
Wörtern wie im Beispiel.**

Ich habe einen kleinen Balkon. *Große Wohnung gesucht.*

c) Jede/r liest einen Satz laut vor.

9 **Der Marktschreier.**
a) Ergänzen Sie die Endungen.

Fein___ Wurst
vom jung___
Schwein!

Kommen Sie: Hier
gibt es gut___ Käse!
Schweiz___ Käse ist der
Beste!

Mit grün___
Gurken schmeckt
alles besser!

Blumen! Wer will
schön___ Blumen!?

Frisch___ Fisch!
Kaufen Sie frisch___
Fisch!

b) Hören Sie und kontrollieren Sie die Endungen.

c) Jetzt sind Sie ein Marktschreier.

54

Nullartikel im Singular:
de **r** sonnige Balkon
     sonnige **r** Balkon

da **s** neue Leben
     neue **s** Leben

di **e** kleine Wohnung
     klein **e** Wohnung

in de **r** zentralen Lage
     in zentrale **r** Lage

im Plural:
di **e** großen Häuser
     groß **e** Häuser

---

der grüne Salat • die frischen
Tomaten • der bunte Paprika •
das gesunde Gemüse •
das süße Obst • die roten Erd-
beeren • das warme Brot • …

19

Dieser Beruf ist etwas Besonderes

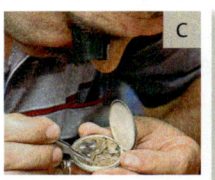

10 Besondere Berufe in D A CH.
a) Sehen Sie die Fotos an. Was glauben Sie, wo das ist?

> Ich glaube, Foto A ist im Süden von Deutschland.

> Foto B ist am Meer.

b) Hören Sie und kreuzen Sie die richtigen Berufe an.

☐ Obstbauer/-bäuerin   ☐ Schuhmacher/in   ☐ Restaurator/in

☐ Fischer/in   ☐ Lkw-Fahrer/in   ☐ Uhrmacher/in

☐ Fiakerfahrer/in   ☐ Weinbauer/-bäuerin   ☐ Strandkorbvermieter/in

c) Was machen diese Menschen? Lesen Sie und ordnen Sie die Fotos zu. Suchen Sie die Orte auf der Karte.

181

Hein Tütjes, *Nordseefischer*
Meine Arbeit ist sehr anstrengend: Abends fahre ich mit meinem Boot auf das Meer und lege die Netze aus. Früh am nächsten Morgen fahre ich wieder raus, hole die Fische und bringe sie zum Hamburger Fischmarkt. Leider gibt es immer weniger Fische. Aber die Nordsee ist meine Heimat und ich liebe diese Arbeit. ☐

Christine Beck, *Weinbäuerin*
Ich habe das Weingut von meinem Vater übernommen. Die Menschen hier in Freiburg trinken gern Wein. Damit dieser Wein gut schmeckt, müssen wir die Trauben zur richtigen Zeit ernten und wir haben im Herbst sehr viel zu tun. Aber dann feiern wir die Ernte mit vielen Weinfesten. Das ist immer wieder schön. ☐

Romain Jérôme, *Uhrmacher*
Seit dem 17. Jahrhundert gibt es die Uhrmacherkunst in Genf. Auch ich habe das Geschäft schon von meinem Vater übernommen. Die Kunden kennen diesen Laden und wissen, dass sie hier sehr gute Uhren bekommen. ☐

Gerald Gallasch, *Fiakerkutscher*
Ich lade Sie zu einer gemütlichen Fahrt durch Wien ein. Haben Sie keine Angst. Mein Pferd und ich kennen den Verkehr in dieser Stadt sehr gut. Unterwegs erzähle ich Ihnen alles über den ersten Bezirk und zeige Ihnen die Sehenswürdigkeiten in diesem Stadtteil. ☐

Horst Hauptmann, *Strandkorbvermieter*
Was macht ein Strandkorbvermieter auf Rügen im Winter? Ganz einfach: Er repariert und putzt die Strandkörbe. Aber der Winter ist ganz schön lang. Ich freue mich immer auf Ostern, wenn diese Zeit vorbei ist und die Saison wieder losgeht. ☐

Silke Bienke, *Restauratorin*
Ich bin in Dresden geboren und diese Stadt ist mein Leben! Seit der Wiedervereinigung ist hier so viel passiert. Ich bin froh, dass ich in Dresden Arbeit gefunden habe. Und ich bin stolz, dass die Frauenkirche wieder so schön ist. Diese Baustelle war schon etwas ganz Besonderes. ☐

11 *Dieser, dieses, diese*
Markieren Sie alle Formen von *dieser* in den Texten aus Aufgabe 9 und ergänzen Sie.

1. die Arbeit: Er liebt _diese Arbeit._ (Die Arbeit als Nordseefischer.)
2. der Wein: Welcher Wein schmeckt gut? _____ _____. (der Wein aus Freiburg)
3. den Laden: Welchen Laden kennen die Kunden? _____ _____. (den Laden in Genf)
4. in der Stadt: In welcher Stadt kennt er den Verkehr? In _____ _____. (in der Stadt Wien)
5. in dem Stadtteil: In welchem Stadtteil? In _____ _____. (im ersten Bezirk)

> *dieser, dieses, diese*
> *wie **der, das, die***
> *und **welcher, welches, welche***

142

12 **An der Nordseeküste.**
Fragen Sie wie im Beispiel.

> *Möchten Sie diesen Strandkorb oder einen anderen?*

> *der Ball • die Luftmatratze • der Badeanzug • das Eis • die Taucherbrille ...*

13 **Ach, und ich?**
⊚ 21
a) Hören Sie und sprechen Sie nach.

⊚ 22
b) Hören Sie noch einmal und markieren Sie den Ich-Laut.

Licht	einfach	brauchen	mich	nachts	Tochter
Töchter	suchen	schlecht	Bücher	endlich	euch
machen	richtig	Besuch	Nachbarn	nächtlich	gemütlich

c) Markieren Sie jetzt die Ach-Laute in einer anderen Farbe.
Nach welchen Buchstaben spricht man einen Ich-Laut, nach welchen Buchstaben spricht man einen Ach-Laut?

✓ **Schon fertig?**
Machen Sie zwei Listen: Wörter mit Ich-Laut und Wörter mit Ach-Laut. Üben Sie die Aussprache!

164

Stadt und Land

Alle zusammen

das Hochhaus

der Baum

14 Wörter raten. Schreiben Sie Wortkarten. Benutzen Sie Ihre Fotos aus Aufgabe 1. Erklären Sie ein Wort. Die anderen raten.

54

Das gibt es in der Stadt. Es ist sehr hoch.

Ein Hochhaus!

15 Menschliche Kamera.
a) Arbeiten Sie zu zweit. A ist die Kamera, B führt. A macht zwei „Fotos". Dann wechseln Sie.

A schließt die Augen. B führt A an den Schultern. Wenn B „Stopp" sagt, öffnet A die Augen und macht im Kopf „ein Foto".

b) Machen Sie eine Skizze von Ihrem „Foto" und legen Sie sie auf den Tisch.

c) Jede/r beschreibt seine Fotos. Eine/r aus dem Kurs findet die Skizze.

16 Wörternetz-Wettkampf. Bilden Sie zwei Gruppen. Welche Gruppe findet in fünf Minuten die meisten Wörter zu einem Begriff?

Tiere • Landschaft • Stadt • Verkehr

17 Dieser Rap rappt!
a) Lesen und rappen Sie mit!

23

Ist es der Hund oder dieser Hund?	Ja genau! Es ist dieser Hund.
Ist es die Kuh oder diese Kuh?	Ja genau! Es ist diese Kuh.
Ist es das Schwein oder dieses Schwein?	Ja genau! Es ist dieses Schwein.
Warst du auf dem Berg oder auf diesem Berg?	Ja genau! Ich war auf diesem Berg.
Warst du in der Stadt oder in dieser Stadt?	Ja genau! Ich war in dieser Stadt.
Kaufst du den Fisch oder diesen Fisch?	Ja genau! Ich kaufe diesen Fisch.
Kaufst du die Maus oder diese Maus?	Ja genau! Ich kaufe diese Maus.

b) Variieren Sie den Rap.
Bus • Straße • Lärm • Auto • Motorrad • Licht • Verkehr • Kreuzung • Ampel • Mann • Frau • Kind • Spielplatz

Nimmst du ...? / Siehst du ...? / Hörst du ...? / Wohnst du ... / Möchtest du ...? / Ist das ...? / Spielt das Kind auf ...?

Was machen die da?

Heimlich, still und leise

Mitten in der Stadt, in einer stillen Ecke zwischen Autos und grauen Häusern sieht man plötzlich bunte Blumen leuchten. Gestern waren sie noch nicht da. Wo kommen sie her? In immer mehr Städten gibt es Menschen, die heimlich, still und leise Blumen pflanzen. Sie fragen nicht, ob es erlaubt ist. Sie tun es einfach. Denn die Städte sind grau, überall ist viel Beton und es gibt zu wenige Pflanzen. Ganz verschiedene Menschen machen bei dieser „Gärtner-Guerilla" mit: Die nette Oma von nebenan, der stille Bauarbeiter, die junge Schülerin oder auch der korrekte Beamte. Denn jeder kann mitmachen und seine Straße bunter machen. So sollen graue Plätze und Straßen wieder Farbe bekommen.

24

Ein Gedicht

Der Lindenbaum

Am Brunnen vor dem Tore
Da steht ein Lindenbaum:
Ich träumt in seinem Schatten
So manchen süßen Traum.
Ich schnitt in seine Rinde
so manches liebe Wort;
Es zog in Freud und Leide
Zu ihm mich immerfort.
Wilhelm Müller

Ich kann ...

meine Umwelt beschreiben

Hier gibt es (keine) Berge / (k)einen Fluss / wenig / viel Natur.
Neben dem Haus steht ein Baum und hinter dem Haus gibt es eine große Wiese.

über das Stadt- und Landleben sprechen

Ich lebe gern in der Stadt / auf dem Land, weil es viele Geschäfte gibt. / es so ruhig ist.
In der Stadt kann man viel machen. / Bei uns auf dem Dorf ist es oft langweilig.
Nein, für die Kinder ist das Landleben toll. Wir haben viele Tiere ...
Aber in der Stadt gibt es mehr Arbeit.

Ich kenne ...

Adjektive vor dem Nomen

Nominativ	r	s	e
Das ist {	der sonnige Balkon.	das große Haus.	die schöne Wohnung.
	ein sonniger Bakon.	ein großes Haus.	eine schöne Wohnung.
	Sonniger Balkon ...	Kleines Haus ...	Schöne Wohnung gesucht.
Akkusativ	n	s	e
Ich suche {	den sonnigen Balkon.	das große Haus.	die schöne Wohnung.
	einen sonnigen Balkon.	ein großes Haus.	eine schöne Wohnung.
	Sonnigen Balkon ...	Kleines Haus ...	Schöne Wohnung gefunden.
Dativ	m	m	r
mit {	dem sonnigen Balkon	dem großen Haus	der schönen Wohnung
	einem sonnigen Balkon	einem großen Haus	einer schönen Wohnung
Mann mit	sonnigem Balkon	großem Haus	schöner Wohnung gesucht.

Plural	*Nominativ / Akkusativ*		*Dativ*
die	großen Balkone / Häuser / Wohnungen		mit den großen Balkonen / ...
	Große Balkone / Häuser / Wohnungen gesucht und gefunden. *Dativ:* Mit großen Balkonen / Häusern / Wohnungen.		

dieser, dieses, diese

Der Mann. Welcher Mann? Dieser Mann. / Den Mann. Welchen Mann? Diesen Mann.
Mit dem Mann. Mit welchem Mann? Mit diesem Mann.
Das Kind. Welches Kind? Dieses Kind. / Mit dem Kind. Mit welchem Kind? Mit diesem Kind.
Die Frau. Welche Frau? Diese Frau. / Mit der Frau. Mit welcher Frau? Mit dieser Frau.

den Ich-Laut nach *i, e, eu, ä, ö, ü*: Ich möchte echte feuchte Bücher riechen.
den Ach-Laut nach *a, o, u, au*: Auch nachts: Tochter mit Buch.

Alles schläft
und einer spricht,
dieses nennt man
Unterricht!

Verstehst du das?

Nein, keine Ahnung.

Welche Seite?

Seite 62.

Hast du die Hausaufgaben?

Wann ist denn endlich Pause?

Schule. Woran denken Sie? Was finden Sie gut? Was finden Sie nicht so gut?

Meine Schulzeit

1 Erinnern Sie sich an Ihre Schule?
a) Zeichnen Sie oder machen Sie eine typische Handbewegung aus der Schule.
Notieren Sie Stichpunkte zu den Fragen.

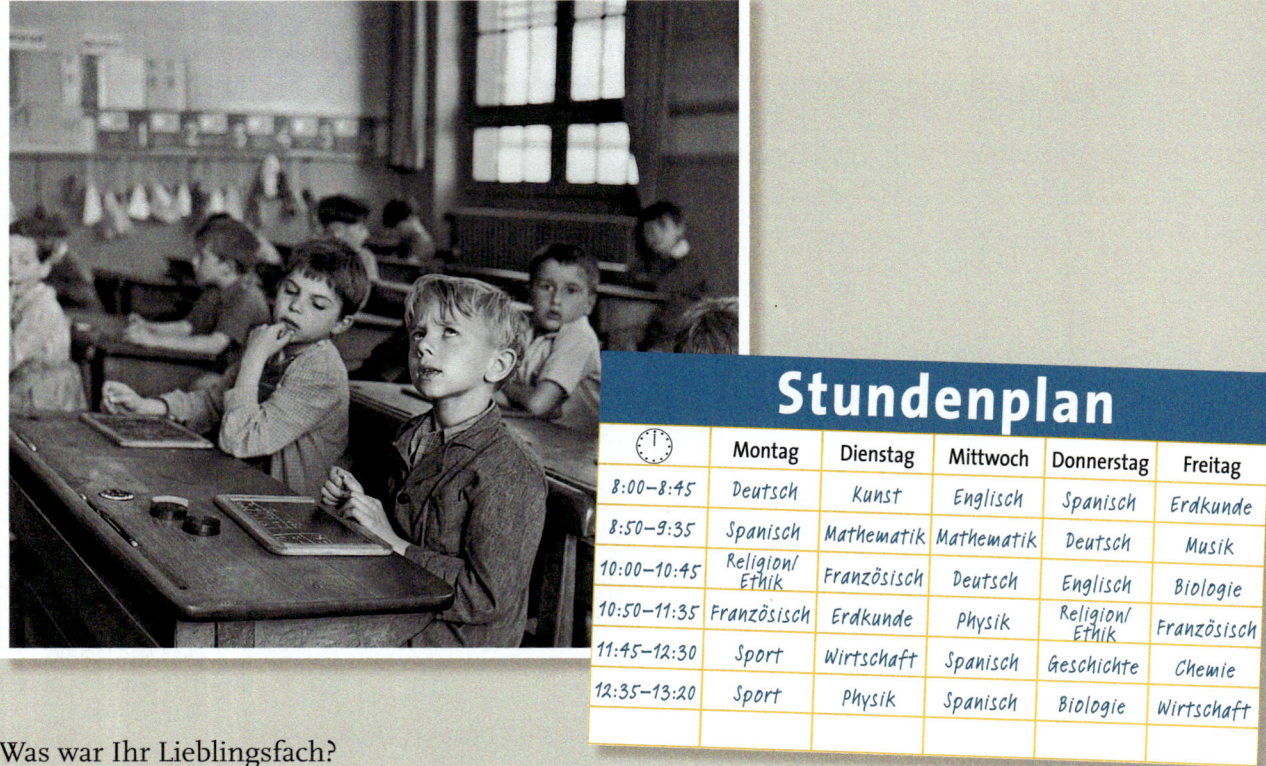

Stundenplan					
🕐	Montag	Dienstag	Mittwoch	Donnerstag	Freitag
8:00–8:45	Deutsch	Kunst	Englisch	Spanisch	Erdkunde
8:50–9:35	Spanisch	Mathematik	Mathematik	Deutsch	Musik
10:00–10:45	Religion/Ethik	Französisch	Deutsch	Englisch	Biologie
10:50–11:35	Französisch	Erdkunde	Physik	Religion/Ethik	Französisch
11:45–12:30	Sport	Wirtschaft	Spanisch	Geschichte	Chemie
12:35–13:20	Sport	Physik	Spanisch	Biologie	Wirtschaft

Was war Ihr Lieblingsfach?
Wie viele Schüler gab es in Ihrer Klasse?
Wie waren die Lehrer? Wer war gut, wer nicht? Warum?
Was gab es im Klassenzimmer?
Was war schön/nicht so schön in der Schule?
War der Unterricht für Jungen und Mädchen getrennt?
Gab es eine Schuluniform?

b) Sprechen Sie über Ihre Schulerinnerungen.

> Die Schule war in der Nähe / ... Kilometer entfernt.
> Wir waren ... Schüler in einer Klasse. Es gab ... Klassen.
> Bei uns musste man eine Schuluniform tragen.
> Im Klassenzimmer gab es ... / Es war sehr groß/bunt/...
> Wir mussten (kein) Schulgeld zahlen. Das war teuer / nicht so schlimm.
> Mein/e Lieblingsfach war / -fächer waren Mathematik/Sport/Musik/Biologie/Geschichte/...
> Ich war gut/nicht so gut in ... / In ... hatte ich (nicht so) gute/schlechte Zensuren[1].
> Mein Mathelehrer / Meine ...lehrerin war nett/(un)sympathisch/streng/(un)gerecht ...
> Der Biologieunterricht/Sport-/... war langweilig/interessant/spannend/schrecklich ...

1 Noten (A, CH)

13

→ über die Schulzeit sprechen → Schulsysteme in D A CH → ein Elternabend
→ die Prüfung kennenlernen → Wiederholung zum Dativ → das Genitiv-s:
Das ist Katjas Blatt. → das Verb *werden* → *trotzdem* → das *sch, sp* und *st*

2 **Manfred Bode ist Lehrer.**

a) Was muss ein Lehrer/eine Lehrerin alles tun? Machen Sie eine Liste.

b) Das ist neu. Unterstreichen Sie die Wörter im Text und klären Sie sie im Kurs.

das Thema • der Elternabend • die Konferenz • die Klassenfahrt[1] • die Zensur • die Klassenarbeit[2] • der Schulabschluss • etwas werden wollen • die Lehre • die Lösung • damals

c) Warum ist der Beruf nie langweilig? Lesen Sie den Text und antworten Sie.

Traumberuf Lehrer?

Am Wochenende findet in unserer Stadt das 12. Schultreffen statt. Wichtigstes Thema:
Wie kann man mehr Studenten und Studentinnen für den Lehrberuf interessieren? Der Beruf gilt
oft als sehr anstrengend. Wir fragten den Mathematiklehrer Manfred Bode, der seit 24 Jahren
unterrichtet, nach seinen Erfahrungen

„Der Beruf ist anstrengend, aber er
ist auch nie langweilig. Es gibt so
viele verschiedene Aufgaben. Natürlich unterrichte ich, aber ich ma-
5 che auch Elternabende, nehme an
Konferenzen teil, organisiere Klassenfahrten[1] …
In diesem Jahr unterrichte ich die
Fächer Mathematik und Erdkunde in
10 zwei zehnten und einer siebten
Klasse. Insgesamt habe ich 65 Schüler und Schülerinnen. Alle sind verschieden und ich muss alle gut kennen, damit ich auch gerechte Zensuren geben kann.
Für meine Arbeit brauche ich gute Ideen, klare Regeln
15 und Spaß am Unterrichten. Abends bereite ich meine
Stunden vor oder ich korrigiere Hausaufgaben oder
Klassenarbeiten[2]. Ich weiß nie, ob der Tag gut wird
oder einfach nur anstrengend. Denn jede Klasse ist
anders. Das gefällt mir.

In den zehnten Klassen ist die Si- 20
tuation am schwierigsten. Für die
Schüler und Schülerinnen sind gute
Zensuren jetzt besonders wichtig,
denn es geht um den Schulabschluss. Viele wissen auch noch 25
nicht, was sie später werden wollen,
ob sie auf eine höhere Schule gehen
oder eine Lehre machen sollen.
Viele Eltern wollen unbedingt, dass
ihr Kind Abitur[3] macht und studiert. Aber das ist viel- 30
leicht nicht immer das Richtige. Die Gespräche mit
den Eltern sind sehr wichtig.
Manchmal treffe ich einen Schüler ein paar Jahre
nach seiner Schulzeit wieder. Wenn er oder sie erzählt, dass die Lösung, die wir damals gefunden ha- 35
ben, genau die richtige war, bin ich sehr stolz. Dann
denke ich: Ja, ich habe einen Traumberuf.“

1 die Schulsportwoche (A)   2 die Schularbeit (A, CH)   3 die Matura (A, CH)

3 **Fünf Schritte. Arbeiten Sie mit der Hand.**

4 **Schulsysteme in D A CH.**
Arbeiten Sie mit den Seiten 126–127.

✔ **Schon fertig?**
Mein/e Lieblingslehrer/in. Wie soll er/sie sein?
Machen Sie Stichpunkte oder schreiben Sie einen Text.

1. *Ich-Erzähler* → *Er-Erzähler*
   (Zeile 14–19)
2. *Rückblick:* **Ich habe im letzten**
   Jahr … unterrichtet.
   (Zeile 8–13)
3. *Nacherzählung mit dass:*
   Er sagt, dass … *(Zeile 1–7)*
4. *Schreiben Sie eine W-Frage*
   und stellen Sie sie im Kurs.
5. *Interview. Finden Sie zu jedem*
   Abschnitt eine Frage.

Die Schule fängt wieder an

5 Der erste Elternabend.

a) Lesen Sie die Fragen, den Brief und den Dialog. Wo finden Sie die Antworten?

	Text A	Text B	Zeile
1. Wann ist der erste Elternabend?	☐	☐	___
2. Wann soll er aufhören?	☐	☐	___
3. Was kosten die Schulbücher?	☐	☐	___
4. Wohin sollen sich die Eltern setzen?	☐	☐	___
5. Was sollen die Eltern wählen?	☐	☐	___
6. Wie viele Eltern sind im Elternbeirat?	☐	☐	___
7. Was macht der Elternbeirat?	☐	☐	___

b) Beantworten Sie im Kurs die Fragen aus a).

A Die Einladung

Liebe Eltern,
mit diesem Brief möchte ich Ihnen einige wichtige Informationen für das neue Schuljahr
geben. Der erste Elternabend findet am 7. September um 19 Uhr im Zimmer 009 statt.
Wir wählen den Elternbeirat und ich stelle das neue Schuljahr vor.
5 *Ihre Kinder bekommen die Bücher von der Schule. Sie kosten in diesem Jahr 48,80 Euro.*
Bitte geben Sie mir das Geld für die Bücher am Elternabend.
Bitte unterschreiben Sie den unteren Abschnitt* und geben Sie ihn Ihrem Kind mit.
Ich freue mich auf ein spannendes Schuljahr mit Ihnen und Ihren Kindern.

Ihre Regina Winter

* 108

B Der Elternabend

10 ‹ Kommen Sie doch bitte herein und nehmen Sie Platz! Schön, dass
Sie da sind. Mein Name ist Regina Winter, ich bin die neue Klassenlehrerin. Am besten setzen Sie sich auf den Platz von Ihrer Tochter
oder von Ihrem Sohn. Dann weiß ich, zu welchem Kind Sie gehören. Nach der Wahl erzähle ich Ihnen, was ich mit Ihren Kindern
15 in diesem Schuljahr machen möchte. Danach besprechen wir
noch ein paar organisatorische Dinge, aber ich hoffe, dass wir
um 20 Uhr fertig sind.
▌ Entschuldigen Sie. Können Sie uns bitte sagen, wie viele Eltern
im Elternbeirat sind?
20 ‹ Ja, natürlich. An unserer Schule sind es 14 Eltern.
♦ Und was macht der Elternbeirat?
‹ Unser Elternbeirat war bis jetzt immer sehr aktiv. Er arbeitet
eng mit der Schule zusammen, organisiert mit den Lehrern
Klassenfahrten und andere Schulveranstaltungen. Er kann
25 auch helfen, wenn es Konflikte an der Schule gibt.
♦ Das ist ja interessant. Vielen Dank.

6 Dativ erkennen.

a) Ordnen Sie zu.

1. Personalpronomen im Dativ
2. Possesivartikel im Dativ

a) Wie geht es Ihnen?
b) Und Ihrem Sohn?
c) Bitte geben Sie mir das Geld.
b) An unserer Schule sind es 14.

b) Finden Sie in den Texten auf Seite 58 weitere Beispiele.

7 Über Schule reden.

a) Ergänzen Sie die Sätze. Dann kontrollieren Sie mit der CD.

1. ◖ Frau Winter, können Sie _____ sagen, wann die Wahl zum Elternbeirat stattfindet?
   ◗ Morgen auf dem Elternabend.

2. Die Klassenlehrerin hat _____ Schülern einen Brief für die Eltern mitgegeben.

3. ◖ Jonas, ich habe heute mit _____ Lehrerin gesprochen. Sie hat _____ doch einen Brief für uns gegeben, oder?
   ◗ Ja, hier ist er.

4. ◖ Ist der Elternbeirat an _____ Schule sehr aktiv?
   ◗ Ja, wir sind sehr zufrieden mit _____ Arbeit. Die letzte Klassenfahrt war toll. _____ Tochter hat sie sehr gut gefallen.

b) Eine/r ist Vater/Mutter, der/die andere Lehrer/in. Schreiben Sie Rollenkarten. Tauschen und spielen Sie.

Karte für Eltern

der nächste Elternabend?/Wann? Wo?
Termin mit Lehrer/in
Klassenfahrt? Wohin?, Wann?
Was mitbringen?

Karte für Lehrer/innen

Elternabend am/um ...
meine Sprechzeiten
Klassenfahrt nach .../am ...
Kinder müssen ...

8 Geschenke am ersten Schultag. Ein Partnerspiel. Partner/in A arbeitet mit Seite 128, Partner/in B mit Seite 129.

9 *Sch, sp* und *st*.

a) Hören Sie und sprechen Sie nach.

Sprechen Sie später noch über Sport und Sprachen?
Steht das im Stundenplan?
Schreiben wir unseren Vorschlag auf?

b) Suchen Sie in der Wortliste mindestens fünf Wörter mit *sch, sp* und *st* am Wortanfang.

c) Setzen Sie sich Rücken an Rücken. Diktieren Sie sich Ihre Wörter.

Wissen Sie es noch?
Personalpronomen im Dativ:
Mir und dir. Ihm und ihr.
Uns und euch und Ihnen auch.
Possessivartikel im Dativ:
Meinem und deinem Kind.
Seiner Tochter und ihrem Sohn.
Unserem Hund und
eurer Katze. 142

Dativ nach Präpositionen:
Wo? An unserer Schule.
aus, bei, mit, seit, von und zu
bei Verben mit Dativ, z.B.:
Wem zeigt, erzählt,
schenkt, ... sie etwas? 143

Sagen Sie sss und drücken Sie, dann kommt das sch!

Am Wortende klingt st wie in „ist".

Ramóns Kurs in der VHS

10 Das Kursprogramm. Lesen Sie es laut.

Kurs-Nr.	Titel	Ort	Beginn
15301	**PC-Grundlagen mit Windows 7** (4x) *Leitung : Ina Weiler*	Hauptstr. 27, Raum 1.6	1. Oktober 14:30 Uhr
26503	**Babymassage nach Leboyer** (5x) *Leitung : Ute Wittner*	Hauptstr. 27, Raum 3.5	20. September 9:30 Uhr
30027	**Yoga für den Rücken** (15x) *Leitung: Anton Tanga*	Turnhalle Maistrasse 7	27. September 20:00 Uhr
49001	**Deutsch intensiv in 4 Wochen** (20x) *Leitung: Dirk Bittner*	Hauptstr. 27, Raum 2.4	26. September 19:00 Uhr
49002	**Vorbereitung auf Start Deutsch 2** (3x) *Leitung: Susanne Fröba*	Hauptstr. 27, Raum 2.5	27. September 19:00 Uhr

a) Was sucht Ramón? Lesen Sie den Dialog.

‹ Ich möchte mich auf die Prüfung *Start Deutsch* 1 vorbereiten.

▌ Da haben wir einen Kurs am Abend.

‹ Wann beginnt der Kurs?

▌ Am 27. September um 19 Uhr.

‹ Wie lange dauert der Kurs?

▌ Es sind insgesamt drei Termine.

‹ Wo findet der Kurs statt?

▌ Hier in der Hauptstraße, Raum 2.5.

‹ Wer leitet den Kurs?

▌ Frau Fröba. Der Kurs ist aber schon sehr voll.

‹ Ich möchte mich trotzdem anmelden.

▌ Okay. Hier ist das Anmeldeformular.

‹ Vielen Dank.

b) Wählen Sie einen anderen Kurs und variieren Sie.

11 **Was ist schwierig, aber was macht Ramón trotzdem?**
Verbinden Sie und schreiben Sie Sätze wie im Beispiel.

Er hat oft gefehlt. (–) Trotzdem hat er Start Deutsch 1 geschafft. (+)

1. Er hat kein Auto. (–)
2. Er wird schnell müde. (–)
3. Er hat eine Allergie. (–)
4. Morgen wird es kalt. (–)

a) Er fährt mit dem Fahrrad. (+)
b) Er macht viele Ausflüge. (+)
c) Er lernt abends lange. (+)
d) Er hat eine Katze. (+)

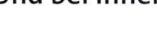

Schon fertig?
Und bei Ihnen? Schreiben Sie Sätze wie in Aufgabe 11.

> Er hat Start Deutsch 1 geschafft
> ➤ Trotzdem *hat er* Start
> Deutsch 1 geschafft.

> ***das Verb* werden**
> *Ich werde müde.*
> *Du wirst Lehrer/in.*
> *Es wird schön.*

12 Nach dem Kurs. Welches Problem hat Ramón?
Hören und antworten Sie.

13 Wie hilft Ramóns Freund ihm? Hören und antworten Sie.

14 Am Prüfungstag. Sie kennen die A1-Prüfung.
Welche Tipps haben Sie für Ramón? Sammeln Sie im Kurs.

> Er soll genau aufpassen/zuhören/sich konzentrieren ...
> Er soll am Abend vorher früh schlafen gehen ...
> Er muss an den Antwortbogen denken ...

15 Nach Ramóns Prüfung.
a) Wie ist es gelaufen? Lesen Sie die E-Mail.

Hi Diego,

danke, dass du mir bei der Prüfungsvorbereitung geholfen hast. Das war wichtig, denn es war wirklich nicht so einfach. Beim Hörverstehen habe ich bestimmt einen Fehler gemacht. Trotzdem habe ich es, glaube ich, gut geschafft. Aber stell dir vor: Manuels Frau Lucia war auch da und sie hatte große Prüfungsangst, die Arme. Sie hat immer auf Nadjas Blatt geschaut. Du weißt schon, die Nadja, die immer so gut war. Auch Lucias Freundin, Evelyn, wollte abschreiben. Aber dann haben sie Ärger bekommen und nicht mehr abgeschrieben. Aber ich glaube, sie haben es trotzdem geschafft. Jetzt ist zum Glück alles vorbei.

Liebe Grüße, Ramón

b) Suchen Sie im Text alle Namen und schreiben Sie sie auf.
Was fällt auf?

16 Was macht das kleine „s" am Ende? Schreiben Sie wie im Beispiel.

Die Prüfung von Ramón = *Ramóns Prüfung*

1. Der Freund von Diego =
2. Der Mann von Lucia =
3. Das Auto von Evelyn =
4. Die Katze von Mike =

> Das Genitiv-s hängt man an Namen an.

17 Dinge im Kursraum. Fragen und antworten Sie.

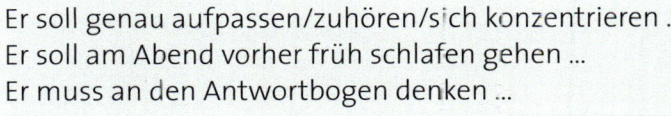

Gehört dir das Wörterbuch?

Nein, das ist Tanjas Wörterbuch.

Gehört dir die Tasche?

Nein, das ist Toms Tasche.

Immer wieder Schule

Alle zusammen

18 Prüfungsvorbereitung an Stationen.

Station 1:

Wie sehen die Prüfungsteile zu Start Deutsch 2 aus? Lesen Sie die Beschreibungen auf Seite 130 und ergänzen Sie die Tabelle. 📖 130

	Wie viel Zeit haben Sie?	Wie viele Teile gibt es?	Was für Teile?
Hören			
Lesen			
Schreiben			

Station 2:

Lesen. Suchen Sie eine Lese-Aufgabe in den Übungen von *Ja genau!* (ab S. 76). Schreiben Sie selbst Aussagen zu einem Text aus den Vorschlägen wie in der Prüfung, Teil 2.

> Vorschläge:
> – Dialog auf Seite 8
> – Text zu Aufgabe 11 auf Seite 20
> – Zeitungstext auf Seite 26
> – der blaue, rote oder grüne Text auf S. 48

Station 3:

Schreiben. Suchen Sie eine Schreibaufgabe in den Übungen von *Ja genau!* (ab S. 76). Vergleichen Sie und schreiben Sie selbst eine Aufgabe zum Thema „auf eine Einladung antworten".

 **Schon fertig?**
Arbeiten Sie zu zweit. Stellen Sie sich vor.

| Name? |
| Alter? |
| Land? |
| Wohnort? |
| Sprachen? |
| Beruf? |
| Hobby? |

– Wer sind Sie? Bitte sagen Sie uns etwas über sich.
– Buchstabieren Sie bitte Ihren Familiennamen.
– Und wie ist bitte Ihre Telefonnummer?

Station 4:

Sprechen. Arbeiten Sie zu zweit. Stellen Sie sich Fragen zum Thema und antworten Sie.

Thema: Essen und Trinken	Thema: Essen und Trinken	Thema: Essen und Trinken
Frühstück	**Lieblingsessen**	**Sonntag**
Thema: Essen und Trinken	Thema: Essen und Trinken	Thema: Essen und Trinken
Bier	**Fleisch**	**Brot**

19 Präsentieren Sie Ihre Ergebnisse im Kurs.

– Vergleichen Sie Ihre Tabellen aus Station 1.
– Tauschen Sie Ihre Aufgaben aus Station 2 und 3 mit einem Partner/einer Partnerin und lösen Sie sie.
– Präsentieren Sie Ihr Gespräch aus Station 4. Die anderen helfen.

Was ist das?

Info
Eine Hallig ist eine kleine Insel in Nordfriesland, die kein eigenes Süßwasser hat.

Nur zwei Kinder gehen in die kleinste Schule Deutschlands. Der 6-jährige Jannes und die 11-jährige Malin sind die einzigen Schüler der Grund- und Hauptschule auf der Hallig Gröde. Ihr Klassenzimmer ist 16 Quadratmeter groß und sie haben in jedem Fach die gleiche Lehrerin.

Witzig

Eine Schülerin kommt zu spät zur Schule. Sie trifft den Direktor. „Zehn Minuten zu spät!", sagt er ernst. „Ich auch!", sagt die Schülerin.

Die Lehrerin fragt: „Hat dir dein Vater bei den Hausaufgaben geholfen?" Die Schülerin antwortet: „Nein, er hat sie alleine gemacht."

Internet-Tipp

Wollen Sie mehr darüber wissen, wie Schule früher war? Dann besuchen Sie das virtuelle Schulmuseum im Internet: *www.schulmuseum.at*. Viel Spaß!

Ein Schulprojekt

Samara Urga aus Eritrea, Deutschlernerin in Bonn erzählt: „In meinem Deutschkurs gab es ein tolles Projekt: Wir haben Grundschulen besucht und wir sollten den Kindern von unseren Schulerfahrungen erzählen. Ich war in einer zweiten Klasse und die Schüler haben mir ganz viele Fragen gestellt. Zum Beispiel, wie weit meine Schule entfernt war, warum wir draußen Unterricht hatten und wie das war. Das hat Spaß gemacht und ich war sehr erstaunt, dass ich die Kinder und sie mich verstanden haben."

Ich kann ...

über meine Schulzeit sprechen

Meine Schule war in der Nähe / ... Kilometer entfernt.
Meine Lieblingsfächer waren Mathematik/Sport/Musik/Sprachen/Chemie/Geschichte/...
Ich bin ... Jahre zur Schule gegangen. Ich war gut/nicht so gut in ...
Ich habe Abitur (D)/Matura (A, CH)/... gemacht.

Informationen zu einem Elternabend verstehen und Fragen stellen

Der Elternabend findet am 2. Oktober um 19 Uhr in Raum 009 statt.
Wir sprechen über das neue Schuljahr und wählen den Elternbeirat.
Bitte unterschreiben Sie den unteren Abschnitt.
Wann bekommen die Kinder den neuen Stundenplan?
Wann ist die Klassenfahrt? Was muss mein Kind mitbringen?

Tipps für eine Prüfung geben

Du musst dich gut vorbereiten. Es ist gut, wenn du die Prüfung gut kennst.
Du musst gut zuhören / am Abend vorher früh schlafen gehen.

Ich kenne ...

Pronomen und Artikel im Dativ (Wiederholung)

Können Sie mir sagen, wann die Wahl zum Elternbeirat stattfindet?
Setzen Sie sich auf den Platz **von** Ihrem Sohn oder Ihrer Tochter.
Die Klassenlehrerin hat ihren Schülern einen Brief für die Eltern mitgegeben.
Ich habe heute mit deiner Lehrerin gesprochen. Sie hat dir doch einen Brief gegeben, oder?

das Genitiv-s

Julias Prüfung findet am siebten September statt. Claudios Freundin Jutta kann dir helfen.

trotzdem

Ich lerne viel für die Prüfung (+). Trotzdem habe ich Angst (–)
Mein Sohn geht regelmäßig zur Schule (+). Trotzdem kann er noch nicht lesen (–).

das Verb *werden*

Ich werde Lehrerin und du wirst Arzt. Aber die Prüfung wird nicht einfach.
Die Kinder/Wir werden schon ganz müde. Ihr werdet doch nicht schon müde?
Das werden schöne Tage.

Wörter mit *sch, sp* und *st*

Schreiben wir den Vorschlag auf? / Sprechen Sie über die Sprachen? / Steht das im Stundenplan?

Starke Typen

A

B

C

D

Was glauben Sie, was können die Personen gut oder nicht so gut?

Person A kann
vielleicht ...

Ich glaube, Person C
kann gut singen.

Stärken und Schwächen

Im Kurs und im Beruf

1 Pantomime:
Sechs Lerner/innen wählen
ein Wort aus und zeigen es.
Die anderen raten.

freundlich   fleißig
ordentlich   pünktlich
schüchtern   langsam

2 Und wie sind Sie?
Suchen Sie je zwei Wörter aus, die
zu Ihnen passen/nicht passen.
Antworten Sie schnell.

> Ich bin oft pünktlich. Und du?

> Ich bin selten pünktlich, aber sehr ordentlich. Und du?

> Ich bin meistens ... Und du?

> Ich bin nie ..., aber immer ...

(un)freundlich   (un)sicher
selbstständig   langweilig
faul   mutig
kritisch   ängstlich
(un)höflich   vorsichtig
(un)ordentlich   fleißig
(un)pünktlich   aktiv
intelligent   still

3 Meine Stärken und Schwächen beim Deutschlernen.
a) Was können Sie gut? Was möchten Sie besser können?
Sortieren Sie.

– im Kurs sprechen
– im Alltag Deutsch sprechen
– E-Mails schreiben
– einen Text nacherzählen
– mir neue Wörter merken
– neue Wörter aussprechen
– lange Texte lesen
– Informationen hören und verstehen
– ...

SOLL BESSER WERDEN!

KANN ICH GUT!

b) Ziehen Sie eine Karte und lesen Sie vor.
Wer hat einen Tipp? Machen Sie Vorschläge.

> Was? Du bist doch Experte.

> Wollen wir zusammen Wörter üben?

> Vielleicht solltest du mehr auf Deutsch fernsehen ...

> Lies die Texte laut vor.

► über Stärken und Schwächen sprechen ► Smalltalk machen ► über seine Lernzeiten sprechen ► Konnektoren: Haupt- und Nebensätze verbinden ► Zungenbrecher

14

4 Das Seminar „Meine Stärken und Schwächen".
a) Was lernt man dort? Sammeln Sie Ideen im Kurs.

b) Das ist neu. Unterstreichen Sie diese Wörter im Text und klären Sie sie im Kurs.

das Seminar • der/die Teilnehmer/in • die Bewerbung (schreiben) • die Absage • gründlich sein • die Zeit einteilen • die Liste • das Bewerbungsgespräch • klappen (es klappt)

c) Warum hat Sabine Weiß an dem Seminar teilgenommen? Lesen und antworten Sie.

„Leben mit Stärken und Schwächen!"

Der bekannte Coach Martin Schwanke bietet Seminare zum Thema „Meine Stärken und Schwächen" an. Lesen Sie den Bericht von der Seminarteilnehmerin Sabine Weiß

„Als ich in der Ausbildung war, hatte ich einen sehr strengen Chef. Ich hatte immer Angst vor Fehlern und am Ende konnte ich nicht mehr. Ich
5 wollte die Firma wechseln. Ich habe über 20 Bewerbungen geschrieben und ich hatte auch Einladungen zu Gesprächen, aber am Ende habe ich nur Absagen bekommen. Dann habe
10 ich ein Seminar bei Martin Schwanke gemacht, weil ich so unsicher war.
Beim Üben mit den anderen Seminarteilnehmern habe ich gelernt, dass wir alle verschiedene Dinge gut können. Wenn man sich besser kennt, kann man seine Stär-
15 ken auch besser nutzen – und an den Schwächen arbeiten. Ich bin zum Beispiel sehr gründlich. Ich habe meine Arbeit nicht geschafft, oder es hat zu lange gedauert. Jetzt arbeite ich in kleinen Schritten und kann meine Zeit besser einteilen. Ich bin schüchtern, aber in mei-

nem Beruf muss ich viel mit anderen 20 Menschen sprechen. Wir haben ein Gesprächstraining gemacht, damit ich meine Angst verliere.
In diesem Seminar mussten wir eine Liste mit unseren Stärken und 25 Schwächen schreiben. Das war nicht leicht, aber es hat mir geholfen. Heute weiß ich, was ich in einem Bewerbungsgespräch auf die Frage nach meinen Schwächen und Stär- 30 ken antworten kann.
Nach dem Seminar habe ich mich wieder bei verschiedenen Firmen beworben und dann hat es geklappt. Ich habe mich auf die Gespräche gut vorbereitet, denn der erste Eindruck ist sehr wichtig. Jetzt arbeite ich schon 35 seit drei Jahren bei der Firma Müller und es gefällt mir gut, weil ich viel ruhiger geworden bin."

---

5 Vier Schritte. Arbeiten Sie mit der Hand.

Schon fertig?
1. Vorher – nacher. Was hat sich bei S. Weiß geändert? Sammeln Sie.
2. Schreiben Sie eine E-Mail an Herrn Schwanke und fragen Sie nach dem Seminar: Wann? Wo? Wie teuer? ...

1. Ich-Erzählerin ► Sie-Erzählerin (Zeile 1–11)
3. Nacherzählung mit dass-Sätzen: Sie sagt, dass ... (Zeile 24–31)
4. Schreiben Sie eine W-Frage und stellen Sie sie im Kurs
5. Interview. Finden Sie zu jedem Textabschnitt eine Frage.

6 Sammeln Sie Ihre Stärken.

Ich kann gut zuhören ...

... und ich bin kreativ.

... und ich helfe gern anderen.

Unsere Stärke: lange Sätze

7 Wählen Sie blau oder gelb. Lösen Sie die Aufgaben a, b zu Ihrer Farbe.
a) Ordnen Sie die Sätze 1–4. Finden Sie die Sätze in dem Text aus Aufgabe 4 und vergleichen Sie Ihre Lösung. 📖 67

b) Wählen Sie einen Satz aus dem Kasten und notieren Sie das Satzpuzzle auf Streifen für Ihren Partner/Ihre Partnerin in Aufgabe 8.

> 1. Als hatte ich war, ich einen strengen Chef. in der Ausbildung
>
> 2. war. ein Seminar weil Dann habe ich ich so unsicher bei Martin Schwanke gemacht,
>
> 3. seine Stärken auch man sich besser kennt, Wenn kann besser nutzen. man
>
> 4. meine Angst Wir haben gemacht, damit ich verliere. ein Gesprächstraining

> 1. hat nicht leicht, Das geholfen. war aber es mir
>
> 2. meine Arbeit Ich nicht geschafft habe zu lange gedauert. oder es hat
>
> 3. am Ende Ich hatte immer Fehlern und konnte ich nicht mehr. Angst vor
>
> 4. Ich habe mich ist sehr wichtig. gut vorbereitet, der erste Eindruck denn auf die Gespräche

8 Sie sind Experte für Ihre Sätze aus Aufgabe 7. Suchen Sie sich einen Partner/eine Partnerin aus der anderen Farbe.

a) Tauschen Sie Ihr Satzpuzzle und lösen Sie es.

b) Vergleichen Sie Ihre Sätze. Wo steht das Verb?

c) Hauptsatz oder Nebensatz? Ergänzen Sie die Regel rechts.

✔ **Schon fertig?**
Notieren Sie zwei weitere Beispielsätze mit einem Verbindungswort aus dem Text auf Seite 67.

9 Konnektorenspiel: Arbeiten Sie in Gruppen. Würfeln Sie und sprechen Sie. Für jeden richtigen Satz gibt es einen Punkt.

⚀ Ich kann mich gut konzentrieren, wenn …

⚁ Ich bin (nicht) schüchtern, aber …

⚂ Ich brauche mehr Zeit, damit …

⚃ Ich kann gut Deutsch sprechen, weil …

⚄ Ich surfe (nicht) oft im Internet, denn …

⚅ Freie Auswahl. Sagen Sie einen Satz mit *als, oder, und*

Warum habe ich nie Zeit?

10 Pavel hat Stress.

a) Was denken Sie, was macht er falsch? Kennen Sie das auch?

Pavel hat nie Zeit, immer viel zu tun und er kommt oft zu spät. Heute steht er wie immer um sieben Uhr auf. „Eine Stunde fürs Duschen und Anziehen – das reicht", denkt er. Nach dem Duschen braucht er erst einmal einen Kaffee. Da entdeckt er die Zeitung auf dem Tisch. Bis der Kaffee fertig ist, liest er den spannenden Artikel ... „Oh, schon Viertel vor acht. Wo ist denn mein Lieblingshemd?" Nach fünf Minuten findet er es im Wäschekorb, also zieht er lieber einen Pullover an. „Jetzt aber schnell los ... Wo ist denn nur der Schlüssel?" Pavel kommt wieder zehn Minuten zu spät zum Kurs.
Nach dem Kurs geht er nicht mit den anderen essen. Er will sofort nach Hause, denn er muss für eine Prüfung lernen. Eine halbe Stunde übt er neue Wörter, aber sie wollen einfach nicht in seinen Kopf. Dann hat er Hunger. „Ich koche ein paar Spaghetti – das geht ja ganz schnell." Aber er hat kein Tomatenmark mehr, also noch fix in den Supermarkt, denn auch die Milch ist alle. Nach dem Essen ist es schon fast fünf – jetzt aber! Da ruft Maria an, sie hat ihm Prüfungsaufgaben zum Üben geschickt. Wie nett, er checkt sein Postfach: „Oh, Pjotr hat auch geschrieben. Ich muss ihm gleich antworten. In welchem Ordner liegt denn das Foto, das ich ihm schicken wollte?" Sein Handy piept: Sieben Uhr, er muss zum Training. Er sagt sich: „Dann lerne ich heute Abend noch zwei Stunden." Um zwölf Uhr geht er ins Bett. Er ist total erschöpft. Und er ist nervös, weil er Angst vor der Prüfung hat.

b) Pavel hat mit Maria einen Zeitplan gemacht. Was ist anders? Vergleichen Sie.

6:30	aufstehen, duschen, anziehen	16:00	Pause (Zeitung lesen)
7:15	Frühstück, 10 Min. Wörter lernen	16:30	Hörverstehen
7:45	losgehen	17:00	Pufferzeit
8:30	Kurs	18:00	Haushalt
13:00	Mittagspause	19:00	Sport
14:00	einkaufen	21:00	Freizeit
15:00	45 Min. Übungen wiederholen	23:00	schlafen gehen, (vorher Sachen für nächsten Tag rauslegen)

Zeitangaben:
um 10:00 Uhr
von 8:30 Uhr *bis* 10 Uhr
zwischen 12:30 *und* 13 Uhr
ab 23 Uhr: ...

c) Notieren Sie Ihren Tag. Wann sind Ihre Lernzeiten? Vergleichen Sie im Kurs.

Ich lerne am besten morgens.

Jeden Tag übe ich eine halbe Stunde.

11 Was sind Zeitdiebe?

29

a) Pavel nennt vier. Hören und notieren Sie.

b) Und Ihre Zeitdiebe? Machen Sie eine Liste und erzählen Sie.

lesen • fernsehen • telefonieren • zu viel auf einmal machen • Internet • Sachen suchen • ...

Smalltalk – keine Kunst?

12 Smalltalk. Sehen Sie die Fotos an.
Was denken Sie, worüber sprechen die Personen?

> Vielleicht sprechen sie über das Wetter.

> Oder über die Kinder.

> Ich glaube, auf Foto A sprechen sie über ...

A

B

C

D

13 Gespräche über dies und das.
a) Auf der Party. Worüber sprechen die Personen?
Hören Sie und kreuzen Sie an.

☐ Reisen   ☐ Essen und Trinken

☐ gemeinsame Freunde   ☐ Wetter

☐ Gesundheit   ☐ Sport

☐ Kunst   ☐ Kino

30

b) Im Büro. Lesen Sie und vergleichen Sie mit a).
Welche Themen sind neu?

‹ Ah, Guten Tag Frau Weiß, Sie sind wieder da. Hatten Sie eine gute Reise?

▌ Guten Tag Herr Müller, ja vielen Dank, die Reise war sehr angenehm und mit dem ICE ist es ja wirklich nicht weit von Düsseldorf nach Frankfurt.

‹ Düsseldorf kenne ich nicht so gut, da gibt es doch gerade diese Modemesse IGEDO. Stimmt es, dass die Düsseldorfer sich sehr für Mode interessieren?

▌ Das stimmt schon, aber ich persönlich interessiere mich mehr für Kunst. Ich war im Museum Kunst Palast und habe mir die Ausstellung „Große Kunst NRW" angesehen. Seltsam, aber schön. Mögen Sie moderne Kunst?

‹ Ehrlich gesagt, Frau Weiß, gehe ich lieber ins Kino. Der letzte James-Bond-Film hat mir gut gefallen. Aber kommen wir nun zum eigentlichen Grund für unser Treffen. Wir müssen noch einmal über den Terminplan reden ...

Egon Kalinowski,
Objektkünstler in Nordrhein-Westfalen
Kunstpreis der Künstler 2011

14 Tipps für den perfekten Smalltalk.
a) Was passt zusammen? Verbinden Sie.

1. Sprechen Sie von sich und stellen Sie dann eine Frage.
2. Stellen Sie W-Fragen.
3. Stellen Sie sich vor.
4. Suchen Sie ein gemeinsames Thema oder gemeinsame Bekannte.
5. Helfen Sie jemandem oder bitten Sie um Hilfe.

a) Könnten Sie mir bitte die Tür aufmachen? Ich habe leider gerade keine Hand frei.
b) Heute spielt ja Deutschland gegen Frankreich. Interessieren Sie sich auch für Fußball?
c) Ich bin das erste Mal in Zürich. Kennen Sie die Stadt gut?
d) Warum sind Sie hier?
e) Guten Tag! Mein Name ist Petra Müller, ich bin die Sekretärin von Herrn Meier.

 b) Arbeiten Sie zu zweit. Antworten Sie auf die Sätze a) bis e).

c) Schreiben Sie zu jedem Tipp (1 bis 5) mindestens noch einen neuen Satz auf je eine Karteikarte.

Schon fertig?
Gibt es in Ihrer Heimat Themen, die beim Smalltalk tabu sind?

d) Tauschen Sie Ihre Karten. Fragen und antworten Sie.

15 Situationswechsel – Werden Sie Smalltalk-Spezialist!

a) Hängen Sie im Kursraum Sprechblasen zu verschiedenen Smalltalk-Situationen auf.

Wir waren am Wochenende wandern.

Und wie war das Wetter?

Mögen Sie lieber Nudeln oder Kartoffeln?

b) Ein Kreis. Die Mitte ist die Bühne. A und B fangen an und spielen eine Situation. Wenn sie das Signal hören, stoppen sie Ihre Bewegungen. Ein/e Dritte/r kommt dazu, übernimmt die Position von A (A geht zurück) und spielt mit B eine neue Situation.

Alle zusammen

16 Zungenbrecher-Wettbewerb
a) Lesen Sie die Sätze gemeinsam und sprechen Sie immer schneller. Wer schafft es ohne Fehler bis zum Schluss?

Machen Drachen manchmal nachts echt freche Sachen, oder lachen Drachen manchmal acht freche Lacher?

Manches müde Murmeltier mag Magermilch mit Mandarinen. Magermilch mit Mandarinen mag manches müde Murmeltier.

Schnecken erschrecken, wenn Schnecken an Schnecken schlecken.

Früh fressen freche Frösche Früchte. Freche Frösche fressen früh Früchte.

b) Lernen Sie einen Zungenbrecher auswendig.

17 Arbeiten Sie in vier Gruppen mit der Wörterliste.
a) Schreiben Sie jedes Wort auf eine Karte und üben Sie dann die Wörter.

Gruppe 1: Sammeln Sie Wörter mit „ü".
Gruppe 2: Sammeln Sie Wörter mit „au"
Gruppe 3: Sammeln Sie Wörter mit dem „Ich"-Laut
Gruppe 4: Sammeln Sie Wörter mit dem „Ach"-Laut

b) Das Echo. Jede Gruppe stellt sich mit seinen Karten in eine Ecke. Sprechen Sie Ihre Wörter laut vor, die anderen spielen Echo und das Wort wandert von Gruppe zu Gruppe.

18 Eine Phonetikausstellung.
a) Sehen Sie sich auf den Seiten die Ausspracheübungen an. Welches ist Ihre Lieblingsübung? Schreiben Sie das Beispiel auf einen Zettel und hängen Sie es im Kursraum auf.

Seiten: 9; 19, 41, 51, 59

b) Gehen Sie nun von Übung zu Übung und sprechen Sie die Beispiele laut nach.

Faul und fleißig – beides stark!

Das Faultier bewegt sich wenig und sehr langsam. Aber diese Faulheit ist klug, denn weil es die meiste Zeit still am Baum hängt, sehen die Feinde es nicht. Das Futter wächst dem Faultier fast ins Maul. Die Pflanzen haben nicht viele Kalorien. Aber das Faultier braucht auch nicht viel Energie, denn es schläft über 15 Stunden und vermeidet jede Hektik.

Die Ameise ist sehr fleißig. Sie lebt in großen Staaten und arbeitet den ganzen Tag. Die Ameise ist auch unheimlich stark: Sie kann das 50fache von ihrem Körpergewicht tragen. Und sie ist eine echte Naturschützerin: Sie hält den Wald sauber, lockert den Boden für Pflanzen auf und ist ein wichtiger Teil im Ökosystem.

Was stresst die Menschen mehr?

Streit in der Familie, Angst vor Krankheiten oder der Ärger im Beruf? *ZEIT Wissen* hat gefragt.

Zeitdruck im Beruf

Angst vor Jobverlust

Streit in der Familie

Familiäre Verpflichtungen

49

27

49

Gesundheitliche Sorgen

30

46

Konflikte mit Kollegen oder dem Chef

31

42

Hektik im Alltag

37

41

Beruf und Familie unter einen Hut zu bekommen

Finanzielle Sorgen

Quelle: Zeit Wissen Ratgeber Psychologie 2/2010

Ganz besondere Stärken

Es gibt Menschen mit ganz besonderen Fähigkeiten. Sie heißen Savants. Zum Beispiel Rüdiger Gamm aus Welzheim. Er ist ein Rechen- und Gedächtnisgenie. Er war kein besonders guter Schüler. Aber einmal hat Gamm ein Buch über Mathematik gelesen und da hat er entdeckt, dass ihn Zahlen faszinieren. Nach einer Woche hat er festgestellt, dass er schneller im Kopfrechnen war als ein Rechenmeister, den er im Radio gehört hat. Da war Rüdiger Gamm 21 Jahre alt. Heute lebt er von seiner besonderen Fähigkeit: Er gibt Seminare für Gedächtnistraining, tritt im Fernsehen auf und hat mit seiner Partnerin Alexandra Ehlert das Buch „Train your brain" geschrieben.

Ich kann ...

über Stärken und Schwächen sprechen

Ich bin fleißig, aber nicht sehr ordentlich.
Ich habe keine Angst mehr vor Fehlern.
Ich verstehe Texte im Radio oft nicht / sehr gut.
Ich kann gut lesen, aber beim Schreiben bin ich langsam.
Ich bin zu gründlich/langsam/schnell/(un)freundlich/...

über meine (Lern)Zeiten sprechen

Ich lerne morgens immer 20 neue Wörter.
Ich übe nur am Samstag / jeden Tag eine halbe Stunde / abends von neun bis elf / ...
Man muss auch seine Pausen planen.
Wenn ich lerne, lese ich keine privaten E-Mails und gehe nicht ans Telefon.
Ich brauche wenig / (auch) viel Zeit für mich.

Smalltalk machen

Heute spielt Frankreich gegen Spanien. Interessieren Sie sich auch für Fußball?
Wie war denn Ihr Urlaub?
Ist das Wetter nicht schrecklich?
Wie geht es Ihren Kindern / Ihrem Mann / Ihrer Frau / ...?
Ich bin das erste Mal hier. Kennen Sie die Stadt gut?
Waren Sie schon im neuen James Bond-Film / Wie finden Sie die ... Ausstellung?

Ich kenne ...

Nebensätze mit *als, weil, wenn* und *damit*

Als ich in der Ausbildung war, hatte ich immer Angst vor Fehlern.

Wenn wir unsere Stärken kennen, können wir sie besser nutzen.

Dann habe ich ein Seminar gemacht, weil ich so unsicher war.

Ich habe ein Training gemacht, damit ich meine Angst verliere.

Hauptsatzverbindungen mit *aber, und, denn, oder*

Das war nicht leicht, aber es hat mir geholfen.

Ich war immer viel zu schüchtern und ich hatte Angst.

Ich habe mich gut vorbereitet, denn der erste Eindruck ist wichtig.

Ich telefoniere oder ich lerne.

Lernen lernen mit den *Ich kann ...*-Seiten

Arbeiten Sie nur mit den Seiten 14 , 24 , 34 , 44 , 54 , 64 , 74 .

A-Teil: *Ich kann ...*

Schreiben. Wählen Sie ein Thema (oder mehrere) aus
und schreiben Sie eine Postkarte oder eine E-Mail.

– Ihre Gesundheit
– eine Sendung im Fernsehen
– eine Person, die Sie kennengelernt haben
– die Vor- und Nachteile vom Leben in der Stadt
  und auf dem Land
– Ihre Schulzeit
– ein Straßenfest
– ein Fest, das Sie jedes Jahr feiern

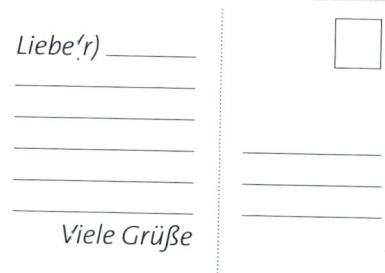

Liebe'r) _____
Viele Grüße

Tipp
*Stellen Sie in Ihrer Mail oder
Postkarte auch Fragen!*

**Dialog-Werkstatt. Arbeiten Sie zu zweit. Suchen Sie im *Ich kann ...*-Teil drei Fragen aus.
Schreiben Sie zu zweit kleine Dialoge. Lernen Sie sie auswendig und präsentieren Sie
die Dialoge im Kurs.**

Beispiel: ‹ Guten Tag, Frau Winter.
❙ Guten Tag, Frau Özdal. Wie kann ich Ihnen helfen?
‹ Können Sie mir sagen, *wann die Kinder den neuen Stundenplan bekommen?* `64`
❙ Aber natürlich. Ich verteile ...

B-Teil: *Ich kenne ...*

**Fäden ziehen. Bilden Sie sieben Paare oder Gruppen.
Sie brauchen: Karten oder Zettel, Tipp-Ex, Fäden.**

So geht's:
1. Jede/r in der Gruppe schreibt einen anderen Satz
   aus *Ich kenne ...* auf eine Karte.

2. Löschen Sie die roten Wörter mit TippEx.

Mit welchem Mann? Mit diesem Mann.

3. Falten Sie die Karte. Binden Sie einen Faden an die Karte.

4. Hängen Sie alle Karten auf.

5. Jede/r zieht eine Karte und ergänzt den Satz.

Zu **2** Mein Mediensteckbrief. Ergänzen Sie.

Mein Alltag mit Medien
private Stunden am Computer
(pro Tag):

berufliche Stunden am Computer
(pro Tag):

häufige Websites:

Fernsehstunden pro Woche:

Radiozeiten:

Mein Lieblingsbuch:

Mein Lieblingsfilm:

Meine Lieblingsserie:

Zu **4** Medienwörter. Finden Sie vier Medien und ergänzen Sie den Artikel.

a B E - e e e e e f F h I i l M n n n r r r s t t

der Brief

Zu **5** Anna Maluki erzählt.

1) Lesestrategie: Schlüsselwörter finden. Lesen Sie noch einmal den Text auf Seite 7
und ergänzen Sie die Schlüsselwörter.

1. den Alltag erobert / Wer?: _der Computer_

2. arbeiten ist nicht mehr möglich / Wann?: _____

3. früher haben sie geschrieben / Was?: _____

4. zum Recherchieren musste man / Was?: _____

5. den Kollegen etwas mitteilen / Wie?: _____

6. bei den Agenturen bestellen / Was und Wie?: _____

7. heute organisiert man fast alles / Wie?: _____

8. privat nutzt sie / Was und Wie oft?: _____

2) Schreiben Sie eine Textzusammenfassung.
Benutzen Sie die Schlüsselwörter aus 1).

Der Computer hat den Alltag von ...

 Tipp
Unterstreichen Sie in Texten die Schlüssel-
wörter (Antworten auf W-Fragen).
So verstehen Sie den Text besser.

Zu 6 Was ist das denn? Ihr Nachbar hat die letzten 20 Jahre verschlafen. Erklären Sie ihm den Computer.

Das ist ein Computer. Er kann sehr gut rechnen. Man kann mit ihm ..

Zu 7 Ein Tablet-Computer. Lesen Sie den Dialog auf Seite 8 noch einmal.
1) Textdedektive. Machen Sie eine Liste und suchen Sie im Dialog.

alle trennbaren Verben	alle Wörter mit *sch*	alle Wörter mit *ss* und *tt*
vorstellen, ...		

2) Genau lesen. Sind die Sätze richtig oder falsch? Kreuzen Sie an.

	richtig	falsch
1. Sabine schreibt viel mit dem Tablet-Computer.	☐	☐
2. Der Tablet-Computer ist gut zum Reisen.	☐	☐
3. Sabine hat einen mobilen Internetzugang.	☐	☐
4. Die Bildqualität ist sehr gut.	☐	☐
5. Man braucht keine Maus.	☐	☐
6. Sabine möchte mit dem Tablet-Computer arbeiten.	☐	☐
7. Sabine liest auf Reisen immer ihre E-Mails.	☐	☐

Zu 9 Unterwegs. Verbinden Sie die Sätze mit *damit* wie im Beispiel.

Satz 1   Satz 2
Ich sehe im Hotel immer fern.   Es (ist) nicht so langweilig.
Hauptsatz   Nebensatz
Ich sehe im Hotel immer fern, *damit* es nicht so langweilig (ist.)

1. Ich muss mein Notebook mitnehmen. Ich kann Fragen von meinem Chef beantworten.

   _____

2. Ich gehe im Urlaub immer in ein Internetcafe. Ich kann meine E-Mails lesen.

   _____

3. Ich schreibe meinen Eltern eine SMS. Sie machen sich keine Sorgen.

   _____

4. Ich höre morgens Radio. Ich informiere mich über das Wetter.

   _____

5. Ich habe mir einen Tablet-Computer gekauft. Ich kann unterwegs Filme ansehen.

   _____

Zu 10 *Weil* oder *damit*? Ergänzen Sie den Text.

Karl fährt am Wochenende zu seinen Eltern, _____[1] er ihnen mit

dem Internetzugang helfen will. Seine Freundin Clara wollte auch mitkom-

men, _____[2] sie seine Eltern endlich einmal kennenlernt. Aber sie

kann leider nicht, _____[3] sie arbeiten muss. Sie ist Krankenpflegerin.

Nun kommt ein Freund von Karl mit, _____[4] die lange Autofahrt

nicht so langweilig ist. Karl packt seine Lieblings-CDs ein, _____[5] sie unterwegs laut

Musik hören können. Das gefällt seinem Freund, _____[6] er wie Karl laute Musik mag.

✚ Ergänzen Sie die Sätze. Benutzen Sie *weil* oder *damit*.

Ich arbeite (nicht) oft am Computer, ...
Ich schreibe (nicht) oft SMS, ...
Ich surfe (nie/lange) im Internet, ...

Ich checke (nicht) jeden Tag meine E-Mails, ...
Ich sehe (nicht) jeden Abend fern, ...

Zu 11 **Verbote.**

1) **Schreiben Sie wie im Beispiel. Achten Sie auf das Dativ-n.**

1. Hunde mitnehmen	*Das Mitnehmen von Hunden*	ist nicht erlaubt.
2. Zeitungen lesen	_____	beim Autofahren ist strafbar.
3. Alkohol trinken	_____	ist hier nicht gestattet.
4. Computerspiele kopieren	_____	kann illegal sein.
5. Flaschen mitbringen	_____	ist nicht erwünscht.
6. Bilder fotografieren	_____	ist im Museum nicht erlaubt.
7. Tiere füttern	_____	ist im Zoo verboten.

2) **Nomen oder Verb? Groß oder klein? Schreiben Sie.**

1. (malen): Ich _____ gern. Ich liebe das _____ .

2. (schwimmen): Nach der Schule gehe ich _____ . Beim _____ kann ich
   gut entspannen.

3. (kochen): Mein Vater kann gut _____ . Er braucht zum _____ kein
   Rezept.

4. (schlafen): Ich _____ gut, aber ich brauche zum _____ drei Kissen.

3) **Die Nomenmacher: *beim* und *zum*. Schreiben Sie mit den Verben Sätze.**

Beim Abwaschen denke ich über den Tag nach.

bake · iron
abwaschen · backen · bügeln ·
shower
duschen · einkaufen · frühstücken · joggen · reisen ·
kochen · spielen

Zu 12 Englische Wörter? Hören und ergänzen Sie.

1. ‹ Ist dein _____ neu?
   ▮ Ja, ich _____ jetzt oft im _____ .

2. ‹ Dein Sohn hat schon ein _____?
   ▮ Ja, er _____ gern.

3. Wo hast du dein _____? Ich habe dir eine _____ geschickt.

Zu 13 Was hat Herr Seifert gemacht? Hat er ein Alibi? Hören Sie den Dialog und beantworten Sie die Fragen.

1. Was sagt Herr Seifert dem Kommissar?

   _____

   _____

2. Warum ist das Alibi von Herrn Seifert gelogen? Lesen Sie noch einmal das Fernsehprogramm auf Seite 10 und schreiben Sie dann die Antwort.

   Er lügt, weil _____

   _____

10

Zu 14 Sendungen im Fernsehen. Was passt? Hören und verbinden Sie.

Text 1   a) Krimi
Text 2   b) Nachrichten
Text 3   c) Quiz
Text 4   d) Sport
Text 5   e) Spielfilm
Text 6   f) Dokumentation

tagesschau

Zu 15 Hören Sie und fragen Sie nach wie im Beispiel.

Heute kommt der spannende Film.

Welcher Film?

Zu 16 **Beim Fernsehen Deutsch lernen, aber wie?**

1) Lesen Sie die Fragen. Welcher Artikel passt? Ordnen Sie *der*, *das* und *die* zu.

1. **Welcher** Text bietet einen Untertitel für die Filme? <u>*der (Text)*</u>

2. **Welches** Programm empfiehlt die Lehrerin? _____

3. **Welche** Sendung hat Gönül regelmäßig gesehen? _____

4. **Welche** Serien kann man leicht verstehen? _____

2) Lesen Sie die Tipps und beantworten Sie die Fragen aus 1).

Ich habe bei den Filmen immer den Untertitel für Gehörlose über den Videotext eingeschaltet. Wenn ich zur gleichen Zeit hören und lesen konnte, habe ich viel mehr verstanden. Ich hatte dann auch immer mein Wörterbuch in der Nähe und wenn ich ein unbekanntes Wort mindestens fünf Mal gehört und gelesen habe, habe ich es nachgeschlagen. Simona Berta, *Rumänien*

Ich bin nicht so ein Telenovela-Freund, aber zum Deutschlernen sind die super. Ich habe jeden Nachmittag die Serie „Sturm der Liebe" angesehen, weil man da vieles auch ohne Worte verstehen kann. Man kann sehen, was die Personen denken und viele Sätze in den Dialogen hört man immer wieder. Das hat mir sehr geholfen. Gönen Öztürk, *Türkei*

Meine Deutschlehrerin hat gesagt, dass wir die Kindernachrichten „Logo" ansehen sollen. Zuerst war ich etwas sauer, denn ich habe mich wie ein kleines Kind gefühlt, nur weil ich eine neue Sprache lerne. Aber dann habe ich das Programm doch mal angesehen und festgestellt: Es ist super zum Deutschlernen und auch sehr informativ. Mohamed Rzkar, *Irak*

3) Schreiben üben. Sie möchten einem/einer anderen Deutschlerner/in von den Tipps erzählen. Schreiben Sie eine E-Mail. Antworten Sie auf die Fragen.

Liebe(r) ...,

– Welcher Tipp hat Ihnen am besten gefallen? Warum?
– Was möchten Sie einmal machen?
– Haben Sie noch einen Tipp zum Deutschlernen mit Medien?

Zu 19 **Was passt nicht? Streichen Sie das Wort durch.**

E-Mails:	löschen •	speichern •	chatten
Dokumente:	öffnen •	surfen •	ausdrucken
im Internet:	chatten •	surfen •	öffnen
Filme:	runterladen •	ausdrucken •	ansehen
das Passwort:	vergessen •	eingeben •	vergrößern
das Postfach:	öffnen •	schließen •	schreiben

Lernwortschatz: Medien im Alltag

Privat und im Beruf

das Radio: Im Auto höre ich immer Radio.

der MP3-Player: Wenn ich U-Bahn fahre, höre ich mit meinem MP3-Player Musik.

angenehm: Das macht die Fahrt angenehmer.

erobern: Der Computer hat die Welt erobert.

privat / nutzen: Ich nutze das Internet auch privat.

die Gebrauchsanweisung: Verstehst du die Gebrauchsanweisung?

die Kamera: Hast du eine neue Kamera?

das Gerät: Nein, ich mag keine technischen Geräte.

ansehen: Hast du dir schon die Fotos angesehen?

mitnehmen: Nein, ich habe mein Notebook nicht mitgenommen.

tauschen: Du hast das Buch schon? Ich nicht, tauschen wir?

blättern: Ich blättere durch die Zeitung.

der Umschlag: Der Brief ist in einem großen Umschlag.

bestellen: Wir bestellen die Fotos per Post.

der Bote/die Botin: Der Bote verteilt die Post.

mitteilen: Er hat mir mitgeteilt, dass er einen neuen Job hat.

Die Besprechung – Sie ist um 14 Uhr.

das Gespräch: Mit meiner Schwester habe ich oft gute Gespräche.

Computer und ...

anders: Ohne Computer war alles anders.

abstürzen: Mein Computer ist abgestürzt.

speichern: Hast du das Dokument gespeichert?

eigentlich: Na ja, eigentlich schon ... aber ...

löschen: Hast du die E-Mail schon gelöscht?

der Bildschirm: Siehst du die Grafik auf dem Bildschirm?

die Maus: Du musst nur mit der Maus auf das Fenster klicken.

die Tastatur: Wo ist das Y auf der Tastatur?

das Passwort: ‹ Zuerst musst du das Passwort eingeben. ❙ Ich habe es vergessen!

... Internet

der Internetzugang: Ich habe jetzt endlich den neuen Internetzugang bekommen.

runterladen: Mit meinem neuen Internetzugang lade ich Filme schneller runter.

checken: Heute habe ich meine E-Mails noch nicht gecheckt.

das Postfach: Jetzt öffne ich mein Postfach.

surfen: Abends surft sie im Internet ...

chatten: ... und chattet mit Freunden.

das Internetcafé: Ich gehe zum Surfen ins Internetcafé.

Fernsehen: Was kommt denn heute?

das Programm: Hast du schon ins Programm gesehen?

empfehlen: Welche Sendung kannst du mir empfehlen?

die Sendung: Im Fernsehen gibt es viele verschiedene Sendungen.

das Quiz: Man muss Fragen beantworten und kann etwas gewinnen.

mindestens: In dieser Show sehen wir mindestens vier bekannte Musiker.

der Spielfilm: Um 20:15 Uhr kommt ein schöner Spielfim mit Brad Pitt.

sich anschauen: Den schauen wir uns an!

der Schauspieler/die Schauspielerin: Pierce Brosnan ist auch ein bekannter Schauspieler.

die Serie: Ich sehe jeden Tag meine Lieblingsserie an.

der Krimi: Eine Sendung oder ein Buch mit einem Kommissar.

spannend: Der Krimi war sehr spannend.

die Dokumentation: Gestern habe ich eine Dokumentation über Afrika gesehen.

das Magazin: Hast du gestern das Wissensmagazin gesehen?

verschlafen: Ich habe zu lange ferngesehen und heute Morgen verschlafen.

der Sender: Auf welchem Sender kommt ...?

die Gewohnheit: Ich habe viele feste Gewohnheiten, z. B. beim Fernsehen bügeln.

Zu **2** **1)** **Wann und warum fühlen Sie sich gut oder schlecht? Schreiben Sie je fünf Sätze.**

(nicht) viel rauchen • (keinen) Sport machen • (keine) Freunde haben/treffen • (nicht) in
den Urlaub fahren • Sonne scheinen • viel/wenig schlafen • (k)eine Erkältung haben •
(nicht) müde sein • Prüfung (nicht) schaffen • (nicht) für die Prüfung lernen • Nase laufen •
(keine) Kopfschmerzen haben

☺	☹
Ich bin zufrieden, weil …	Heute fühle ich mich krank, weil …
Mir geht es gut, wenn …	Mir geht es nicht gut, wenn …
Ich bin glücklich, wenn …	Ich bin traurig, wenn …

Heute fühle ich mich krank, weil ich Kopfschmerzen habe.

6

2) **Wiederholung Körperteile. Ergänzen Sie wie im Beispiel.**
Dann kontrollieren Sie mit der CD. Lesen Sie laut mit.

der Kopf, die Köpfe

Hören Sie zu und machen Sie mit!

7

Zu **3** Sport und Gesundheit.
Machen Sie zwei Wörternetze.

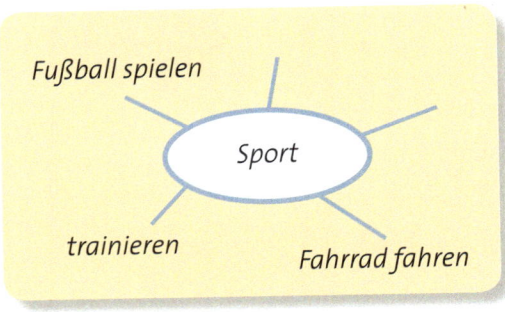

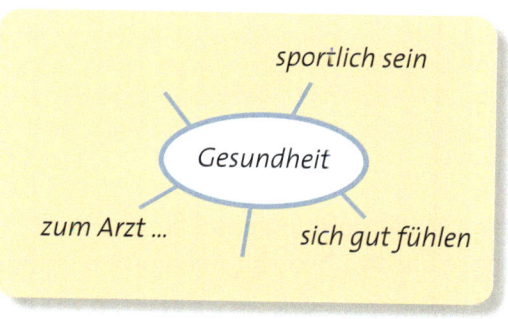

Tipp
Sie merken sich Wörter besser, wenn Sie die Wörter in thematischen Gruppen lernen.

Zu **4** 1) **Was gehört zusammen? Verbinden Sie.**

1. jemandem Mut
2. eine Medaille
3. neue Ziele
4. am Leben
5. im Rollstuhl
6. mit dem Training
7. einen Bericht über etwas

a) teilnehmen
b) haben
c) lesen
d) machen
e) gewinnen
f) sitzen
g) anfangen

Tipp
Lernen Sie Wörter immer in festen Verbindungen: einen Brief schreiben, ein Buch lesen, etc.

2) **Ver-rückte Wörter. Lesen Sie den Text zum Buch. Einige Wörter sind vertauscht. Ordnen Sie und schreiben Sie den Text in Ihr Heft.**

Felix Bernhard sitzt anderen Menschen Mut: Er macht seit einem Motorradunfall im Rollstuhl und musste mit 19 Jahren den Alltag neu lernen. Sport war immer sehr wichtig für ihn, aber er möchte keine Medaillen lesen. Er erzählt ein anderes großes Ziel: Mit dem Rollstuhl den Jakobsweg schaffen, das sind über 2450 Kilometer. Über seine Erfahrungen auf diesem Weg hatte er in seinem Buch „Dem eigenen Leben auf der Spur".
Nach seinem Unfall hat der Sportler schnell wieder mit dem Training teilnehmen. Sport gibt ihm neue Energie und er möchte am Leben angefangen. Er will als Motivations-Manager arbeiten und seine Erfahrungen weitergeben. Sie möchten mehr über Felix Bernhard wissen? Dann gewinnen Sie den Bericht über seine Erlebnisse auf seiner Homepage:
www.felixbernhard.de.

Zu **6** **1)** Textdetektiv. Lesen Sie den Text auf Seite 17 noch einmal. Markieren Sie alle Verben im Präteritum. Notieren Sie den Infinitiv.

war – sein, wollte – wollen

2) Martina Maier geht in Rente. Ihr Chef hält eine Abschiedsrede. Ergänzen Sie den Text mit den Verben im Präteritum.

arbeiten • bleiben • geben • gehen • haben • haben • können • kommen • leben • sein • sein

„Liebe Mitarbeiterinnen und Mitarbeiter,

Frau Maier _____[1] immer eine gute Kollegin. Sie

_____[2] für die Firma. Morgens _____[3] sie als Erste

und abends _____[4] sie als Letzte. Wenn wir viel zu tun

_____[5], _____[6] sie länger im Büro und oft

_____[7] sie auch am Wochenende. Sie _____[8] immer für uns da und

wir _____[9] zu ihr kommen, wenn es ein Problem _____[10].

Sie _____[11] für jeden immer einen guten Rat. Deshalb danke ich ihr auch im Namen

aller Kollegen und wünsche ihr alles Gute."

Zu **7** Früher. Lesen Sie die Satzanfänge in Aufgabe 7. Schreiben Sie zu jedem Punkt 3–4 Sätze.

Zu **10** Lange Wörter. Hören Sie und lesen Sie mit. Ergänzen Sie beim Sprechen das rote Wort.

8

1.

Ich mag keinen Fußball. Aber ich gehe jeden Dienstag zum Schwimmtraining.

Ich habe kalte Füße. Wo sind meine Hausschuhe?

3.

4.

Ich muss zum Zahnarzt. Wo ist die Zahnpasta.

2.

Seit dem Unfall sitzt er im Rollstuhl und er hat auch oft Kopfschmerzen.

Tipp

schwierige und lange Wörter sprechen
- ► Lesen Sie diese Wörter erst ganz langsam, dann immer etwas schneller.
- ► Klopfen Sie die Silben mit.
- ► Machen Sie nach den Silben eine Pause: Haus – Pause – schuh – Pause – e.

Zu **11** Sprachschatten.

Sprechen Sie wie im Beispiel.

9

Du solltest mehr Sport machen!

Stimmt! Ich sollte wirklich mehr Sport machen.

Zu **12** Was raten Sie Ihrer Freundin/Ihrem Freund? Schreiben Sie die Tipps auf.

Ich bin immer müde ...

Wenn du immer müde bist, solltest du mehr Sport machen. Du ...

Zu **14** Hören Sie und füllen Sie das Formular aus.

10

Familienname: _____

Vorname: _____

Straße: _____Husumer Weg 14_____

PLZ, Wohnort: _____Fürth_____

Telefon: _____

Geburtsdatum: _____

Staatsangehörigkeit: ___deutsch___

Beruf: _____

Krankenversicherung: ___Techniker Krankenkasse___

Sind Sie schwanger? ☐ ja ☐ nein   Rauchen Sie? ☐ ja ☐ nein

Tragen Sie eine Brille? ☐ ja ☐ nein   Treiben Sie regelmäßig Sport? ☐ ja ☐ nein

Kontakt im Notfall: ___Anna Rosenberger, Ehefrau___

Welche Krankheit/Krankheiten haben Sie?
☐ Bluthochdruck ☐ Diabetes ☐ Rheuma ☐ Migräne

Haben Sie Allergien? ☐ Ja ☐ Nein   Wenn ja, welche? _____

Wann war Ihre letzte Operation? _____

_____   _____
Ort, Datum   Unterschrift

Prüfungsvorbereitung

**Lesen Sie zuerst die Aufgaben 1–3 und suchen Sie dann die Informationen im Text.
Kreuzen Sie die richtige Antwort an.**

Antischmerz® 500

Produktinformation
1 Tablette enthält: 500 mg Paracetamol

Anwendungsgebiete
– Leichte bis starke Schmerzen
– Fieber

Dosierungsanleitung, Art und Dauer der Anwendung
Soweit nicht anders verordnet, nehmen Kinder zwischen 6 und 9 Jahren 1/2 Tablette als Einzeldosis, aber nicht mehr als drei Tabletten am Tag. Jugendliche bis 12 Jahre nehmen 1 Tablette als Einzeldosis, aber nicht mehr als vier Tabletten am Tag. Jugendliche über 12 Jahre und Erwachsene nehmen 1–2 Tabletten als Einzeldosis, aber max. acht Tabletten am Tag.

Nehmen Sie Antischmerz® 500 unzerkaut mit reichlich Flüssigkeit (z. B. ein Glas Wasser) ein.

Mögliche Nebenwirkungen
Häufige Nebenwirkungen sind Bauchschmerzen und Übelkeit.
Seltene Nebenwirkungen sind Nasenbluten und Hautausschlag.

Gegenanzeigen von Antischmerz® 500
Antischmerz® 500 darf nicht eingenommen werden: Bei bekannter Überempfind-lichkeit gegen den Wirkstoff Paracetamol.
Während der Schwangerschaft.

0. Sie können das Medikament bei Fieber einnehmen.   ~~RICHTIG~~ +   FALSCH –

1. Man kann von den Tabletten Bauchschmerzen bekommen.   RICHTIG +   FALSCH –

2. Kinder bis neun Jahren dürfen höchstens drei Tabletten am Tag einnehmen.   RICHTIG +   FALSCH –

3. Man darf das Medikament ab der 12. Schwangerschaftswoche einnehmen.   RICHTIG +   FALSCH –

Lernwortschatz: gesund oder nicht gesund, Lebensziele, ins Krankenhaus gehen

Das tut Ihnen gut.

gestresst sein: Wenn ich zu viel arbeite, bin ich gestresst.

der Spaziergang: Wollen wir einen Spaziergang im Park machen?

guttun: Am Samstag lange schlafen: Das tut mir gut!

die Matratze: In meinem Bett habe ich eine sehr gute Matratze.

die Kantine: In der Kantine gibt es auch Salat.

die Mittagspause: Gehen wir in der Mittagspause zusammen in die Kantine?

Durst haben: Ich habe Durst. Ich muss etwas trinken.

ähnliches: Fahren Sie Fahrrad oder machen Sie etwas ähnliches?

in letzter Zeit: In letzter Zeit war ich oft krank.

husten: Ich habe Husten und muss oft husten.

der Rat: ‹ Hast du einen Rat für mich? ▌ Ja, du solltest weniger rauchen.

ungesund ≠ gesund: Rauchen ist ungesund.

Sportliche Ziele

die Leidenschaft: Ich schwimme sehr gern: Schwimmen ist meine große Leidenschaft.

der/die Schwimmer/in: Aber ich bin eine gute Schwimmerin.

die Herausforderung: Das ist sehr schwer, aber ich nehme die Herausforderung an.

schwer ≠ leicht

teilnehmen an = mitmachen = dabei sein

der/die Jugendliche: Die Jugendlichen sind beim Sport dabei.

bestimmen: Du kannst mitmachen, aber ich bestimme, was wir machen.

erleben: Was sie alles erlebt hat!

klopfen: Ich klopfe an die Tür, weil die Klingel kaputt ist.

würfeln: Juchhu, ich habe eine 6 gewürfelt!

 **Tipp**

Lernen Sie neue Wörter bei einem Spaziergang im Park!

zum Glück: Zum Glück ist nichts passiert.

immer wieder = regelmäßig

Im Krankenhaus

der Notfall: Schnell, das ist ein Notfall!

das Röntgenbild: Der Arm ist gebrochen. Das sieht man auf dem Röntgenbild.

die Ehefrau: Haben Sie seine Ehefrau angerufen?

verzweifelt: Sie war verzweifelt ...

Mut machen: ... aber wir haben ihr Mut gemacht.

die Operation; der Bericht: Nach der Operation schreibt der Arzt einen Bericht.

das Impfbuch, der Impfpass: Der Arzt will das Impfbuch sehen.

die Medizin = das Medikament; Der Arzt hat Medizin studiert.

Nebenwirkung: Das Medikament hat viele Nebenwirkungen.

die Umfrage: Sie haben eine Umfrage gemacht ...

das Ergebnis: ... und was war das Ergebnis? 30 % waren sehr zufrieden.

Was nehme ich mit?

der Koffer: Ich packe meinen Koffer.

die Hausschuhe – gegen kalte Füße

der Kamm, die Bürste: – für die Haare

die Zahnpasta – zum Zähneputzen

die Seife – zum Händewaschen

der Rasierer – zum Rasieren

der Schlafanzug, das Nachthemd – Schläfst du mit oder ohne?

der Bademantel: Mein Bademantel hält mich nach dem Schwimmen warm.

weich ≠ hart: Er ist ganz weich und warm

die Unterwäsche: Hast du Unterwäsche zum Wechseln mit?

die Zeitschrift: Jede Woche lese ich die neue Zeitschrift.

das Kleingeld: Kannst du wechseln? Ich habe kein Kleingeld mehr.

die Kaffeemaschine: Es gab keinen Kaffee. Die Kaffeemaschine war kaputt.

Zu 1 **Auf einem Straßenfest sehe ich ...**
Ordnen Sie die Wörter zu. Welche
Wörter kennen Sie noch? Ergänzen Sie.

der Straßenmusiker ☐
der Getränkestand ☐
der Clown ☐ die Trommel ☐
spielen ☐ sich unterhalten ☐
Bier trinken ☐ gebrannte
Mandeln kaufen ☐

Zu 3 **Diktat. Hören Sie den Text und
ergänzen Sie ihn.**

11

Fast 200 000 _____¹ haben _____ _____² das Samba-Fest in Coburg

_____³. Die Stimmung war _____⁴ am Nachmit-

tag _____⁵ und das Wetter _____ _____⁶.

Die Musiker und _____⁷ sind durch _____

_____⁸ gezogen. Alle Besucher und Besucherinnen haben

sich _____ _____⁹. Manche haben sogar _____

_____¹⁰. Denn ein Radiosender hat _____ _____¹¹ angeboten. Die fast

40 Frauen und Männer, die _____ _____¹², hatten viel Spaß.

Zu 4 **Welches Verb passt? Ergänzen Sie die E-Mail.**

sich amüsieren • auftreten auf • genießen • schwitzen • vorbereiten

Liebe Lucia, lieber Tim,

wir _____ unsere Ferien in Brasilien. Die lange Reise

haben wir gut _____. Vielen Dank auch für eure tollen

Tipps! Hier ist es sehr heiß und wir _____ eigentlich

immer. Besonders bei unserem Sambakurs. Unsere Lehrerin

ist toll, sie _____ auf vielen Festen _____ und tanzt

auch beim Karneval. Ihr merkt, wir _____ _____ gut

und vermissen den Winter in Deutschland nicht. Wart ihr schon auf dem

Weihnachtsmarkt?

Sonnige Grüße aus Rio de Janeiro, Monika und Klaus

Zu **8** **1)** Feste feiern. Was passt zusammen? Verbinden Sie. Manchmal gibt es mehrere Möglichkeiten.

1. Reis   a) küssen
2. den Baum   b) ansehen
3. Ringe   c) schmücken
4. Walzer   d) auspacken
5. das Feuerwerk e) anzünden
6. Geschenke   f) werfen
7. Kerzen   g) tanzen
8. die Braut   h) tauschen

**Ein Quiz machen: Schreiben Sie Fragen und vier Antworten zur Auswahl.
Bringen Sie Ihre Karten mit in den Kurs.**

Wie viele Kerzen hat
ein Adventskranz?

A eine   B zwei

C drei   D vier

2) Eine Liebesgeschichte. Sehen Sie die Bilder an und beschreiben Sie die Geschichte.
Die Wörter helfen Ihnen.

sich im Zug kennenlernen • sich oft
treffen • Ringe kaufen • heiraten •
viele Leute / Reis werfen • eine Hoch-
zeitsreise nach ... machen • Zwillinge
bekommen

*Monika und Klaus haben sich im Zug
kennengelernt. Dann ...*

Zu **11** **1)** Geburtstag. Ergänzen Sie weitere Wörter.

2) Schreiben Sie aus Ihren Wörtern
einen kleinen Text.

*Vor zwei Tagen habe ich eine Einladung
zu ... bekommen ...*

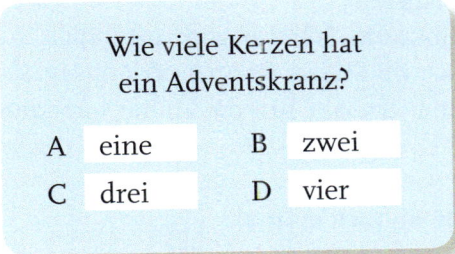

```
                              G
                              E
          S P I E L E A B E N D
                              U
                              R
                              T
                              S
                              T
                              A
                              G
```

Übungen • Feste feiern

Zu **12** **Alles durcheinander. Ordnen Sie den Dialog und vergleichen Sie mit der CD.**

1. ___ Ich wollte am liebsten wieder gehen, aber ich war auch neugierig. Beim Essen, das sehr gut war, habe ich mich dann entspannt.

2. ___ ‹ Und die Sache mit dem Geschenk?
   ▌ Blumen und Wein waren genau richtig. Ich glaube, meine Nachbarin hat sich gefreut. Ich habe dann erzählt, dass ich unsicher war, was ich mitbringen und wann ich kommen soll.

3. ___ ‹ War es nun falsch, dass du pünktlich warst?
   ▌ Das ist nicht ganz so einfach. Manche waren der Meinung, dass man immer sehr pünktlich sein soll und manche haben gesagt, dass es von der Situation abhängt. Zwei Stunden später – wie bei uns – kommt hier aber niemand!

4. ___ Danach haben wir viel über deutsche Gewohnheiten gesprochen.

5. _1_ ‹ Und wie war die Geburtstagsfeier?
   ▌ Am Anfang war es ein Albtraum. Ich war superpünktlich und leider die Erste. Meine Nachbarin war noch im Stress. Dann sind langsam die anderen Gäste gekommen. Alle haben viel geredet und ich habe nur die Hälfte verstanden.

Zu **14** **1) Lesen Sie den Text von Aufgabe 14 noch einmal. Notieren Sie die Feiertage.**

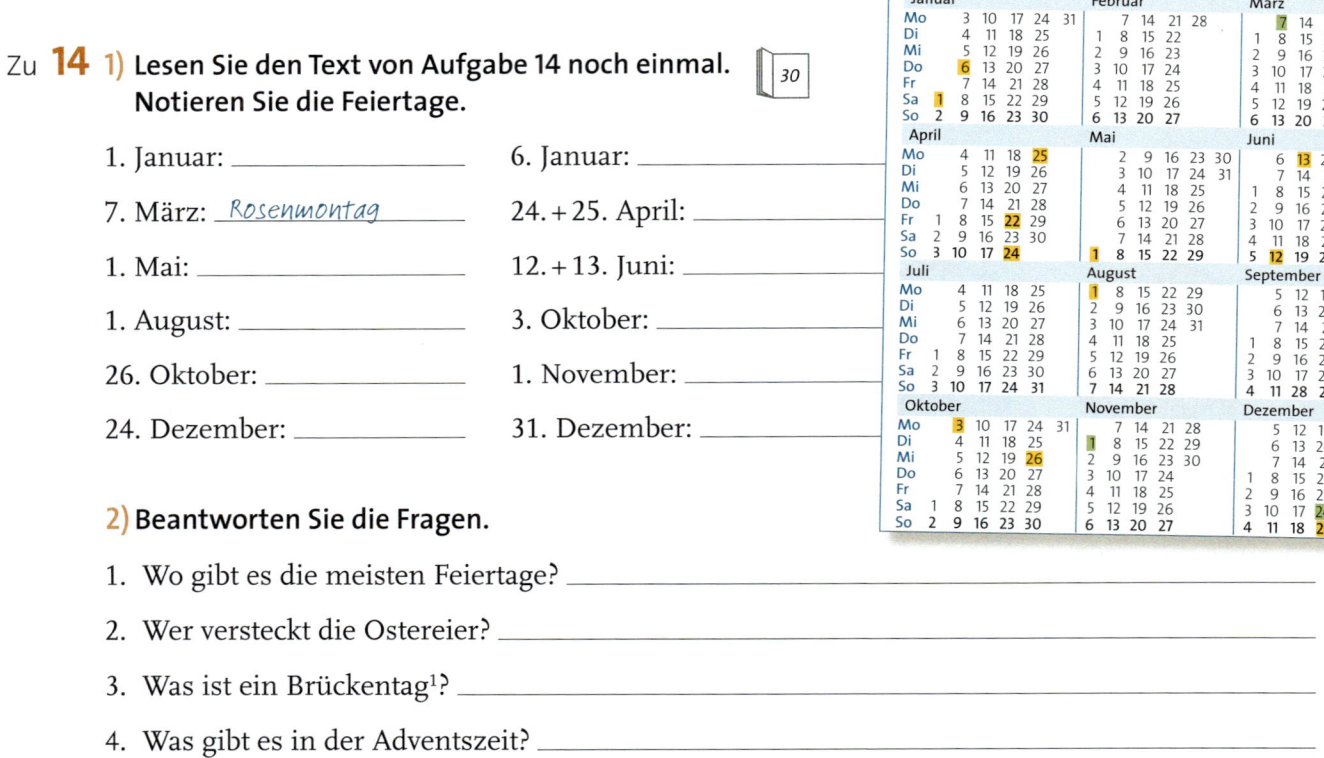

1. Januar: _____   6. Januar: _____

7. März: _Rosenmontag_   24. + 25. April: _____

1. Mai: _____   12. + 13. Juni: _____

1. August: _____   3. Oktober: _____

26. Oktober: _____   1. November: _____

24. Dezember: _____   31. Dezember: _____

2) Beantworten Sie die Fragen.

1. Wo gibt es die meisten Feiertage? _____

2. Wer versteckt die Ostereier? _____

3. Was ist ein Brückentag[1]? _____

4. Was gibt es in der Adventszeit? _____

1 Fenstertag (A)

Zu **16** **Verbinden Sie. Schreiben Sie die Sätze ins Heft und markieren Sie wie im Beispiel.**

Ich kaufe einen Adventskranz, den ich mit vier Kerzen schmücke.

1. Ich brauche einen Weihnachtsbaum,   a) die auch mir gefallen.
2. Ich habe ein Osterbrot gebacken,   b) die ich mit den Kindern anmalen kann.
3. Ich kaufe immer nur Geschenke,   c) das leider nicht schmeckt.
4. Ich brauche noch weiße Eier,   d) der in unser Wohnzimmer passt.

Zu **17** **1) Satzpuzzle. Schreiben Sie Relativsätze.**

im Nominativ

1. der Adventskranz, – Das ist – auf dem Tisch steht. – bei uns – der auch

_____.

2. der dieses Jahr – Das ist – den Weihnachtsmann spielt. – Onkel Willi,

_____ , _____.

3. das Geschenk, – gefallen hat – Das ist – so gut – das meinem Sohn

_____.

im Akkusativ

4. suchen die Ostereier, – versteckt hat. – Die Kinder – die die Mama

_____.

5. ist aus Schokolade. – Der Osterhase, – meinem Neffen – den ich – geschenkt habe,

_____ , _____ , _____.

6. das schon meine Oma – schmeckt sehr gut. – Das Osterbrot, – gebacken hat,

_____.

2) Was passt? Relativpronomen im Nominativ oder Akkusativ? Ergänzen Sie.

„Ich komme aus Brasilien. Letztes Jahr habe ich in Köln studiert. Das war

sehr interessant, denn es gibt so viele Feste und Feiertage, _____[1] in

Deutschland wichtig sind. Im Februar feiert man hier den Karneval, _____[2]

die Kinder lieben, weil sie sich verkleiden können. Ich war beim Rosen-

montagszug und habe mir die Wagen angesehen, _____[3] mit großen

Figuren geschmückt sind. Das war lustig, aber es war leider sehr kalt. Im

Frühling ist dann auch Ostern. Meine Freundin Claudia hat ein großes Schokoladenei versteckt,

_____[4] ich suchen musste – das hat fast 20 Minuten gedauert und viel Spaß gemacht. Im Mai

und Juni gibt es sehr viele Feiertage, _____[5] viele für einen Kurzurlaub nutzen. Wenn der Feier-

tag an einem Donnerstag ist, nimmt man am Freitag frei. An dem Tag, _____[6] man Brückentag

nennt, haben auch die Schulkinder oft frei. Im Winter hat mir die Adventszeit, _____[7] ungefähr

vier Wochen vor Weihnachten beginnt, besonders gut gefallen. Alle Städte und Häuser sind mit

Lichtern geschmückt. Auf den vielen Weihnachtsmärkten kann man Glühwein trinken – das ist

ein Wein, _____[8] man heiß trinkt – Bratwürste essen und schöne Dinge kaufen. Weihnachten

feiert man dann in der Familie, aber Silvester ist ein Fest mit Freunden, _____[9] man oft die

ganze Nacht feiert. Am Neujahrstag, _____[10] immer ein freier Tag ist, schlafen alle sehr lange.“

Zu **18** Karneval. Beschreiben Sie, was Sie sehen. Benutzen Sie Relativsätze.

Ich sehe einen Hund, der ... Ich sehe einen Mann, der ...

Zu **21** Karaoke. Hören Sie Rolle 1 und sprechen Sie Rolle 2.

⊚
13

Rolle 1: ...
Rolle 2: Danke gut, und dir?
Rolle 1: ...
Rolle 2: Oh ja, gern. Wann feiert ihr denn?
Rolle 1: ...
Rolle 2: Und um wie viel Uhr geht's los?
Rolle 1: ...
Rolle 2: Und was wollt ihr machen?
Rolle 1: ...
Rolle 2: Soll ich auch etwas mitbringen? Ich habe ein sehr gutes Rezept für einen Kuchen,
den man bei uns zu Weihnachten isst.
Rolle 1: ...
Rolle 2: Ja klar, warum nicht? Also dann, bis Samstag!
Rolle 1: ...

Prüfungsvorbereitung

Schreiben, Teil 2

Sie bekommen eine Nachricht von Paula. Paula ist Ihre Nachbarin. Sie schreibt, dass sie am 20. November ihren Geburtstag feiert. Paula lädt Sie ein und fragt, ob Sie kommen.

Antworten Sie. Hier finden Sie vier Punkte. Wählen Sie drei aus. Schreiben Sie zu jedem dieser drei Punkte ein bis zwei Sätze.

Können Sie jemanden mitbringen?	Essen oder Getränke mitbringen?
Geschenk?	Sie kommen später.

Lernwortschatz: Feste feiern

Gehen wir auf das Straßenfest?

die Halle: Das Straßenfest ist nicht in der Halle, es ist draußen.
doch: Wir können doch auf das Fest gehen.
auftreten (auf/in): Tim tritt auf dem Fest auf.
der Höhepunkt: Die Musik von Tim war der Höhepunkt.
beliebt: Ja, unser Stadtfest ist sehr beliebt.
der Musiker / die Musikerin: Die Musiker spielen super.
der Tänzer / die Tänzerinnen: Die Tänzerinnen tanzen Samba in den Straßen.
verwandeln: Das Zentrum hat sich in eine Tanzschule verwandelt.
das Zentrum = die Innenstadt
los sein: Es war viel los …
der Zuschauer / die Zuschauerin: … über 200 000 Zuschauer waren beim Samba-Fest.
alle – manche
begeistert: Alle waren begeistert …
mittanzen: … manche haben sogar mitgetanzt.
Temperatur: Die Temperatur war sehr hoch …
schwitzen: … und alle haben geschwitzt.
amüsieren (sich): Wir haben uns gut amüsiert.
die Stimmung: Am Anfang war die Stimmung gut.
der Hintergrund: Im Hintergrund hört man Musik.
zuhören: Die Leute hören nicht zu.
entspannt sein: Aber sie waren entspannt.
schmecken: Das Essen hat gut geschmeckt.
der Stand: Da gibt es Bierstände.
bitter: Bier schmeckt manchmal bitter.
intensiv: Der Geschmack ist mir zu intensiv.
probieren: Ich habe es probiert, aber ich mag es nicht.
immer mehr: Ich habe immer mehr Musik gemacht.

Hochzeit und Geburtstag.

das Paar / küssen: Das Paar küsst sich.
auspacken: Hast du das Geschenk schon ausgepackt?
der/die Erste: Klar, ich war die Erste!
der Ring: Das Paar hat die Ringe getauscht.

die Einladung: Ich habe eine Einladung zu einer Geburtstagsfeier bekommen.
der Gast: Wie viele Gäste kommen?
die Meinung: Ich bin der Meinung, dass …
unsicher ≠ sicher – Ich weiß nicht.
die Hälfte = 50 Prozent

Welche Feste feiern wir im Jahr?

Silvester: Silvester ist am 31. Dezember.
Mitternacht = 0 Uhr
enden: Das Fest endet erst am frühen Morgen.
Das Osterfest / Ostern: Ostern feiern wir im März oder April.
das Feuer: In der Osternacht gibt es ein großes Feuer.
verlängern: Ich habe das Wochenende verlängert.
der Karneval/der Fasching/die Fas(t)nacht
extra: Viele Menschen nehmen extra Urlaub.
verkleiden (sich): Paul verkleidet sich als Clown.
Der König/die Königin: Wie heißt der König von Spanien? – Juan Carlos.
ziehen (durch): Die Kinder sind durch die Straßen gezogen.
füllen: Der Nikolaus füllt die Schuhe mit Schokolade.
der Heiligabend: Heiligabend ist am 24. Dezember.
vorbereiten: Hast du alles vorbereitet?
der Stress: Weihnachten – ich bin im Stress!
der Weihnachtsbaum: Alle Familien haben einen Weihnachtsbaum.
schmücken: Er hat den Weihnachtsbaum geschmückt.
die Kerze / anzünden: Dann hat er die Kerzen angezündet.
der Geruch: Der Geruch ist typisch für Weihnachten.
der/die Tote: An Allerheiligen denken wir an unsere Toten …
das Grab: und schmücken die Gräber auf dem Friedhof.

Zu **2** 1) **Eigenschaften. Lösen Sie das Kreuzworträtsel.**

	¹W								
2						³C			⁴S
				5		6	A		
			7	E				⁸R	
	⁹F								
			10		11				
	¹²E				I				

Waagerecht: →

2 Er kommt nie zu spät, er ist sehr ….

6 Du machst nichts. Du bist so …!

7 Frag nicht so viel. Du bist zu ….

12 Klaus lügt nicht. Er ist sehr ….

Senkrecht: ↓

1 Mein Chef ist …, weil ich oft zu spät komme.

3 Was suchst du denn? Du bist so …!

4 Die Lehrerin von meiner Tochter ist sehr ….

5 Sie lernt schnell jemanden kennen, weil sie so … ist.

8 Ich rede nicht viel, ich bin eher ….

9 Die Schüler sind sehr laut und ….

10 Ich dachte, sie ist …, aber sie hat einen anderen.

11 Ihr Baby schreit nie. Es ist so ….

2) **Mein/e Partner/in. Lesen Sie das Beispiel. Schreiben Sie einen Text über einen Menschen, den Sie gut kennen. Die Adjektive aus 1) helfen.**

Beispiel:

Klaus ist faul, er macht nichts im Haushalt. Er ist nie pünktlich, immer kommt er zu spät. Er ist wirklich sehr chaotisch. Aber er ist sehr lieb und er hat ein so süßes Lächeln!

Zu **3)** **Ein Interview mit Eva Rasziesky. Lesen Sie die Aussagen. Danach hören Sie das Interview zweimal. Kreuzen Sie an.**

14

	richtig	falsch
1. Eva Rasziesky war schon vor der Messe sehr bekannt.	☐	☐
2. Sie ist Journalistin.	☐	☐
3. „Der traurige Fremde" steht seit zwei Jahren auf der Bestseller-Liste.	☐	☐
4. Eva Rasziesky kennt wirklich einen „traurigen Fremden".	☐	☐
5. Sie erzählt im Interview das Geheimnis von dem Fremden.	☐	☐

Hören Sie den Text noch einmal und machen Sie eine Skizze von dem „traurigen Fremden".

Zu **6** Sprachschatten. Was für ein ...?

Ich habe mir eine neue CD gekauft.

Ja? Was für eine CD?

Zu **7** „Ich habe da ein paar Fragen ...“ Ergänzen Sie die Fragewörter.

1. _____ waren Sie gestern Abend?
2. Mit _____ waren Sie in dem Restaurant?
3. _____ heißt Ihr Freund?
4. _____ kommt ihr Freund?
5. Seit _____ kennen Sie Ihren Freund?
6. _____ haben Sie gesprochen?
7. _____ _____ Gläser Wein haben Sie getrunken?
8. _____ sind Sie gegangen?
9. *Wohin* sind Sie dann gegangen?
10. _____ Film haben Sie gesehen?
11. _____ waren Sie zu Hause?
12. _____ waren Sie erst um 24 Uhr zu Hause?

Was glauben Sie, wer fragt?

➕ **Beantworten Sie die Fragen. Schreiben Sie den Dialog in Ihr Heft.**

Prüfungsvorbereitung

Setzen Sie die richtige Verbform ein.

Ich _0_ (*sein*) ein Mensch, der Überraschungen _1_ (*mögen*). Ich bin sehr offen und _2_ (*treffen*) gern neue Leute. Aber ich _3_ (*ärgern*) mich auch leicht. Gestern _4_ (*kommen*) meine Freundin Ulla zu Besuch. Sie hat mir von ihrem Job _5_ (*erzählen*). Ich _6_ (*wollen*) sie auch etwas _7_ (*fragen*), aber sie hat gar nicht _8_ (*zuhören*). Wenn sich jemand nicht für meine Meinung _9_ (*interessieren*), dann _10_ (*sagen*) ich gar nichts mehr.

0 *bin* _____   1 _____   2 _____
3 _____   4 _____   5 _____
6 _____   7 _____   8 _____
9 _____   10 _____

Zu **11** **1)** **Gestik und Mimik interkulturell. Ordnen Sie zu.**

1. sich beim Sprechen nicht ansehen   H
2. jemandem auf die Schulter klopfen
3. einen Handkuss geben
4. sich auf der Straße umarmen
5. sich mit Küsschen begrüßen

6. beim Essen laut schmatzen
7. sich auf der Straße küssen
8. sich laut auf der Straße streiten
9. sich zur Begrüßung die Hand geben

2) **Was macht man in Ihrer Heimat und was nicht? Schreiben Sie einen Text.**

Ich komme aus ...
In meiner Heimat ... / Bei uns ...
Wenn man ..., sind ... / muss man ...
Das ist unhöflich: ....
Wenn man sich gut kennt, darf man ...
Auf der Straße ...
Das kenne ich nicht, dass man ...

3) **Wie ist das in D A CH? Hören Sie und kreuzen Sie an.**

16

	richtig	falsch
1. In Deutschland soll man beim Essen nicht schmatzen.	☐	☐
2. In der Schweiz begrüßt man sich oft mit drei Küsschen.	☐	☐
3. In Deutschland muss man sich beim Sprechen nicht ansehen, wenn man schüchtern ist.	☐	☐
4. In Österreich bekommen alle Frauen zur Begrüßung einen Handkuss.	☐	☐

Zu **13** **1)** Das kann *niemand*, oder?
Ergänzen Sie die Indefinitpronomen.

niemand • jemand • viele • jeder

◂ Kennst du _____ , der mit der Zunge an die Nase kommt?

▮ Ja, ich kenne _____ . Fast _____ in meiner Familie kann das, aber ich kenne

_____ , der mit den Ohren wackeln kann.

2) Variieren Sie den Dialog und schreiben Sie ihn in Ihr Heft.

eine Augenbraue hochziehen   die Zunge rollen

Zu **15** **1)** Karaoke. Hören Sie Rolle 1 und sprechen Sie Rolle 2 (mit Gefühl).

17

Text 1
Rolle 1: ...
Rolle 2: Was ist denn los?
Rolle 1: ...
Rolle 2: Oh, das tut mir leid.

Text 2
Rolle 1: ...
Rolle 2: Hey, was macht ihr denn hier?
Rolle 1: ...
Rolle 2: Das ist schön. Kommt doch rein!

Text 3
Rolle 1: ...
Rolle 2: Und wie war's? Erzähl!
Rolle 1: ...
Rolle 2: Das ist ja wunderbar. Herzlichen Glückwunsch!

2) Lernen Sie Ihre Rolle auswendig. Schließen Sie das Buch. Hören Sie noch einmal und sprechen
Sie Rolle 2.
17

3) Wiederholung Imperativ. Ergänzen Sie das Verb im Imperativ (Du-Form).

Singular (du)   *Plural (ihr)*

1. haben: _Hab_ keine Angst!   _Habt_ keine Angst!

2. sein: _____ nicht so traurig!   _____

3. weinen: _____ doch nicht!   _____

4. machen: _____ dir keine Sorgen!   _____

5. sich aufregen: _____ nicht so_____ !   _____ ⎫ dir und dich

6. sich ärgern: _____ nicht!   _____ ⎭ ► euch

Zu 17 1) Buchstabensalat.
Sortieren Sie die Gefühlsverben. Welche Adjektive passen? Verbinden Sie.

sich
{
1. achlne   _____

2. eniwne   _____

3. ufrgeena   _____

4. räegnr   _____

5. eufrne   _____
}

a) traurig
b) wütend
c) fröhlich

2) Ergänzen Sie mit den Wörtern aus 1) die Sätze.

1. Gestern war ich im Kino und am Ende ist der Held gestorben. Ich habe _____

2. Meine Großmutter hat mir ein Paket geschickt. Ich _____

3. Meine Tochter hat ihr Zimmer nicht aufgeräumt. Ich bin _____

4. Am Samstag feiere ich meinen Geburtsag. Meine Cousine aus Athen kommt auch.

    Ich _____

5. Gestern kam die Handyrechnung: 60 Euro! Ich habe _____

6. Pjotr hat von seiner Katze erzählt. Das war lustig. Ich musste _____

Zu 18 Was passt? Ordnen Sie zu.

1. Toll. Das ist ja super!   2. Reg dich nicht so auf!   3. Was ist denn los?
4. Wein doch nicht!   5. Das schaffst du schon!   6. Das tut mir leid!

A   B

C   D

E   F

11

Lernwortschatz: Alles ganz menschlich

Sympathisch oder unsympathisch?

der Typ: Thomas ist ein netter Typ.

streng: Susanne ist eine strenge Mutter.

ehrlich: Rolf ist ehrlich, er lügt nicht.

offen: Ina ist offen, sie lernt schnell neue Leute kennen.

frech: Mein Sohn ist frech, er will mich ärgern.

sich verstehen mit: Er hat sich gut mit seiner Frau verstanden.

selbstbewusst ≠ schüchtern

die Entscheidung: Du musst jetzt eine Entscheidung treffen.

klug: Das war eine kluge Entscheidung.

dumm ≠ klug

egoistisch – immer an sich denken

die Unabhängigkeit: Ich lebe allein, denn meine Unabhängigkeit ist mir wichtig.

umgehen mit: Ich kann nicht so gut mit Geld umgehen. Es ist immer gleich weg.

ordentlich: Carolin ist ordentlich, sie räumt gern auf.

treu: Rolf ist ein treuer Mensch.

aggressiv: Die laute Musik macht mich aggressiv.

Von Büchern und Menschen

der Roman: Peter liest gern Romane.

der Eindruck: Ich habe den Eindruck, dass er ein Geheimnis hat.

das Geheimnis: Sagst du mir sein Geheimnis? – Nein, dann ist es ja kein Geheimnis mehr.

gepflegt: Er machte einen gepflegten Eindruck.

einverstanden sein: Bist du einverstanden?

ernst nehmen: Er hat die Arbeitssuche sehr ernst genommen.

lösen: Er will die Aufgabe lösen.

die Möglichkeit: Was für eine Möglichkeit gibt es?

komisch: Ich hatte ein komisches Gefühl.

unbekannt: Letztes Jahr war sie noch unbekannt, heute ist sie ein Star.

jemand ≠ niemand: Ist da jemand? – Nein, niemand.

die Überraschung: Mögen Sie Überraschungen oder planen Sie lieber alles?

Mimik und Gestik

die Geste: Er ging mit großen Gesten durch den Raum.

umarmen: Wir haben uns zur Begrüßung umarmt.

die Beleidigung: Manche Gesten sind eine Beleidigung.

die Zunge: Zum Beispiel die Zunge zeigen.

Stopp! – Nicht weiterfahren!

das Zeichen: Das ist das Zeichen für „Super".

abhauen: „Hau ab!" = Geh weg!

schmutzig ≠ sauber

hoffentlich: Hoffentlich ist nichts passiert.

reinkommen / hereinkommen: Kommt doch rein!

überrascht: Sie war sehr überrascht, als wir gekommen sind.

direkt: Wir sind direkt bei ihm vorbeigefahren.

besorgt: Er ist besorgt, weil sein Kind krank ist.

ängstlich: Sei nicht so ängstlich!

sich Sorgen machen: Mach dir keine Sorgen!

sich aufregen: Ich habe mich sehr über dich aufgeregt.

enttäuschen: Du hast mich so enttäuscht!

Sternzeichen und Charaktere

hören auf: Hören Sie auf andere oder entscheiden Sie allein?

spontan: Er entscheidet sich spontan.

unabhängig: Ich bin gern unabhängig.

die Kunst: Ich mag Kunst, ich gehe gern ins Museum.

der Künstler/die Künstlerin

gerecht: Sie war sehr gerecht, sie hat alles geteilt.

das Sternzeichen: Ich bin vom Sternzeichen Fisch.

das Geburtsdatum: Mein Geburtsdatum ist der 26.02.1970.

stimmen: Das stimmt!

kleben: Bitte kleb die Blätter zusammen.

Übungen ▸ Stadt und Land

Zu **1** 1) *Stadt, Land, Fluss …* Sie kennen schon viele Wörter. Ordnen Sie
die Wörter in die Tabelle und notieren Sie die Pluralformen.

der 	das ✗	die
	Hochhaus – Hochhäuser	

Auto, Apotheke, Bäckerei, Bahnhof, Bank, Baum, Berg, Bibliothek,
Blume, Büro, Bus, Café, Dorf, Fluss, Freibad, Frisör, Geschäft, Halte-
stelle, Hochhaus, Hund, Katze, Kaufhaus, Kindergarten, Kino, Kuh,
Marktplatz, Meer, Museum, Natur, Park, Pferd, Pflanze, Post, Praxis,
Restaurant, Schule, Spielplatz, Stadion, Strand, Straße, Theater,
U-Bahn, Universität, Verein, Verkehr, Weg, Wiese, Zentrum, Zoo

2) **Was ist Ihnen wichtig? Wählen Sie Wörter aus 1) und schreiben Sie
Sätze.**

Für mich ist ein Kindergarten in der Nähe wichtig.
Ich finde es wichtig, dass …

Zu **2** 1) **Wählen Sie Wörter aus Übung 1 zu den folgenden Präpositionen und schreiben Sie Sätze.**

warten auf	*den Bus*	*Ich warte schon 20 Minuten auf den Bus.*
fahren in		
sein neben		
gehen über		
stellen unter		
liegen zwischen		
leben in		
gehen zu		
spazieren gehen mit		
fragen nach		
gehen in		
studieren an		

> Dativ oder
> Akkusativ? 📖 180

2) **Sprachschatten. Hören Sie und antworten Sie wie im Beispiel.**

1. Wohin gehst du? Zur Schule?

2. Wo bist du? Im Park?

*Ja, ich gehe
zur Schule.*

*Ja, ich bin
im Park.*

Zu **3** 1) **Buchstabenchaos. Lesen Sie. Welcher Text von Seite 47 ist das?** 47

> Jtezt whnoe ich auf dem Lnad und ich gneißee es jdeen Tag. Ich ghee ruas und bin scroft in der Nutar. Witee Fleder, gürne Weisen mit veinlen bnuten Bulemn und ein knieler Flsus. Acuh für die Knider ist es toll. Sie knönen drußaen speieln und sie enckteden immer weider etaws Nesue, weil die Nutar zu jeder Jazrehtzeist anerds ist. Ich bin forh, dass ich heir Abriet gfuenden hbae. Es war gar nicht so eifanch. Die görßte Ausahwl an Jbos gbit es nun mal in der Sdtat.

2) **Was passt zusammen? Verbinden Sie.**

1. auf dem Bauernhof   a) entdecken
2. in die Großstadt   b) aufwachen
3. etwas Neues   c) ziehen
4. den Igel   d) geben
5. einen Kommentar   e) füttern
6. nachts   f) leben

Zu **6** **Wer ist das? Lesen Sie die Texte auf Seite 48 noch einmal. Ordnen Sie den richtigen Namen zu.** 48

René Marquard · Anton Fiebig · Ina Merkel

1. _____ lebt noch in der Stadt, aber bald auf dem Land.

2. _____ möchte mit seiner Frau in die Stadt ziehen.

3. _____ ist 14 Jahre alt.

4. _____ reist gern, hat aber wenig Zeit.

5. _____ hat ihren Traummann gefunden.

6. _____ möchte später mit anderen Studenten zusammen wohnen.

Zu **7** 1) **Wohin geht das Signal? Ergänzen Sie die Endungen und verbinden Sie wie im Beispiel.**

1. der kleine Garten   den großen Garten   mit dem großen Garten
   ein klein _er_ Garten   einen klein___ Garten   mit einem klein___ Garten
   klein___ Garten   klein___ Garten   mit klein___ Garten

2. das schöne Zimmer   in dem schönen Zimmer
   ein schön___ Zimmer   in einem schön___ Zimmer
   schön___ Zimmer   mit schön___ Zimmer

   Tipp
   Das Adjektiv vor dem Nomen hat immer mindestens ein -e am Ende.

3. die große Liebe   mit der großen Liebe
   eine groß___ Liebe   mit einer groß___ Liebe
   groß___ Liebe   mit groß___ Liebe

Zu **8** Eine riesige Stadt in den Wolken. Ergänzen Sie die Adjektivendungen.

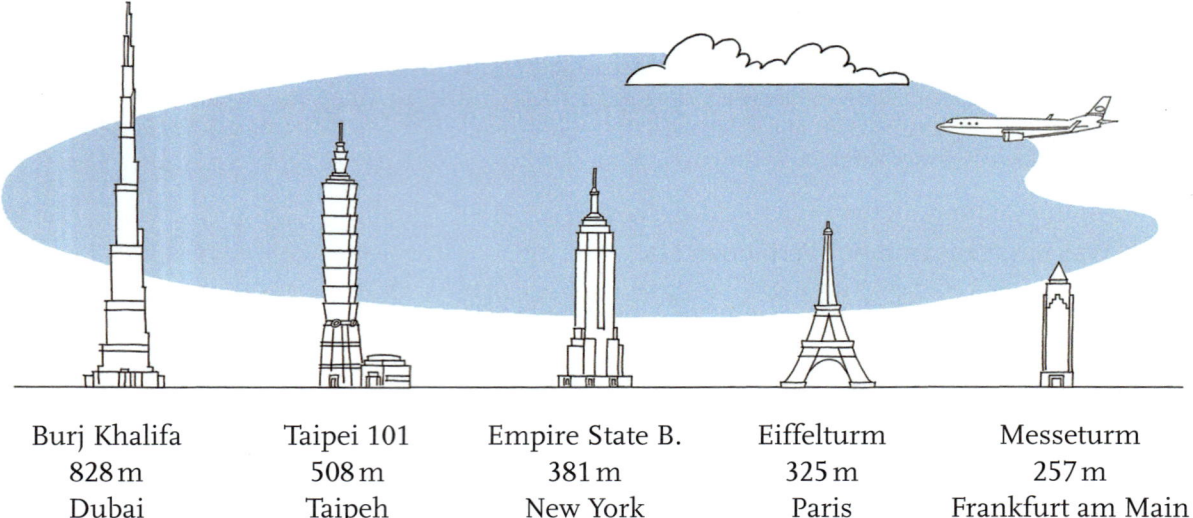

Burj Khalifa	Taipei 101	Empire State B.	Eiffelturm	Messeturm
828 m	508 m	381 m	325 m	257 m
Dubai	Taipeh	New York	Paris	Frankfurt am Main

Eine Stadt in den Wolken

Seit Januar 2010 ist der Burj Khalifa das weltweit höchste Gebäude. Der riesig____ Wolkenkratzer in Dubai ist 828 m hoch. Er hat 189 Stockwerke und bei gut____ Wetter kann man ihn noch aus 100 km Entfernung sehen. Der Bau hat mehr als 1,5 Milliarden Dollar gekostet. 3000 Arbeiter aus 150 verschieden____ Ländern haben das hoh____ Gebäude gebaut. Es gibt ein teur____ 7-Sterne-Hotel, modern____ Büros und Apartments, ein groß____ Einkaufszentrum, ein riesig____ Aquarium (über drei Stockwerke hoch!) und – mitten im heiß____ Dubai – eine Eisbahn! Bis zu 200 Menschen können gleichzeitig mit den 54 Aufzügen fahren. So kommt man dem blau____ Himmel über Dubai sehr schnell näher, denn der schnellst____ Fahrstuhl schafft zwölf Meter in einer Sekunde.

+ **Lesen Sie den Text noch einmal. Schreiben Sie einem Freund / einer Freundin eine E-Mail und berichten Sie.**

Liebe/r ...,

Ich habe heute im Deutschkurs gelesen, dass das weltweit höchste Gebäude in Dubai steht. Es ist ...

3) Wiederholung: Steigerungsformen. Vergleichen Sie die Gebäude wie im Beispiel.

Beispiel: Das Empire State Building in New York ist höher als der Eiffelturm in Paris, aber kleiner als der Taipei 101 in Taiwan.

Prüfungsvorbereitung

Lesen Sie den Text. Sind die Aussagen richtig oder falsch? Kreuzen Sie an.

Was Bäume alles können

Forscher haben herausgefunden, dass Bäume sogar die Erdbewegung beeinflussen

Mammutbaum

Bäume sind interessante Pflanzen. Sie können mehrere tausend Jahre leben und bis zu 130 Meter hoch wachsen. Höher geht es nicht, weil das Wasser es dann nicht mehr bis nach oben schafft. Im Yosemite Nationalpark in den USA gibt es einen Baum, der ungefähr 2000 Tonnen wiegt, elf Meter dick und 84 Meter hoch ist. Bäume können noch viel mehr. Weil im Herbst ca. 40 Milliarden Tonnen Blätter in nur wenigen Wochen auf den Boden fallen, bewegt sich die Erde fast eine Millisekunde schneller. Das hat die Technische Universität München gemessen. Und woher wissen die Bäume, wann sie ihre Blätter verlieren sollen? Man glaubt, dass die Blätter fallen, weil die Sonnentage abnehmen.

	richtig	falsch
1. Ein Baum kann nicht älter als 1000 Jahre alt sein.	☐	☐
2. Bäume brauchen ganz oben kein Wasser.	☐	☐
3. Im Herbst fallen Milliarden Tonnen Blätter auf den Boden.	☐	☐
4. Die Bäume wissen, dass Herbst ist, weil es weniger Sonnentage gibt.	☐	☐
5. Die Erde dreht sich im Frühling schneller.	☐	☐

Zu **10** **Wer sagt das? Ordnen Sie die Aussagen den Personen zu.**

📖 50
📖 51

> Im Winter habe ich nicht so viel Arbeit. Manchmal ist das etwas langweilig.

> Ich liebe das Meer und meine Arbeit.

> Steigen Sie ein und genießen Sie die Fahrt!

1. ☐   2. ☐   3. ☐

> Ich bin hier geboren und froh, dass ich jetzt hier arbeite.

> Ich habe sehr viel von meinem Vater gelernt.

> Meine Familie macht schon seit 200 Jahren Wein.

4. ☐   5. ☐   6. ☐

a) C. Beck, Weinbäuerin – b) S. Bienke, Restauratorin – c) H. Tütjes, Nordseefischer – d) H. Hauptman, Strandkorbvermieter – e) G. Gallasch, Fiakerkutscher – f) R. Jérôme, Uhrmacher

➕ **Wörter in den Mund legen. Schreiben Sie zu jeder Person einen Satz.**

Zu 11 Die Architektin Michaela Lachmann im Interview. Ergänzen Sie die Demonstrativpronomen.

Michaela Lachmann

geboren in: München
Wohnort: Zürich
Alter: 38
1,78 m groß, sportlich
Hobbys: kochen (Milchreis, Sacher-Torte),
Schach spielen, Bücher lesen, reisen,
Sprachen lernen (spricht 4 Sprachen)

Tagblatt
Man hat sie in _diesem_ Jahr zur besten
Architektin Europas gewählt! Wie fühlen
Sie sich?

Lachmann
Dass ich _____ Preis bekommen habe,
ist unglaublich. Ich bin sehr glücklich.

Tagblatt
Warum leben Sie in einer Großstadt wie
Zürich?

Lachmann
Ich liebe _____ Stadt. Sie ist alt, aber
auch aufregend – und die Berge sind nah.

Tagblatt
Was fehlt Ihnen, wenn Sie in einer anderen
Stadt sind?

Lachmann
_____ Gefühl, das ich hier immer habe.
Ich bin einfach gern in _____ Stadt.
Sie ist mein Zuhause.

Tagblatt
Haben Sie auch hier in Zürich schon
Häuser geplant und gebaut?

Lachmann
Ja klar, _____ Haus hier zum Beispiel.
Gefällt es Ihnen?

Zu 12 Ein Haus in der Stadt. Hören Sie und sprechen Sie wie im Beispiel.

19

1. Gefällt dir das Haus?

Nein, mir gefällt dieses Haus hier besser.

2. Welches Sofa nimmst du?

Ich nehme dieses Sofa hier.

Zu 13 *Ach-* und *Ich*-Laut. Lesen Sie den Steckbrief von Frau Lachmann laut.

12

Lernwortschatz: Auf dem Land und in der Stadt

In der Natur

das Land: Wir leben jetzt auf dem Land.
der Unterschied: Das ist ein riesiger Unterschied.
die Wolke: Es gab keine Wolke am Himmel.
der Vogel: Die Vögel singen.
der Baum: Der Vogel sitzt auf dem Baum.
entdecken: Hast du ihn entdeckt?
riesig: Der Baum ist riesig – über 100 m hoch.
der Boden: Die Blätter fallen auf den Boden.
die Wiese: die grüne Wiese vor dem Haus
der Zaun: Um die Wiese bauen wir einen Zaun.
der Fluss: Der Rhein ist ein großer Fluss.
das Meer: Wir fahren ans Meer, an die Nordsee.
der Strandkorb: Da liegen wir im Strandkorb.
die Küste: an der Küste wohnen
der Fischer – Er wohnt an der Küste ...
das Boot: ... und fährt jeden Tag mit dem Boot raus.
arm: Der arme Fischer hat kein Geld, es gibt keine Fische mehr.
dieser/dieses/diese
die Landschaft: Oh, diese herrliche Landschaft!
flach: Aber hier ist alles ganz flach, es gibt keine Berge.
die Umwelt: Wie sieht unsere Umwelt in der Zukunft aus?
die Erde: Die Erde ist rund.

Auf dem Bauernhof

verschieden: Auf dem Bauernhof gibt es verschiedene Tiere: Pferde, Hühner ...
das Huhn/das Schwein/das Pferd
die Kuh: Die Kühe stehen auf der Wiese.
der Bauer/die Bäuerin – Er/Sie füttert die Schweine.
die Wurst: Es gibt jeden Tag Wurst vom Schwein.
fein: Ich nehme die feine Wurst.
übernehmen: Sie hat den Bauenhof von ihrem Vater übernommen.

das Feld: Auf ihren Feldern wachsen viele Pflanzen.
die Gurke: Im Garten wachsen grüne Gurken.

In der Großstadt

das Hochhaus: Es gibt hier viele Hochhäuser.
das Gebäude: Ein Hochhaus ist ein hohes Gebäude.
modern: Das Gebäude gefällt mir nicht, es ist mir zu modern.
die Universität – Hier studiert man.
die Wohngemeinschaft: Viele Studenten wohnen in einer Wohngemeinschaft.
der Verkehr: Auf dem Weg zur Arbeit gibt es immer viel Verkehr.
die Baustelle: In der Königstraße ist schon wieder eine Baustelle.
führen: Führst du mich, damit ich nicht in den Stau komme?
die Skizze: Ich mache dir eine Skizze.
selbst: Ich fahre selbst, du musst mich nicht abholen.
der Bus: Fahr doch mit dem Bus!
mitten in: Wir wohnen mitten im Zentrum.
der Laden: Meine Mutter hat diesen Laden schon seit zehn Jahren.

Denken und meinen

echt: Er ist ein echter Stadtmensch.
sich vorstellen: Ich kann mir das gut vorstellen.
sicher sein: Bist du sicher, dass das stimmt?
meinen: Ich meine, er hat Recht.
kombinieren: Kombinieren Sie die Wörter zu einem Satz.

 *Tipp*

So sehen Sie Wörter:
„Schreiben" Sie Bilder wie auf Seite 45.

Zu **1** **1)** *SchuelerVZ*, *studiVZ* und *meinVZ* sind Netzwerke, die in D A CH sehr beliebt sind. Lesen Sie und beantworten Sie die Fragen.

1. Warum ist der Lehrer von Rollo immer mit zwei Eltern auf Klassenfahrt gefahren?
2. Warum waren die Lehrerinnen von Klara nicht so nett?
3. Warum war die Kleidung von Klara später anders?
4. Warum waren die Zensuren von Anna in Biologie und Geschichte so gut?
5. Warum war die Freude von Sebastian am ersten Schultag noch groß?

MEINVERZEICHNIS   English   Registrieren   Hilfe   Handy   Blog

Plauderkasten

Wie war das früher bei euch in der Schule, wart ihr viele in der Klasse, wart ihr gute Freunde? Wie habt ihr euch mit den Lehrern verstanden?

Rollo Rosenberg

Wir waren 15 Jungen und 20 Mädchen. An unserer Schule waren wir bis zur achten Klasse immer zusammen. Ich habe also alle sehr gut kennengelernt und sie mich auch. Wir hatten viel Spaß zusammen und wir haben die Lehrer oft geärgert. Wenn wir auf Klassenfahrt waren, hat unser Klassenlehrer immer zwei Väter oder Mütter mitgenommen, damit er nicht alleine auf uns aufpassen musste.

Klara Weber

Ich war auf einer Mädchenschule. In meiner Klasse waren wir 24 Schülerinnen. Die Lehrerinnen waren sehr streng und der Unterricht war oft langweilig. Wir mussten eine Schuluniform tragen, also immer einen Rock. Als ich später die Schule gewechselt habe, habe ich nur noch Hosen angezogen.

Anna Meier

Mädchenschule … Klingt nicht gerade spannend. Ich bin eigentlich gern zur Schule gegangen. Wir waren 22 Kinder und hatten echt tolle Lehrer. Meine Lieblingsfächer waren Biologie und Geschichte. Da hatte ich auch sehr gute Zensuren. In den anderen Fächern war ich aber nicht so gut, da habe ich auch viel Quatsch gemacht.

Sebastian Lang

Ich wollte als Kind nur zur Schule gehen, weil es zum ersten Schultag eine Schultüte gab. Die wollte ich unbedingt haben. Aber schon am zweiten Tag wollte ich nicht mehr in die Schule gehen. Wenn man mich in der ersten Klasse gefragt hat, was in der Schule am besten war, habe ich immer geantwortet: die Pausen. Meine Mitschüler waren cool und wir hatten – so wie Rollo – immer viel Spaß zusammen.

Die Zuckertüten-Tradition kommt aus Thüringen und Sachsen. Es gibt sie seit dem 19. Jahrhundert. Damals haben die Eltern ihren Kindern erzählt, dass im Keller von jeder Schule ein Zuckertütenbaum steht. Wenn die Tüten groß sind, kommen die Kinder in die Schule. Heute bekommen die Kinder in Deutschland zum Schulanfang eine Zuckertüte, die in den westlichen Bundesländern meistens Schultüte heißt.

+ Was erinnert Sie beim Lesen an Ihre Schulzeit? Schreiben Sie.

2) Schulfächer. Was passt zusammen? Verbinden Sie.

1. Deutsch
2. Französisch
3. Sport
4. Mathematik
5. Musik
6. Chemie
7. Geschichte
8. Biologie

a) In diesem Fach singt man und lernt Noten.
b) In diesem Fach bewegt man sich viel.
c) In diesem Fach liest man viele Texte und lernt Grammatik.
d) In diesem Fach lernt man viel über Tiere, Pflanzen und den Körper.
e) In diesem Fach stinkt es manchmal.
f) In diesem Fach lernt man, wie es früher war.
g) In diesem Fach muss man viele neue Wörter lernen.
h) In diesem Fach muss man rechnen und Formeln lernen.

Zu **2** Schulwörter. Lösen Sie das Kreuzworträtsel.

1			2							
³H			A							
	⁴K	5			6		⁷R			
		⁸Z								
				9						
	¹⁰E	T								
S										
S										

Waagerecht: →
2 Wenn man in die Schule kommt, kommt man in die erste ...
3 Man macht sie zu Hause: ...
5 Peter war immer der Lieblingss... von Herrn Graubner.
10 Der Lehrer/Die Lehrerin lädt zum ... ein.

Senkrecht: ↓
1 Sie hat mit 16 ihren ... gemacht.
2 Eine Reise, die die Klasse zusammen macht: ...
4 Das machen die Lehrer mit Nummer 3: ...
6 Nach der Schule kann man studieren oder eine ... machen.
7 An einer Schule gibt es feste ...
8 In Sport hatte ich immer eine gute ...
9 Mein Lieblings... ist Geschichte.

Zu **3** Schulobst. Was ist das?

1) Hören Sie das Interview und kreuzen Sie an.

20

1. Obst, das noch wachsen muss. ☐

2. Obst, das die Kinder in der Schule bekommen. ☐

3. Obst, das im Schulgarten wächst. ☐

2) Hören Sie noch einmal und kreuzen Sie die richtige Lösung an.

20

1. Heidemarie Brückner ist
a) ☐ Mathematiklehrerin.
b) ☐ Direktorin an einer Grundschule.
c) ☐ Direktorin an einem Gymnasium.

2. Das Gesetz sagt, dass jedes Kind
a) ☐ in der Schule essen soll.
b) ☐ regelmäßig Obst mitbringen soll.
c) ☐ regelmäßig Obst von der Schule bekommen soll.

3. Die Pestalozzi-Schule verteilt ... Obst.
a) ☐ kein
b) ☐ jeden Mittwoch
c) ☐ jeden Tag

4. Die Kinder sollen gesünder essen, weil
a) ☐ viele zu dick sind.
b) ☐ viele zu dünn sind.
c) ☐ viele schlechte Zensuren haben.

5. Die Kinder kaufen sich gern
a) ☐ Obst.
b) ☐ Kekse.
c) ☐ Milch.

6. Manche Lehrer kümmern sich um
a) ☐ Computerkurse.
b) ☐ Kochkurse.
c) ☐ den Schulgarten.

Zu **5** Die Einladung. Füllen Sie den „unteren Abschnitt" aus. 📖 58

✂ --

Bestätigung

Name:...

Ich/Wir habe/n das Schreiben zum Elternabend am .... *zur Kenntnis genommen.*
Wir kommen mit ☐ *Personen*

....

Datum   *Unterschrift Erziehungsberechtigte/r*

Warum müssen Eltern diesen Abschnitt unterschreiben und Ihren Kindern mitgeben?

Zu **6** Textdedektiv. Suchen Sie in den Texten auf Seite 47 nach Präpositionen mit Dativ.

mit	auf	in	seit	von	aus	zu
mir und den Kindern						

Zu **7** Das Elterngespräch. Hören Sie den Dialog und ordnen Sie ihn. Dann ergänzen Sie.

🔘 21

ihm • Ihrem Sohn • in der Klasse • mit Ihnen • mir • mir •
nach der Schule • seiner Mutter

1. ___ ‹ Was? Das habe ich nicht gewusst. Er zeigt _____¹ sein Hausaufgabenheft nicht

   mehr und antwortet nicht, wenn ich nach _____² frage. Früher

   hat er _____³ alles erzählt, jetzt nicht mehr.

2. ___ ▌ Gut, dass Sie _____⁴ das sagen. Was glauben Sie, wie können wir

   _____⁵ helfen?

3. _1_ ▌ Danke, dass Sie gekommen sind, Herr Malik. Ich möchte _____⁶

   über Lukas reden.

4. ___ ▌ Ja, _____⁷ wird er auch immer stiller.

   Er wirkt traurig. Wissen Sie, warum?

5. ___ ‹ Ja, guten Tag. Was ist denn das Problem?

6. ___ ‹ Hm, vielleicht können wir …

7. ___ ▌ Seine Leistungen sind schlechter geworden und er hat seine

   Hausaufgaben oft nicht gemacht.

8. ___ ‹ Sein bester Freund, Timo, ist weggezogen. Er fehlt _____⁸ sehr.

Zu **8** Wem? Hören und antworten Sie wie im Beispiel.

🔘 22

Die Schüler hören dem Lehrer zu.

Wem, ihrem Lehrer?

Zu **11** 1) Trotzdem. Schreiben Sie Sätze.

Ich habe wenig Zeit. Trotzdem sehe ich heute Abend fern.

−

Ich habe wenig Zeit.
Ich habe keine Lust.

+

~~fernsehen~~ • ins Kino gehen • mit den Kindern spielen •
meine Freunde treffen • einkaufen müssen •
Hausaufgaben machen müssen • viel lesen

2) Das Verb *werden*. Schreiben Sie Sätze. Es gibt mehrere Möglichkeiten.

Ich		jedes Jahr größer.
Kaputt? Du		immer besser.
Das Wetter	*werden*	auch nicht jünger.
Wir		morgen schön.
Ramón und Lucia, ihr		beide Lehrer.
Die Kinder		nach dem Duschen wieder fit.

Zu **16** Machen Sie aus vier Wörtern zwei. Verändern Sie die Fragen von Übung 1 wie im Beispiel. 📖 106

Beispiel:
Warum ist der Lehrer von Rollo immer mit zwei Eltern auf Klassenfahrt gefahren?
Warum ist Rollos Lehrer immer mit zwei Eltern auf Klassenfahrt gefahren?

Prüfungsvorbereitung

Lesen, Teil 3
Lesen Sie die Anzeigen und die Aufgaben 1 bis 5. Welche Anzeige passt zu welcher Situation?
Für eine Aufgabe gibt es keine Lösung. Schreiben Sie hier den Buchstaben x.

b) Student gibt preiswerte Nachhilfe für Mathematik und alle Sprachen. Tel. 87 23 566

a) **Sprachschule Lingofox** Intensivkurse (120 Std in 4 Wo), Abendkurse (1x wöchentlich) in den Sprachen: Arabisch, DaF, Englisch, Französisch, Italienisch, Spanisch. Weitere Sprachen auf Anfrage. Tel.: 465 33 26

c) **Tandem gesucht.** Deutsche Muttersprachlerin sucht englischsprachige Person für regelmäßige Treffen zum Deutsch-Englisch-Austausch. Tel. 030 66 54 47 82

1. ☐ Sie suchen für Ihren Sohn eine Nachhilfe für Englisch. Er ist in der 8. Klasse. Sie können nicht so viel bezahlen.

2. ☐ Sie suchen ein gebrauchtes zweisprachiges Wörterbuch Portugiesisch-Deutsch.

3. ☐ Ihre Freundin will Sie für einen Monat in Deutschland besuchen und einen Deutschkurs machen.

4. ☐ Sie möchten einen Yoga-Kurs machen.

5. ☐ Sie leben in Wien und suchen einen Partner/eine Partnerin für einen Sprachaustausch.

d) Mit der *Schülerhilfe* zum Abitur. Jetzt neue Kurse zur Vorbereitung auf die Abiturprüfungen in Deutsch, Englisch und Mathematik.

e) Gebrauchte Bücher billig abzugeben. Große Auswahl an Biografien, Romanen und Krimis. **Antiquariat Weimann** in der Babarossastraße 32

f) Wien kennenlernen und dabei Deutsch sprechen? Suche Sprachaustausch **Deutsch-Arabisch.**

h) **Die neuen Deutschkurse fangen an.** Es gibt noch freie Plätze. Jetzt anmelden für das Semester April–September. VHS Freiburg: vhs-freiburg.de oder 0761 22 43 57

g) Lehrmaterialien preiswert abzugeben. Lexika, Atlanten, Schulbücher, Wörterbücher u. v. m. Tel.: 041-553476

Lernwortschatz: die Schule – das Lernen – die Prüfung

Erinnerungen an die Schule

damals = früher: Wie war es damals bei euch?

der Junge: Als kleiner Junge war ich gern in der Schule.

der Schüler/die Schülerin: Wir waren ca. 300 Schüler und Schülerinnen.

das Mädchen: Wir waren nur sechs Mädchen.

die Schuluniform: Wir mussten eine Schul-uniform tragen.

der Kilometer, entfernt (sein): Die Schule war vier Kilometer entfernt.

zahlen: Wir mussten Schulgeld zahlen.

die Schultüte – Hast du am ersten Schultag auch eine Zuckertüte bekommen?

In der Schule

der Unterricht: Er dauert ca. 90 Minuten.

gehören zu: Die Hausaufgaben gehören auch zum Unterricht.

unterrichten: Der Lehrer unterrichtet Sport.

die Turnhalle: Sport haben wir in der Turnhalle.

der Stundenplan: Wann bekommen wir den Stundenplan?

vorstellen: Ich stelle Ihnen den neuen Stundenplan vor.

das Fach: Wir haben viele Fächer: Biologie, Physik, Chemie, Mathematik, Erdkunde, Geschichte ...

das Klassenzimmer – Raum 008

die Klasse: Mein Sohn geht in die 4. Klasse.

die Klassenarbeit (D, CH)[1]: Morgen schreibt mein Sohn eine Klassenarbeit.

der Fehler: Hoffentlich macht er keine Fehler.

die Zensur[2]: Er hat in Deutsch immer gute Zensuren.

die Leistung: Mit seinen guten Leistungen kann er auf das Gymnasium gehen.

1 Schularbeit (A)   2 die Note (A, CH)

der Elternabend

besprechen/das Thema: Auf dem Elternabend besprechen wir viele Themen.

der Konflikt = Streit: Wir müssen über die Konflikte an der Schule sprechen

Lust haben: Aber ich habe keine Lust

die Klassenfahrt (D, CH)[3]: Wohin geht die Klassenfahrt ...

mitgeben: ... und was müssen wir den Kindern mitgeben?

wählen: Wir wählen den Elternbeirat.

das Gesetz: Das Schulgesetz sagt, dass es einen Elternbeirat geben muss.

das Schuljahr: Wie lang ist das Schuljahr?

zusammenarbeiten: Der Elternbeirat arbeitet mit der Schule zusammen.

die Wahl/der Vorschlag: Sie können Vorschläge für die Wahl machen.

der Schultag: Der 17. 4. ist ein Schultag.

3 die Schulsportwoche (A)

nach der Schule

der Schulabschluss: Sie hat einen guten Schulabschluss geschafft.

die Freude: Omas Freude war groß.

die Lehre: Er hat eine Lehre zum Bäcker gemacht.

werden: Sie ist Ärztin geworden.

die Prüfung in der Volkshochschule (VHS)

die Leitung / leiten: Den Kurs leitet Frau Müller. Sie hat die Leitung.

sich vorbereiten: Bereiten Sie sich gut auf die Prüfung vor.

sich kümmern (um): Wir kümmern uns um die Vorbereitung.

der Teil: Die Prüfung hat drei Teile.

die Lösung: Du musst die Lösungen auf den Antwortbogen schreiben.

sich konzentrieren: Wenn ich mich konzentriere ...

bestimmt: ... dann schaffe ich die Prüfung bestimmt.

der Ärger: Wenn Sie in der Prüfung abschreiben, bekommen Sie Ärger.

Tipp
Haben Sie Probleme mit einem Wort? Unterstreichen Sie das Wort und schreiben Sie es oft auf. Sagen Sie es immer wieder laut.

Zu **2** Chaos bei den Silben. Ordnen Sie.

1. höf~~ig~~   _höflich_____

2. selbst~~weilig~~ _____

3. krit~~lich~~   _____

4. ängst~~sam~~   _____

5. orden~~tig~~   _____

6. lang~~lich~~   _____

7. freund~~ständig~~ _____

8. fleiß~~iv~~   _____

9. akt~~lich~~   _____

10. lang~~isch~~   _____

11. vorsicht~~lich~~ _____

Zu **3** Eine Liste machen.
Notieren Sie mindestens fünf Dinge, die sie gut können. Und notieren Sie fünf Dinge, die Sie besser können möchten.

Das kann ich gut ☺	Das möchte ich besser können

Tipp
Kontrollieren Sie Ihre Liste alle zwei Wochen. Vergleichen Sie und ergänzen Sie die Liste.

Zu **4** **1)** Textdetektive.
Lesen Sie den Text auf Seite 67 noch einmal und finden Sie:

a) alle Wörter zum Thema Arbeit und Bewerbung
b) alle Adjektive
c) das längste Wort

 67

2) Was passt zusammen? Verbinden Sie und schreiben Sie die Sätze 2–7 im Perfekt.

1. vor Fehlern
2. Bewerbungen
3. Absagen
4. seine Arbeit
5. seine Zeit
6. auf die Fragen
7. sich bei einer Firma

a) schaffen
b) antworten
c) einteilen
d) schreiben
e) bewerben
f) bekommen
g) Angst haben

Ich hatte Angst vor Fehlern. Ich habe viele Bewerbungen ...

3) Sabine hat mit ihrer Freundin telefoniert. Hören Sie und kreuzen Sie an.

	richtig	falsch	sagt sie nicht
1. Sabine hat mit Erfolg ein Seminar besucht.	☐	☐	☐
2. Sie hat früher immer zu schnell gearbeitet.	☐	☐	☐
3. Sie hat ihren neuen Hosenanzug zum Bewerbungsgespräch angezogen.	☐	☐	☐
4. Sie hat immer noch keinen neuen Job.	☐	☐	☐
5. Sabine und Susanne wollen tanzen gehen.	☐	☐	☐

Zu **8 1) Kreuzen Sie an und schreiben Sie die Sätze aus Haupt- und Nebensatz.**

1. Sie hat die Firma gewechselt. Der Chef war zu streng.

☐ weil　☐ damit　_____

2. Sabine Weiß nimmt an einem Seminar zum Thema Stärken und Schwächen teil. Sie verliert ihre Angst vor Fehlern.

☐ damit　☐ weil　_____

3. Sie kann in einem Bewerbungsgespräch besser sein. Sie kennt ihre Stärken und Schwächen.

☐ wenn　☐ damit　_____

4. Sabine war 38 Jahre alt. Sie hat einen neuen Job gefunden.

☐ als　☐ weil　_____

2) Kreuzen Sie an und verbinden Sie die Sätze.

1. Sabine Weiß ist sehr gründlich. Sie kann ihre Zeit nicht gut einteilen.

☐ aber　☐ denn　_____

2. Susanne Raiber kann mit Sabine feiern. Sabine hat einen neuen Job gefunden.

☐ oder　☐ denn　_____

3. Sabine Weiß arbeitet als Sekretärin. Sie muss sich um ihre Familie kümmern.

☐ und　☐ oder　_____

4. Ihre Kinder bleiben nachmittags im Hort. Die Oma holt die Kinder ab.

☐ oder　☐ denn　_____

3) Fehlerteufel. Was ist denn hier passiert? Lesen Sie den Text, markieren Sie die Verben und korrigieren Sie. Dann schreiben Sie den Text in Ihr Heft.

> habe
> Als ~~habe~~ ich vor einem Jahr einen Sprachkurs gemacht, ich noch nicht gut Deutsch konnte. Ich hatte große Angst vor Fehlern und ich die Leute oft nicht verstanden habe. Ich nicht viel gesprochen habe, weil ich war schüchtern. Dann habe ich jeden Tag etwas auf Deutsch gemacht, damit spreche ich besser Deutsch. Beim Einkaufen ich mit den Verkäuferinnen gesprochen habe oder ich habe mit meinen Nachbarn geredet. Wenn habe ich etwas nicht verstanden, habe ich zu Hause das Wort im Wörterbuch gesucht und gelernt. Das mir hat Spaß gemacht, denn jeden Tag konnte ich ein bisschen besser Deutsch. Jetzt ich spreche schon viel besser, aber muss ich immer noch viel üben.

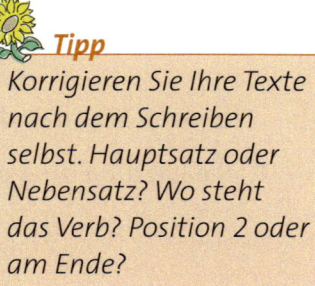

Tipp
Korrigieren Sie Ihre Texte nach dem Schreiben selbst. Hauptsatz oder Nebensatz? Wo steht das Verb? Position 2 oder am Ende?

Zu **9** Lesen Sie und schreiben Sie die Geschichte weiter. Lesen Sie Ihrem/Ihrer Kurspartner/in die Geschichte vor. Korrigieren Sie sie zusammen: Stimmt die Verbposition?

Am Donnerstag bin ich mit dem Zug von Karlsruhe nach Zürich gefahren. In meinem Abteil war ein Mann, der viel arbeitete. Er hatte sein Notebook und sein Handy mit. Die ganze Zeit hat er mit seiner Firma telefoniert. Doch dann hat er einen anderen Anruf bekommen. Ich habe natürlich nur die Hälfte verstanden, aber das Gespräch war trotzdem sehr interessant.

_____ hat ihn angerufen , weil _____

_____ , damit _____

_____ , denn _____

Als das Gespräch beendet war, _____

Wenn er heute Abend in Zürich ist, _____ oder _____

Aber _____

Zu **10** **1)** Genau lesen. Was ist richtig?
Lesen Sie den Text auf Seite 70 noch einmal und kreuzen Sie an. [70]

1. Pavel hat meistens
   a) ☐ zu viel Zeit.
   b) ☐ zu wenig Zeit.
   c) ☐ Langeweile.

2. Er sucht
   a) ☐ die Zeitung.
   b) ☐ seinen Pullover.
   c) ☐ seinen Schlüssel.

3. Am Mittag
   a) ☐ isst er mit seinen Freunden.
   b) ☐ lernt er neue Wörter.
   c) ☐ schläft er eine Stunde.

4. Von wem bekommt er eine E-Mail?
   a) ☐ nur von Pjotr
   b) ☐ nur von Maria
   c) ☐ von Maria und Pjotr

2) Pavels Tag – eine Zusammenfassung. Verbinden Sie und schreiben Sie den Text in Ihr Heft.

1. Pavel kommt zu spät, weil ...
2. Er geht nicht essen, denn ...
3. dann bekommt er Hunger und
4. Als er weiterlernen will,
5. Sie hat ihm Aufgaben geschickt und
6. Danach geht er zum Sport und

a) er geht einkaufen und kocht Spaghetti.
b) bekommt er einen Anruf von Maria.
c) er Zeitung liest und seine Sachen suchen muss.
d) am Abend fühlt er sich schlecht.
e) er will für eine Prüfung lernen, aber ...
f) er liest sie und sitzt zu lange am Computer.

Zu **11** **Zeitangaben. Beschreiben Sie den Tag von Chiara.**
Was glauben Sie: Hat sie Ihre Hausaufgaben gemacht?

Es ist sieben Uhr, der Wecker klingelt, aber Chiara steht ...

Zu 12 Karaoke: Auf der Party. Hören Sie Rolle 1 und sprechen Sie Rolle 2.

Rolle 1: ...
Rolle 2: Hallo, ich weiß nicht. Ich heiße Birte. Woher kennst du denn die Claudia?
Rolle 1: ...
Rolle 2: Ach, das ist ja interessant. Claudia und ich kennen uns aus dem Fitnessstudio.
Manchmal spielen wir auch zusammen Fußball.
Rolle 1: ...
Rolle 2: Mmh, ins Kino gehe ich auch ganz gern, aber am liebsten reise ich.
Letztes Jahr war ich in China.
Rolle 1: ...
Rolle 2: Ich trinke eigentlich lieber Bier. Warte, ich komme einfach mit.

Zu 15 Ergänzen Sie die Fragen. Einmal in der Sie-Form und einmal in der Du-Form.

1. _Heute spielt Frankreich gegen Spanien. Interessieren Sie sich / Interessierst du dich auch für Fußball?_
Ja, sehr. Ich freue mich auf das Spiel Frankreich gegen Spanien.

2. _____? / _____?
Unser Urlaub war wunderbar. Wir hatten nur schönes Wetter.

3. _____? / _____?
Ich kenne Frankfurt sehr gut. Ich lebe schon seit zehn Jahren hier, mir gefällt es gut.
Man kann viel machen, es gibt hier immer tolle Konzerte.

4. _____? / _____?
Nein, leider noch nicht, aber ich habe schon viel über den neuen James Bond-Film gehört.
Vielleicht sehe ich ihn mir am Wochenende an.

5. _____? / _____?
Meinen Kindern geht es gut. Die Große ist im Sommer in die Schule gekommen und
der Kleine in den Kindergarten.

Schreiben Sie weitere Fragen. Ändern Sie nur das Thema.

Interessieren Sie sich auch für Kunst? ...

> **Tipp**
> *Lernen Sie die Fragen aus der Übung auswendig. Sie sind nützlich für Ihren Alltag!*

Prüfungsvorbereitung

Hören, Teil 1
Sie hören 4 Ansagen am Telefon. Zu jedem Text gibt es eine Aufgabe. Ergänzen Sie.

Wann?

1. Petra ruft morgen zwischen _____ noch einmal an.

2. Sie können den Computer morgen ab _____ abholen.

3. Klaus hat morgen um _____ einen Termin beim Zahnarzt.

4. Sabine möchte mit Ihnen morgen zwischen _____ Kaffee trinken.

Lernwortschatz: stark im Kurs und im Beruf, private Gespräche

Starke Typen?

schüchtern: Nina ist schüchtern, sie hat Angst vor Fehlern.

mutig: Chiara ist mutig, sie hat keine Angst.

selbstständig: Ich bin sehr selbstständig, ich brauche keine Hilfe bei der Arbeit.

kritisch: Meine Lehrerin ist kritisch ...

gründlich: ... und korrigiert sehr gründlich.

Jobsuche

das Seminar: Sabine hat ein Seminar zum Thema „Gesprächstraining" gemacht.

nachher: Vorher war sie unsicher, nachher war sie viel selbstbewusster.

der Teilnehmer/die Teilnehmerin: Wir waren 13 Teilnehmer in dem Seminar.

die Bewerbung: Peter hat viele Bewerbungen geschrieben ...

die Absage: ... aber nur Absagen bekommen.

der Ordner: In welchem Ordner liegen die Briefe?

klappen: Dann hat es geklappt, er hat jetzt einen Job.

arbeiten an: Aber ich arbeite an meinen Schwächen.

die Liste: Mach dir eine Liste, damit du nichts vergisst.

Keine Zeit, aber viel zu tun!

reichen: Ist die Milch alle? – Nein, sie reicht bis morgen.

der Artikel: Hast du den Artikel in der Zeitung gelesen?

der Wäschekorb: Im Wäschekorb liegt die Wäsche, die ich noch bügeln muss.

erschöpft: Nach der Arbeit ist sie sehr erschöpft, total müde.

können: Sie kann nicht mehr.

der Zeitplan: Mit einem Zeitplan schaffe ich meine Arbeit besser.

losgehen: Um 8 Uhr gehe ich los.

zu viel auf einmal: Ich habe nie Zeit, ich mache zu viel auf einmal.

Smalltalk

gerade: Im Museum gibt es gerade eine Picasso-Ausstellung.

total = sehr: Ich finde die Ausstellung total langweilig.

die Mode: Wie findest du die neue Mode?

der/die Bekannte: Ich habe eine Bekannte in Köln.

die Bühne: Sie ist Schauspielerin und spielt auf allen Bühnen.

der Schluss: Zum Schluss klatschen die Leute.

Im Kurs

der Kreis: Bildet bitte einen Kreis.

stoppen: Stoppt, wenn ich das Signal gebe.

erschrecken: Als es plötzlich dunkel war, habe ich mich erschrocken.

auswendig lernen: Hast du die Wörter auswendig gelernt?

sich etwas merken: Ich kann sie mir einfach nicht merken.

aussprechen: Pavel hat die neuen Wörter richtig ausgesprochen.

fressen: Tiere fressen, Menschen essen.

 **Tipp**

Lernkarten mit Lücke: Lesen Sie erst das Wort, schauen Sie auf die Rückseite und ergänzen Sie dann den Satz.
Oder andersrum: Lesen Sie den Satz, ergänzen Sie das Wort und kontrollieren Sie mit der Vorderseite.

schüchtern

Nina ist
_____,
sie hat Angst
vor Fehlern

A2 von A bis Z

A mseln. Schreiben Sie zu jeder Amsel einen Satz wie im Beispiel. Nutzen Sie die Wörterliste.

Adam **m**acht **s**einen **E**ltern **l**eckere **N**udeln.

B andwurmgeschichten. Bilden Sie eine Kette.

Wir haben ein Auto.

Unser Auto fährt schnell.

Schnell war es auch kaputt.

C ountdown. Schreiben Sie Wortpaare wie im Beispiel. Nutzen Sie die Wörterliste.

Zehn zentrale Ziele, **neun** neugierige Nachbarn, **acht** aktive Ampeln, **sieben** saubere Sportler, **sechs** schöne Schnecken, **fünf** fleißige Frisöre, **vier** verliebte Vermieter, **drei** dicke Deutsche, **zwei** zufriedene Zahnärzte, **ein** einziger Einwohner

D amit. Schreiben Sie Fragen und Antworten wie im Beispiel.

‹ Warum schläft Max mit Brille?
▌ Damit er seine Träume besser sehen kann.

E selsbrücke. Lesen und lernen Sie sie auswendig. Kennen Sie noch andere?

Von ausbeimit
nach vonseitzu
gehst immmer mit dem Dativ du.

F ragen. Bilden Sie einen Kreis. Ein Spieler/eine Spielerin stellt eine Frage.
Aber die Antwort kommt immer eine Frage zu spät.

Beispiel: ◀ Wie heißt du?   ▮ Ich weiß nicht.
            ◀ Bist du intelligent?   ▮ Vanessa.
            ◀ Wo wohnst du?   ▮ Ja klar!
            ◀ Woher kommst du?   ▮ In der Bahnhofsstraße.
            ◀ ...   ▮ Aus ...

G efühle. Arbeiten Sie zu zweit. Reagieren Sie auf die Aussagen.

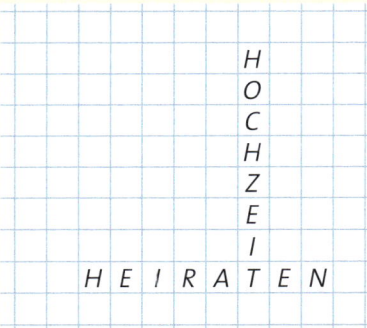

Ich habe die Prüfung bestanden.

Das ist wunderbar. Gratuliere!

Ich habe mir das Bein gebrochen. • Wir haben heute Hochzeitstag. • Ich habe kein Geschenk bekommen. • Mein Sohn ist immer noch nicht von der Schule zurückgekommen. • Mein Nachbar ist ein Idiot!

H ochzeit. Was passt? Ergänzen Sie.

		H				
		O				
		C				
		H				
		Z				
		E				
		I				
H	E	I	R	A	T	E	N

I ndefinita-Rätsel

Wer hört alles und sagt nichts?

Es gibt mehr als 6500 Sprachen und es gibt jemand, der alle kann. Wer ist das?

Was will jeder werden und niemand sein?

Die Antwort sagt Ihnen ein Spiegel: das Ohr das Echo alt

Ja genau! Das war der vierte Band.

J a oder nein? Denken Sie an ein Fest in D A CH. Die anderen raten.

Feiert man das im Frühling?

Ja.

Müssen die Kinder Eier suchen?

Ja.

Ostern?

Ja genau!

K ette. Arbeiten Sie zu dritt.
Welche Gruppe hat in einer Minute die längste Kette?

Spielfilm → Filmabend → Abendessen → Essenszeit

oder einfacher: Roma**n** – **N**ach**t** – **T**a**g** – **G**eheimnis ...

Startwörter:

Mittagspause
Röntgenbild
Hochhaus
Nachtarbeit
Nordeseefischer

L esen üben. Lesen Sie den Text laut vor.

> Mna knan Wröter acuh dnan ncoh leesn, wnen dei Bcuhstbaen vertuascht snid – dsa hbaen Wsisenschfatler hearusgefnuden. Mna brcauht naütrclih ewtas lgäner zmu Leesn udn dre ertse udn lzette Bsuchtabe in lägenren Wtöerrn msus rchitig sien. In jdeem Wrot gbit es Süchlsselubchstbaen, dei witchig snid udn es ist eagl, wo sei steehn. Ist das in Irher Sparche acuh so?

M ontagsmaler zu Medien. Eine/r zeichnet, die anderen raten.

N atur. Zeichnen Sie Wörterbilder.

O der so. Arbeiten Sie zu zweit. Bekleben Sie einen Würfel oder bauen Sie einen Würfel wie im Beispiel.
A sagt einen Satz, B würfelt und ergänzt den Satz.

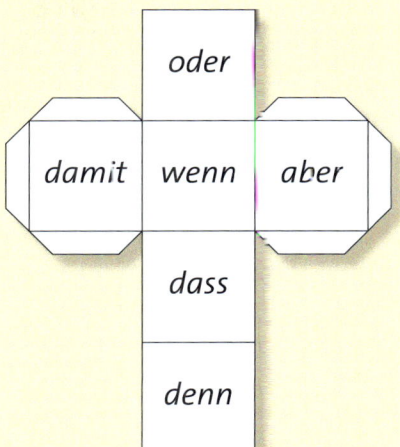

P räteritum. Schreiben Sie aus den Verben (mindestens 8) einen Text im Präteritum.
Das Thema: Sie und das Jahr 2001.

haben • sein • wollen • müssen • können • arbeiten •
bleiben • kommen • leben • gehen • geben

2001 wollte ich ...

Q uiz zu *Ja genau!* A2.
Vier Gruppen. Wählen Sie eine Gruppe aus und blättern Sie durch das Buch. Schreiben Sie zusammen vier Quiz-Fragen zu Ihrem Thema. Danach stellt jede Gruppe den anderen Gruppen Ihre Fragen. Für jede richtige Antwort gibt es einen Punkt. Welche Gruppe gewinnt?

Beispiele:

Was sagst du, wenn du ...	Grammatik
über eine Hochzeit sprichst?	*Wie ist das Präteritum von „ich gehe"?*

Wörter	über D A CH
Welche Verben passen zu „Computer"?	*Wie heißt das Meer im Norden?*

R ätsel. Eine(r) geht raus.
a) Lesen Sie und lösen Sie gemeinsam im Kurs das Rätsel.

Rainer Ranzio mag die Natur, aber die Stadt und das Land mag er nicht. Er mag das Meer, aber keine Flüsse und Seen. Er liebt Häuser, aber Geschäfte liebt er nicht. Er fährt gern Fahrrad, aber U-Bahn fährt er nicht. Zu Fuß gehen mag er auch nicht. Tiere findet er toll, aber Pflanzen nicht. Warum?

b) Der/Die Partner/in, der/die draußen war, kommt rein. Lesen Sie vor und geben Sie ihm/ihr Tipps zur Lösung.

Er mag nur Wörter mit r.

c) Wählen Sie ein Thema aus und schreiben Sie ein Rätsel.

Lebensmittel • Kleidung • Wohnung • Menschen • Schule

Ja genau! Das war der vierte Band.

S ätze finden. Machen Sie eine Hörcollage. Die anderen stellen den Satz.

Zwei gehen raus. Die anderen denken sich in 4-er Gruppen einen Satz aus Haupt- und Nebensatz aus. Zerschneiden Sie den Satz in vier Teile. Jede/r aus der Gruppe geht herum und spricht einen Teil. Die zwei kommen herein und stellen die Sprecher/innen in die richtige Reihenfolge.

weil ich weil ich

Ich gehe Ich gehe

früh schlafen früh schlafen

müde bin müde bin

T exte korrigieren. Was schreibt man groß? Korrigieren Sie den Text und notieren Sie jeden großen Buchstaben. Wie heißt die Lösung?

Hallo werner,

ich grüße dich aus insbruck. reisen ist toll, denn ich sehe schöne landschaften, esse leckeres essen, habe eine interessante reiseleitung und bin oft in der wunderschönen natur. es ist super. natürlich muss ich mir so allein machmal mut machen, aber es gibt viele internetcafés und ich kann oft mit tanja sprechen. jeder abschied ist schwer. gut, dass die einwohner überall sehr freundlich sind und ich habe schon viele namen und adressen gesammelt. und was machst du so?

Jacob

Lösung: ☐☐☐ ☐☐☐☐☐☐ ☐☐☐ ☐☐ ☐☐☐☐☐

U n-ordentlich.
Oft, aber nicht immer mit *-un*. Ergänzen Sie das Gegenteil.

frech	*lieb*	höflich	_____	schüchtern	_____
ehrlich	_____	fleißig	_____	bekannt	_____
glücklich	_____	abhängig	_____	langweilig	_____
traurig	_____	pünktlich	_____	langsam	_____

Vorsätze für das neue Jahr. Viele Menschen überlegen zum Jahreswechsel, was sie im nächsten Jahr besser machen wollen. Haben Sie auch gute Vorsätze?

Ich möchte im nächsten Jahr meine Eltern öfter anrufen.

Ich sollte mit dem Rauchen aufhören.

Ich will weniger/ mehr arbeiten.

Ich will ...

 Welcher, welches, welche – Rätsel

Welcher Monat hat 28 Tage?
Welche Frage kann man nie mit „ja" beantworten?
Welches Brot kann man morgens nicht essen?
In welchem Monat isst man am wenigsten?

Jeder
Schläfst du?
Abendbrot
Im Februar

 EXtra interessante Geschichten. Lesen Sie und erzählen Sie sie Freunden und Bekannten.

Schönwetter-Kontaktlinsen

Es regnet und regnet und viele Menschen haben schlechte Laune. Deshalb hat der Schweizer Kontaktlinsenhersteller „Guatguggä" aus Basel Linsen entwickelt, die je nach Wetterlage eine andere Farbe bekommen. Wenn das Wetter sehr schlecht ist, kann man durch die Linse alles viel heller und freundlicher sehen. Die Linsen sind aber noch nicht auf dem Markt.

Zum Heulen

Das Lachen gesund ist, wissen alle. Jetzt gibt es in Italien aber auch Heulclubs. Einmal in der Woche treffen sich die 450 Mitglieder zum Weinen. Denn das ist auch gesund. Wissenschaftler haben festgestellt, dass Menschen, die in der Woche zwei bis drei Stunden weinen, weniger Allergien haben und nicht so oft krank sind.

Ja genau! Das war der vierte Band.

 Das Telefonat. Setzen Sie sich mit Ihrem Partner/ Ihrer Partnerin Rücken an Rücken und spielen Sie ein typisches Telefonat.

Wo bist du gerade? Ich sitze gerade in der U-Bahn /
in der Badewanne. / Ich bin bei der Arbeit / im Kino ...
Ich bin gleich da / im Büro / zu Hause.
Das ist aber eine Überraschung! / Schön, dass du dich meldest.
Du hast dich aber lange nicht gemeldet.
Wie geht es dir / deiner Familie? / deinem/deiner ...
Danke gut. / Nicht so gut. Meine Mutter / Meine Frau / Mein Mann / Mein(e) ...
Was machst du so?
Ich arbeite (leider nicht). / Ich bin viel zu Hause. / Ich gehe oft ...
Ich war im Urlaub ...
Ich muss Schluss machen. Ich rufe dich später nochmal an.
Danke für den Anruf.

Z um Schluss – ein Lied.

31

Wir lernten Deutsch die ganze Zeit
in unsrem Kurs so gerne
oh, wie schwer es war,
oh, wie schwer es war
so schwer, aber wunderbar.

Manche Sätze war'n sehr lang
mit *ob, dass, aber,* auch *damit*
oh, wie schwer es war ...

Computer, Feste, Mensch und Land
alles das war The–ema
oh, wie schwer es war ...

Wir lernten Deutsch mit viel Elan
jetzt können wir zur Prüfung fahr'n
Ja, wir können's jetzt
Ja, wir können's jetzt
Ja, wir können's jetzt zum Glück.

Partnerspiel

Partnerseite zu Einheit 9, Aufgabe 13. 21

13 Gesundheitstest: Wie fit ist Ihr Rücken?
a) Rechnen Sie die Punkte zusammen. Lesen Sie Ihrem/Ihrer Partner/in das Ergebnis vor.

	oft	häufig	selten	nie	Meine Punktzahl
1.	3	2	1	0	_____
2.	3	2	1	0	_____
3.	3	2	1	0	_____
4.	3	2	1	0	_____
5.	0	1	2	3	_____
6.	0	1	2	3	_____
7.	0	1	2	3	_____

6–8 Punkte:	Herzlichen Glückwunsch, Ihrem Rücken geht es gut!
10–13 Punkte:	Vorsicht! Sie sollten Ihren Alltag rückenfreundlicher machen, bewegen Sie sich mehr und entspannen Sie sich häufiger.
14–21 Punkte:	Oh je, Ihr armer Rücken, sie sollten unbedingt etwas für ihn tun!

b) Geben Sie Ihrem/Ihrer Partner/in Tipps.

Du solltest öfter die Treppe nehmen.

Schulsysteme in D A CH

Einheit 13, Aufgabe 4. 57

a) Dreimal Schule. Sehen Sie sich die Grafiken an. Lesen Sie die Texte und ordnen Sie die Schulformen zu. Dann entscheiden Sie: Aus welchem Land ist die Person?

1. a) Maturitätsschule
   b) Sekundarstufe I
   c) Universität
   d) Primarschule

Peter ist zuerst vier Jahre in die ☐ gegangen, dann hat er wie alle Kinder die ☐ besucht und mit 15 ist er auf die ☐ gekommen. Heute studiert er an der ☐.

Das ist in _____.

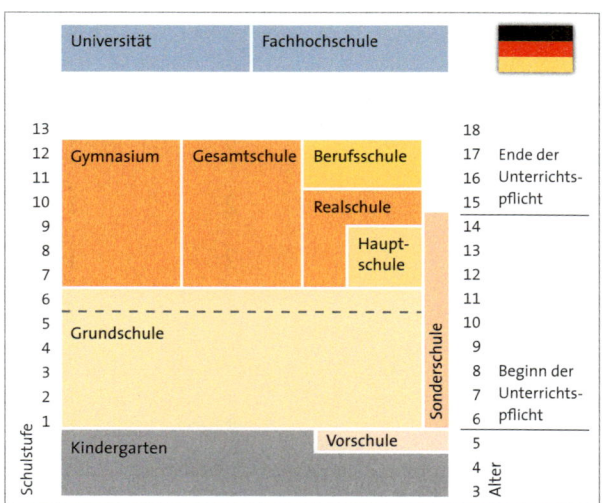

2. a) Grundschule
   b) Realschule
   c) Kindergarten
   d) Berufsschule

Lena war drei Jahre im ☐. Mit sechs kam sie in die ☐, dann hat sie die ☐ besucht und mit 15 hat sie eine Lehre gemacht und ist zur ☐ gegangen.

Das ist in _____.

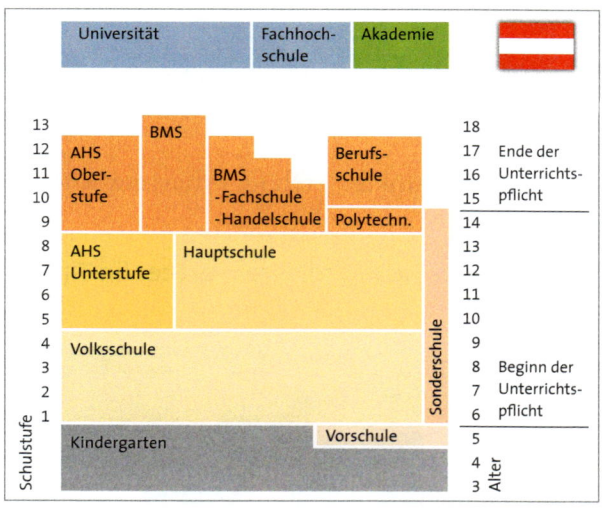

3. a) Hauptschule
   b) BMS
   c) Volksschule
   d) Fachhochschule

Naomi ist mit sechs in die ☐ gekommen. Sie hatte nicht so gute Zensuren und ging danach auf die ☐. Aber danach hat sie an der ☐ ihre Matura gemacht und studiert jetzt an der ☐.

Das ist in _____.

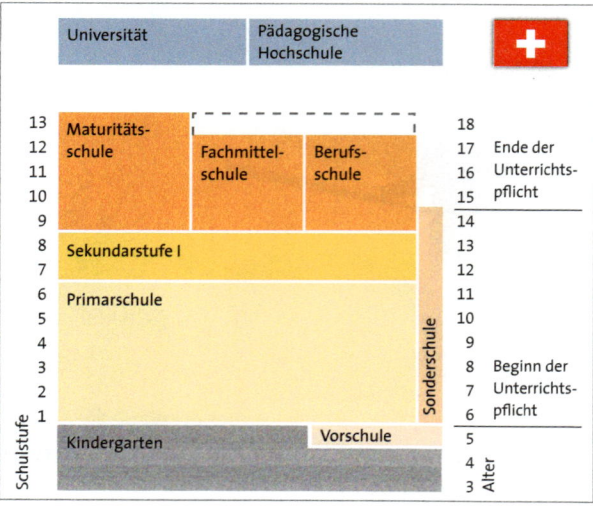

b) Deutschland, Österreich oder die Schweiz? Wählen Sie ein Land aus und ergänzen Sie.

Berufsschule • Bundesland • Deutschland • Gesamtschule • Grundschule • Gymnasium • Realschule

In _____[1] ist das Schul- und Bildungssystem in jedem _____[2] etwas anders. Alle Kinder kommen mit ca. 6 Jahren in die _____[3] die in der Regel 4, in manchen Bundesländern auch 6 Jahre dauert. Danach hängt es von ihren Leistungen ab, ob die Kinder auf die Hauptschule, auf die _____[4] oder auf das Gymnasium gehen. Eine Alternative zu diesem dreigliedrigen System ist die _____[5] oder auch eine Regionalschule, die die Haupt- und Realschule zusammenlegt. Die Hauptschule geht mindestens bis zum 9. Schuljahr, aber die meisten Schüler machen den erweiterten Hauptschulabschluss nach der 10. Klasse. Auch die Realschule geht bis zur 10. Klasse. Danach können die Jugendlichen eine Lehre machen, das heißt, sie arbeiten 3 Tage in der Woche in einer Firma und die anderen 2 Tage gehen sie in die _____[6]. Sei können auch zu einem _____[7] oder einer Gesamtschule wechseln und in zwei Jahren das Abitur machen. Danach können Sie an einer Universität oder Fachhochschule studieren.

Fachmittelschule • Kanton • Maturität • Sekundarstufe I • Schweiz • Primarschule • Universität

In der _____[1] ist das Schul- und Bildungssystem in jedem _____[2] etwas anders. Alle Kinder kommen mit ca. 6 Jahren in die _____[3], die in der Regel 6 Jahre dauert. Nach der Primarschule gehen sie 3 Jahre lang in die _____[4]. Die Unterrichtssprache ist, je nach Region, Deutsch, Französisch, Italienisch oder Rätoromanisch. Nach der Sekundarstufe I lernen 90 % der Jugendlichen weiter. Sie machen eine Lehre, das heißt, sie arbeiten 3–4 Tage in der Woche in einer Firma und an den anderen Tagen besuchen sie die Schule. Oder sie besuchen eine _____[5] (berufliche Maturität) oder eine Maturitätsschule. Alle Jugendlichen machen zwischen 18 und 19 Jahren ihren Abschluss. Sie können jetzt direkt in den Beruf starten oder – mit einer beruflichen oder gymnasialen _____[6] an der Fachhochschule oder _____[7] studieren.

AHS-Oberstufe • Akademie • BMS • Matura • Österreich • Polytechnikum • Volksschule • zentral

In _____[1] ist das Schul- und Bildungssystem _____[2] organisiert, das heißt, es ist überall gleich. Alle Kinder kommen mit mit 6 Jahren in die _____[3], die 4 Jahre dauert. Danach haben die Kinder die Wahl zwischen der Hauptschule und der AHS-(Allgemeinbildende Höhere Schule)-Unterstufe. Dort schließt nach vier Jahren die _____[4] an, die man auch Gymnasium nennt. Dort kann man nach weiteren vier Jahren die _____[5] machen. Viele Schülerinnen und Schüler besuchen aber nur die Unterstufe und wechseln dann in eine andere Schule, zum Beispiel auf das _____[6]. Es dauert nur ein Jahr und bereitet auf das Berufsleben vor. Danach kann man dann noch 3 Jahre die Berufsschule oder die _____[7] (Berufsbildende mittlere Schule) bzw. die BHS (Berufsbildende Höhere Schule) besuchen. Die Berufsschule endet ohne Matura, die BMS mit Matura oder einer Diplomprüfung. Mit diesen Abschlüssen kann man dann an der Universität, an der Fachhochschule oder an einer _____[8] studieren.

c) Suchen Sie sich einen/eine Partner/in mit einem anderen Text. Fragen und antworten Sie im Wechsel.

Partnerspiel

Partnerseite zu Einheit 13, Aufgabe 8. Seite für Spieler/in A.

Der erste Schultag. Die vier Kinder *Aron, Nora, Lilli* und *Jonas* kommen heute in die Schule. Die Verwandten kommen und bringen Geschenke mit. Wer schenkt wem was?

1. **Sie sind A. Fragen Sie wie im Beispiel.**
   Schreiben Sie die Antwort in das richtige Feld.

> *Was bekommt Aron von seiner Oma?*

	Aron	Nora	Lilli	Jonas
Oma	_____	einen Radiergummi	_____	ein Buch
Onkel	ein Spiel	_____	einen Rucksack	_____
Tante	_____	eine Tafel Schokolade	_____	eine Federmappe
Opa	5 Euro	_____	eine Heftmappe	_____
Eltern	_____	ein Tagebuch	_____	einen Hamster

2. **Dann fragt B Sie. Antworten Sie wie im Beispiel.**

> *Nora bekommt von ihrer Oma einen Radiergummi.*

Partnerspiel

Partnerseite zu Einheit 13, Aufgabe 8. Seite für Spieler/in B.

Der erste Schultag. Die vier Kinder *Aron, Nora, Lilli* und *Jonas* kommen heute in die Schule. Die Verwandten kommen und bringen Geschenke mit. Wer schenkt wem was?

1. **Sie sind B. Sie sehen, was Aron bekommt. A fragt Sie. Antworten Sie wie im Beispiel.**

Aron bekommt von seiner Oma Bonbons

	Aron	Nora	Lilli	Jonas
Oma	Bonbons 	____	Stifte	____
Onkel	____	einen Fußball	____	10 Euro
Tante	einen Kuss	____	ein T-Shirt	____
Opa	____	 einen Teddy	____	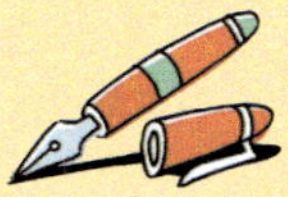 einen Füller
Eltern	eine Jeans	____	eine Schultasche	____

2. **Jetzt fragen Sie A wie im Beispiel. Schreiben Sie die Antwort in das richtige Feld.**

Was bekommt Nora von ihrer Oma?

Modelltest Start Deutsch 2

Wenn Sie die Bände A2.1 und A2.2 von *Ja genau!* durchgearbeitet haben, können Sie mit der Prüfung „Start Deutsch 2" nachweisen, dass Sie sich auf einfache Weise auf Deutsch verständigen können und dass Sie die Niveaustufe A2 des Gemeinsamen europäischen Referenzrahmens erreicht haben. Der Test hat vier Teile: Hören, Lesen, Schreiben und Sprechen. So sehen die ersten drei Teile aus:

Hören (ca. 15 Minuten)

Teil 1: Telefonansagen
Sie hören fünf Nachrichten von einer Mailbox. Es sind berufliche und private Texte. Sie hören jeden Text zweimal und ergänzen die Information, die auf dem Prüfungsblatt fehlt.

Teil 2: Öffentliche Ansagen
Sie hören fünf kurze öffentliche Ansagen (Radio, Bahnhof, Kaufhaus oder ähnliches). Zu jeder Ansage gibt es drei Aussagen (a, b und c). Sie hören jeden Text nur einmal und kreuzen die richtige Aussage an.

Teil 3: Gespräch
Sie hören ein kurzes Gespräch zwischen zwei Personen. Es gibt fünf Aufgaben. Sie hören den Text zweimal und ordnen die richtige Information den fünf Aufgaben zu.

Lesen (20 Minuten)

Teil 1: Listen / Inhaltsangaben
Sie lesen eine Liste mit Informationen. Fünf Aufgaben beschreiben eine Situation. Zu jeder Situation gibt es drei Informationen aus der Liste (a, b und c). Sie kreuzen die richtige Information an.

Teil 2: Zeitungsmeldung
Sie lesen einen Zeitungstext und fünf Aussagen über diesen Text. Sie entscheiden, ob die Aussagen richtig oder falsch sind.

Teil 3: Kleinanzeigen
Sie lesen acht Kleinanzeigen. Fünf Aufgaben beschreiben eine Situation. Sie ordnen jeder Situation die passende Anzeige zu. Für eine Situation gibt es keine passende Anzeige, hier schreiben Sie ein X.

Schreiben (30 Minuten)

Teil 1: Formulare
Sie füllen ein Formular aus.

Teil 2: Kurzmitteilung
Sie lesen einen kurzen Text, der die Situation beschreibt. Zum Beispiel heiratet eine Freundin und hat Sie zur Hochzeit eingeladen. Es gibt vier Punkte. Sie wählen drei aus und schreiben eine Antwort. Schreiben Sie mindestens 40 Wörter.

Hören

Teil 1

Sie hören fünf Ansagen am Handy. Zu jedem Text gibt es eine Aufgabe. Ergänzen Sie die Notizen. Sie hören jeden Text zweimal.

0. *Beispiel:*

Mailbox; Nachrichten abhören

Welche Nummer?

die 1

1.

Handyladen, Herr Tröger

Vorwahl: 0911, Rufnummer:

2.

Treffen Optimal

neuer Termin, wann?

3.

Eva

Auslandsgespräch, wie viel?

4.

Peter, Geburtstagparty

Was mitbringen?

5.

Nettomarkt

Führerschein abholen, wo?

Teil 2

Sie hören fünf Ansagen in einem Einkaufszentrum. Zu jedem Text gibt es eine Aufgabe. Kreuzen Sie an: a, b oder c. Sie hören jeden Text nur einmal.

0. Wo kann man nach dem Schlüssel fragen?
   a) [x] bei der Information.
   b) [ ] bei der Polizei.
   c) [ ] bei der Verkäuferin.

6. Die Modenschau beginnt um
   a) [ ] 11 und 15 Uhr.
   b) [ ] 12 und 16 Uhr.
   c) [ ] 11 und 13 Uhr.

7. Warum muss der Besitzer das Auto wegfahren?
   a) [ ] Ein Lkw kann nicht liefern.
   b) [ ] Die Feuerwehr kann nicht kommen.
   c) [ ] Das Auto hat noch Licht an.

8. Wo finden die Kinder den Osterhasen?
   a) [ ] Im Obergeschoss.
   b) [ ] Im Untergeschoss.
   c) [ ] Im Erdgeschoss.

9. Auf wen wartet Kevin?
   a) [ ] Auf seine Mutter.
   b) [ ] Auf seine Großmutter.
   c) [ ] Auf seinen Opa.

10. Das Wetter von morgen:
    a) [ ] Es gibt Wolken.
    b) [ ] Es regnet.
    c) [ ] Die Sonne scheint.

Teil 3

Ein Straßenfest. Sie hören ein Gespräch. Zu diesem Gespräch gibt es 5 Aufgaben. Ordnen Sie zu und notieren Sie den Buchstaben. Sie hören den Text zweimal.

0.	11:00 Uhr	e
11.	12:00 Uhr	☐
12.	14:00 Uhr	☐
13.	15:30 Uhr	☐
14.	17:00 Uhr	☐
15.	18:00 Uhr	☐

a) Kinder schminken
b) essen gehen
c) Eier suchen
d) ins Museum gehen
e) eine Bootsfahrt machen
f) ins Theater gehen
g) Sambakurs machen
h) zum Konzert gehen
i) beim Kinderkarneval mitmachen

LESEN

Teil 1

Sie sind mit Ihrer Familie auf der Spielwarenmesse in Nürnberg. Lesen Sie die Aufgaben 1–5 und die Informationstafel zur Messe. Finden Sie für jeden etwas. Kreuzen Sie an: a, b oder c.

Halle A
Modellbau | Hobby | Modelleisenbahn | Zubehör

Halle B
Technisches Spielzeug | Multimedia | Restaurant

Halle C
Puppen | Plüschtiere | Baby- und Kleinkindartikel

Halle D
Spiele | Bücher | Lernen und Experimentieren | SpieleCafé

Halle E
Sport | Freizeit-Outdoor | Geschenkartikel-Bühne

Halle F
Schulbedarf | Schreibwaren | Fest- und Trendartikel | Karneval

0. *Beispiel:* Ihre Mutter möchte gern für ihre Enkelin eine Puppe kaufen.
   a) ☐ Halle A
   b) ☐ Halle F
   c) ☒ Halle C

1. Tim verkleidet sich gern. Er sucht Kostüme.
   a) ☐ Halle B
   b) ☐ andere Halle
   c) ☐ Halle F

2. Susanne hat nach 2 Stunden auf
   der Messe Hunger.
   a) ☐ Halle E
   b) ☐ Halle B
   c) ☐ andere Halle

3. Peter interessiert sich für
   Computerspiele.
   a) ☐ Halle F
   b) ☐ Halle E
   c) ☐ andere Halle

4. Eva bekommt im Sommer ein Baby. Sie
   möchte sich informieren.
   a) ☐ Halle C
   b) ☐ Halle D
   c) ☐ andere Halle

5. Klaus wird im Sommer 40 Jahre. Er plant
   ein großes Fest.
   a) ☐ andere Halle
   b) ☐ Halle F
   c) ☐ Halle A

Teil 2
Lesen Sie den Text und die Aufgaben 6–10. Sind die Aussagen richtig oder falsch?
Kreuzen Sie an.

0. *Beispiel:* Die Deutschen trinken ca. 120 Liter Wasser pro Tag.   **RICHTIG**   ~~**FALSCH**~~

6. Die Deutschen trinken mehr Kaffee als Bier.   **RICHTIG**   **FALSCH**

7. Essen ist heute billig.   **RICHTIG**   **FALSCH**

8. 2009 haben die Deutschen mehr für Lebensmittel
   ausgegeben als im Jahr 2000.   **RICHTIG**   **FALSCH**

9. 1950 waren es noch 50 % der Haushaltskasse.   **RICHTIG**   **FALSCH**

10. Die Deutschen geben in Europa am meisten für
    Lebensmittel aus.   **RICHTIG**   **FALSCH**

Was ist uns unser Essen wert?

Jeder Deutsche verbraucht durchschnittlich ca. 120 Liter Trinkwasser am Tag und pro
Jahr fast 16 Kilogramm Fisch und knapp 40 Kilogramm Tiefkühlkost. Der Deutsche
trinkt 150 Liter Kaffee und 110 Liter Bier im Jahr. Diese Liste lässt sich immer weiter
fortsetzen und macht sehr deutlich, welche Mengen wir konsumieren.
Essen war in Deutschland nie so billig wie heute. Wenn man die Pro-Kopf-Ausgaben für
Lebensmittel in Deutschland im Jahr 2000 und 2009 vergleicht, dann haben wir 2009
2,5 Prozent weniger für Essen ausgegeben als noch im Jahr 2000. Wie die Süddeutsche
Zeitung schreibt, gibt ein deutscher Haushalt nur noch 12 Prozent von der Haushaltskasse für Lebensmittel aus. Nach dem Zweiten Weltkrieg waren es noch 50 Prozent.
Es ist doch erstaunlich, dass wir im europäischen Vergleich am wenigsten für unsere
Ernährung ausgeben, aber sehr gut verdienen. Sagt das etwas über unsere Einstellung
zu Lebensmitteln, Gesundheit und Wohlbefinden aus? Entscheiden Sie selbst bei Ihrem
nächsten Einkauf!

LESEN

Teil 3

Lesen Sie die Anzeigen a–h und die Aufgaben 11–15. Welche Anzeige passt zu welcher Situation? Für eine Aufgabe gibt es keine Lösung. Schreiben Sie hier ein X.

0. [h] Sie möchten für das Wochenende ein Auto mieten. Sie können den Wagen erst am Montag zurückgeben.

11. [ ] Für Ihre Hochzeit suchen Sie noch einen schönen Ort zum Feiern mit Platz für 80 Gäste.

12. [ ] Sie möchten ein großes Haus auf dem Land mit viel Platz zum Spielen mieten.

13. [ ] Sie möchten Ihr altes Motorrad verkaufen, weil Sie in zwei Wochen ein neues bekommen.

14. [ ] Sie möchten etwas für Ihre Gesundheit tun, aber sie möchten nicht alleine joggen. Sie haben nur in den frühen Abendstunden Zeit.

15. [ ] Ihr Computer ist kaputt. Sie brauchen dringend jemanden, der Ihren Computer repariert.

a) **Für die junge Familie.** Altes Bauernhaus auf dem Land. 230 m² mit großem Grundstück und Scheune. Verkehrsgünstige Lage. Miete: 700 € + Nebenkosten. Frei ab sofort. www.kalaydo.de, Anzeigen-Nummer: 03542

b) **Aktionstage bei Blitz-Autovermietung.** Mieten Sie einen VW-Golf für ein ganzes Wochenende für nur 80 Euro. Rückgabe bis spätestens So, 20 Uhr. Nur im August, Reservierung unter www.autoblitz.de

c) Suchen Menschen, die mit uns fit in den Frühling starten wollen. Wer hat Lust zum gemeinsamen Joggen? Sportlicher Lauftreff, zweimal pro Woche (Mo, Do) abends ab 18:00 Uhr. Treffpunkt: Grüneburgpark am Schönhof-Pavillon. *Komm und lauf mit!*

d) **S.O.S Computerhilfe.** Streikt Ihr Computer? Festplatte kaputt? Schnelle, preiswerte Soforthilfe von Computer-spezialisten. Einfach unter **www.sos-computerhilfe.de** weitere Infos anfordern oder mobil unter 0160 27 22 72.

e) Romantische, große, helle Villa mit großem Garten, Spielplatz und Tanzsaal für Feiern zu mieten. Maximal 100 Personen. Catering möglich. Hotels und Pensionen in der Nähe. Weitere Infos und Fotos unter **www.feiervilla.de**

f) **Verkaufe altes Motorrad, guter Zustand.** Farbe: schwarz, 87 KW, 25000 km, Baujahr 2005, unfallfrei. VB 4500 €. Weitere Infos unter 0151 323 23 23 (täglich nach 18:00 Uhr).

g) Nie wieder müde. Trainieren Sie mit uns, tun Sie etwas für Ihre Gesundheit. Modernes Fitness-studio mit tollen Cardiogeräten und vielen Kurs-angeboten (Step Aerobic, Pilates, Yoga, Spinning) in neuen, modernen Räumen. Kommen Sie zu unserem Tag der offenen Tür am Sonntag ab 10:00 Uhr. Wo? Waldstr. 48 in Steinbach.

h) **Autovermietung Müller** Versch. Modelle, ab 30 Euro/Tag. Abholen von 8:00–18:00 Uhr, 24 h Rückgabe.

Schreiben

Teil 1
Ein Bestellformular im Internet ausfüllen

Ihre spanische Freundin möchte im Internet einen MP3-Player bestellen. Sie möchte eine Express-Lieferung. Helfen Sie ihr bei der Bestellung und füllen Sie das Formular aus.

Carmen Ruíz Rosa

Tanzlehrerin

Hainstraße 12 | 65760 Eschborn
Tel. 06173 933933
E-Mail Carmen.rosas@hoo.es

BANCO DE SEVILLA
Visacard

Carmen Ruíz Rosa

Nr. 3357 6789 1234
Gültig von 03/2009 bis 03/2013

Artikel: MP3-Player von Suny

Rechnungs- und Lieferadresse

Anrede	
Vorname	
Nachname	**Ruíz Rosa**
Straße	
Hausnummer	**12**
Postleitzahl	
Ort	
Land	**Deutschland**
Telefon	
E-Mail	
Zahlungsart	**Kreditkarte**
Kreditkartennummer	
gültig bis	

Versandart   Standard-Versand ☐   Express-Versand ☐

Schreiben

Teil 2

Sie haben im Deutschkurs Peter kennen gelernt. Er schreibt Ihnen in einer E-Mail, dass er einen Computerkurs machen möchte. Er fragt, ob Sie diesen Computerkurs mitmachen wollen. Hier finden Sie vier Punkte. Wählen Sie drei aus. Schreiben Sie zu jedem Punkt ein bis zwei Sätze. Vergessen Sie nicht den passenden Anfang und Schluss (ca. 40 Wörter).

Dauer	Preis	Ort	Spezielles Angebot im Computerkurs

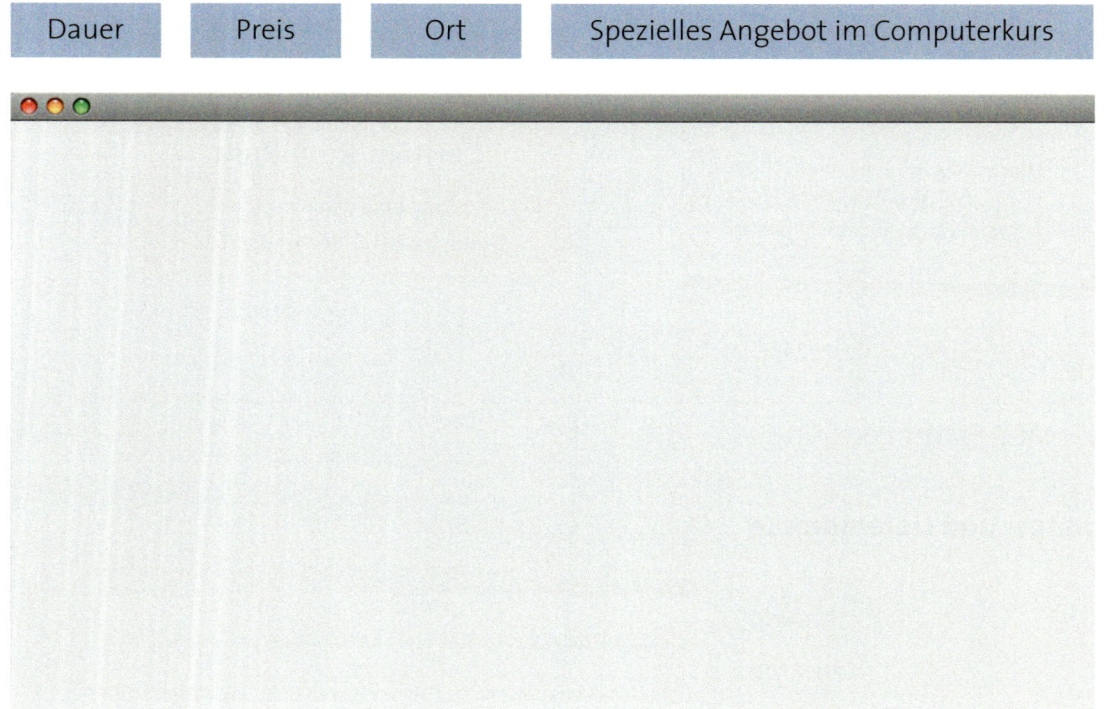

Sprechen

Teil 1
Sich vorstellen. Bitte erzählen Sie etwas über Ihre Person.

Name? • Alter? • Land? • Wohnort? • Sprachen? • Beruf? • Hobby?

Teil 2
Ein Alltagsgespräch führen

Thema: Gesundheit — Sind Sie ...?

Thema: Gesundheit — Wie lange ...?

Thema: Gesundheit — Welche Schmerzen ...?

Thema: Gesundheit — Medikamente ...?

Thema: Arbeit — Wann ...?

Thema: Arbeit — Warum ...?

Thema: Arbeit — Wie lange ...?

Thema: Arbeit — Wo ...?

Teil 3
Etwas aushandeln.
Sie wollen zusammen für eine Kursfeier einkaufen gehen. Sie haben jeder einen
Terminkalender. Stellen Sie Fragen, machen Sie Vorschläge und finden Sie einen Termin.

Kandidat A

Freitag, 17. Juni

Uhrzeit	
7:00	
8:00	
9:00	aufstehen
10:00	Sofa kommt
11:00	für Oma einkaufen
12:00	
13:00	Essen bei Simay
14:00	lernen
15:00	
16:00	
17:00	
18:00	
19:00	Fitness-Studio
20:00	

Kandidat B

Freitag, 17. Juni

Uhrzeit	
7:00	
8:00	
9:00	
10:00	
11:00	Job bei AVANTI
12:00	
13:00	Mittagspause mit Tom
14:00	
15:00	Zahnarzt
16:00	
17:00	
18:00	
19:00	
20:00	Kino mit Rafa

Grammatik kompakt

Verben

Reflexive Verben

‹ Freust du **dich** auch auf den Sommer?

▌ Ja, im Winter langweile ich **mich** oft.

Einige Verben brauchen immer ein Reflexivpronomen:
sich ausruhen, sich ärgern (über), sich freuen (über/auf), sich langweilen,
sich interessieren (für), sich unterhalten, ...
Die Reflexivpronomen finden Sie auf Seite 143 .

freu·en; *freute, hat gefreut;* Vr **1 sich (über etw.**
(Akk)) *f.* wegen etw. ein Gefühl der Freude emp-
finden ⟨sich sehr, ehrlich, riesig f.⟩: *sich über ein Ge-*
schenk, e-n Anruf f.; Ich habe mich sehr darüber ge-
freut, dass wir uns endlich kennen gelernt haben; Ich
freue mich, Sie wieder zu sehen **2 sich auf j-n / etw.**
f. j-s Ankunft, Besuch *o.Ä.* / ein bestimmtes Ereig-
nis mit Spannung u. Freude erwarten: *sich auf den*
Urlaub f.; Ich freue mich schon ...

Viele Verben kann man reflexiv benutzen.
Sich selbst oder andere:

Claudia schminkt sich.

Claudia schminkt ihren Sohn.

(sich) schminken, (sich) waschen, (sich) duschen, (sich) anziehen, (sich) rasieren, ...

Ratschläge geben mit *sollte*

ich	soll**te**
du	soll**test**
er, sie, es	soll**te**
wir	soll**ten**
ihr	soll**tet**
sie/Sie	soll**ten**

öfters zum Arzt gehen.

Ich bin so kaputt.

Du solltest dich öfter ausruhen.

Imperativ

Präsens	Du-Form Singular	Plural: ihr
~~du~~ kommst / ~~ihr~~ kommt	Komm doch rein!	Kommt doch rein!
~~du~~ sprichst / ~~ihr~~ sprecht	Sprich leise!	Sprecht leise!
~~du~~ fährst / ~~ihr~~ fahrt	Fahr langsamer, bitte!	Fahrt jetzt los!

aber:
~~du~~ bist / ~~ihr~~ seid   Sei lustig!   Seid lustig!

> *Sie-Form wie der Infinitiv:*
> *Kommen Sie doch bittte rein!*

Erste Präteritumformen

2008 lebte ich in Hamburg und arbeitete bis zu meinem Umzug bei der Firma Müller.
Der Bus kam wie immer zu spät.
Gestern gab es mein Lieblingsessen in der Kantine.

	regelmäßig	
Infinitiv	arbeiten	leben
ich = er/sie/es	arbeitete	lebte

> **Tipp**
> *Im Präteritum*
> *1. Person = 3. Person*
> *ich lebte ➤ er/sie/es lebte*
> *ich ging ➤ er/sie/es ging*

	unregelmäßig			
Infinitiv	bleiben	kommen	geben	wissen
	blieb	kam	gab	wusste

Modalverben im Präteritum

Ich **wollte** immer ans Meer fahren, aber ich **konnte** nicht. Wir hatten kein Geld.

‹ **Durftest** du auf der Straße spielen?

❙ Klar, aber wir **mussten** um sechs Uhr zu Hause sein.

Infinitiv		**wollen**	**können**	**dürfen**	**müssen**
Singular	ich	wollte	konnte	durfte	musste
	du	wolltest	konntest	durftest	musstest
	er/sie/es	wollte	konnte	durfte	musste
Plural	wir	wollten	konnten	durften	mussten
	ihr	wolltet	konntet	durftet	musstet
	sie/Sie	wollten	konnten	durften	mussten

Grammatik kompakt

Adjektive

Das Adjektiv kann hinter dem Verb (prädikativ) oder vor dem Nomen (attributiv) stehen:

Das Haus ist groß.

Das ist ein großes Haus!

Das Nomen kann den bestimmten (*der das die*), einen unbestimmten (*ein, eine*), oder keinen Artikel (= Nullartikel) haben.

1. Das Adjektiv vor dem Nomen hat eine Endung. Es hat immer **mindestens** ein -e am Ende.

2. Es gibt immer einen typischen Buchstaben, ein Signal. Es ist am Artikel oder am Adjektiv.

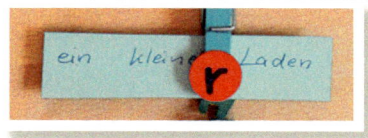

Nominativ Das ist	**r** der sonni**ge** Balkon. ein sonni**ger** Bakon. Sonni**ger** Balkon ...	**s** das groß**e** Haus. ein groß**es** Haus. Klein**es** Haus ...	**e** di**e** schön**e** Wohnung. ein**e** schön**e** Wohnung. Schön**e** Wohnung gesucht.
Akkusativ Ich suche	**n** den sonnig**en** Balkon. ein**en** sonnig**en** Balkon. Sonnig**en** Balkon ...	**s** das groß**e** Haus. ein groß**es** Haus. Klein**es** Haus ...	**e** di**e** schön**e** Wohnung. ein**e** schön**e** Wohnung. Schön**e** Wohnung gefunden.
Dativ mit Mann mit	**m** de**m** sonnig**en** Balkon eine**m** sonnig**en** Balkon sonnig**em** Balkon	**m** de**m** groß**en** Haus eine**m** groß**en** Haus klein**em** Haus	**r** de**r** schön**en** Wohnung eine**r** schön**en** Wohnung schön**er** Wohnung gesucht.
Plural	*Nominativ / Akkusativ* die groß**en** Balkone / Häuser / Wohnungen Groß**e** Balkone / Häuser / Wohnungen gesucht und gefunden. *Dativ:* Mit (den) groß**en** Balkone**n** / Häuser**n** / Wohnung**en**.		

Steigerung der Adjektive

*Den **Komparativ** bildet
man mit der Endung -er.*

Adjektive auf -el, -er ohne -e.
dunkel ➤ *dunker*
teuer ➤ *teurer*

groß	größer	am größten	
	Komparativ	*Superlativ*	
schnell	schneller	am schnell**ste**n	der schnell**ste** Läufer
leicht	leicht**er**	am leich**teste**n	die leicht**este** Übung
leise	leise**r**	am l**eise**sten	das leis**este** Lied
groß	gr**öß**er	am gr**öß**ten	der/das/die gr**öß**te ...
hoch	h**ö**her	am h**ö**chsten	der/das/die h**ö**ch**ste** ...
viel	**mehr**	am **meisten**	der/das/die **meiste** ...
gut	**besser**	am **besten**	der/das/die **beste** ...
gern	**lieber**	am **liebsten**	der/das/die **liebste** ...

Diese Adjektive bekommen einen Umlaut:

alt	älter	am ält**e**sten
arm	ärmer	am ärmsten
gesund	gesünder	am gesündesten
groß	größer	am größten
hart	härter	am härt**e**sten
hoch	höher	am höchsten
jung	jünger	am jüngsten
kalt	kälter	am kält**e**sten
klug	klüger	am klügsten
krank	kränker	am kränksten
kurz	kürzer	am kürz**e**sten
lang	länger	am längsten
nah	näher	am nächsten
oft	öfter	am öft**e**sten
schwach	schwächer	am schwächsten
schwarz	schwärzer	am schwärz**e**sten
stark	stärker	am stärksten
warm	wärmer	am wärmsten

*Den Superlativ bildet man
mit **am** und -sten.
mit der/das/die (Sg.) –
immer Endung -(e)ste:
der/das/die schwerste*

Adjektive auf -d, -t, -s, -z mit -e:
*am ältesten, am härtesten,
am kürzesten ...*

Grammatik kompakt

Nomen und Artikel

Verben als Nomen nach *beim* und *zum*

Wann? (gleichzeitig):
essen: Beim Essen lese ich gern Zeitung.
aufräumen: Beim Aufräumen höre ich immer Musik.
Wozu?:
lernen: Zum Lernen brauche ich Ruhe.
putzen: Ich kaufe immer dieses Mittel, das ist
                   zum Putzen toll.

das + Infinitiv =
Verb als Nomen

Artikel immer das

Demonstrativartikel: *dieser, dieses, diese*

‹ Müssen wir mit dieser U-Bahn fahren?   ❙ Ja genau!
Auf diesem Baum habe ich als Kind immer gesessen.
Schau mal, diese Häuser sind neu.

Tipp

dieser, dieses, diese:
Endung wie beim bestimmten
Artikel der, das, die

	der	*das*	*die*	*Plural*
Nominativ	der Baum dieser Baum	das Haus dieses Haus	die Stadt diese U-Bahn	die Berge diese Berge
Akkusativ	den Baum diesen Baum	das Haus dieses Haus	die Stadt diese Stadt	die Berge diese Berge
Dativ	von dem Baum von diesem Baum	von dem Haus von diesem Haus	von der Stadt von dieser Stadt	von den Bergen von diesen Bergen

Possessivartikel im Dativ

Ich schenke meinem Vater einen Kalender.   Ich helfe meiner Mutter beim Kochen.

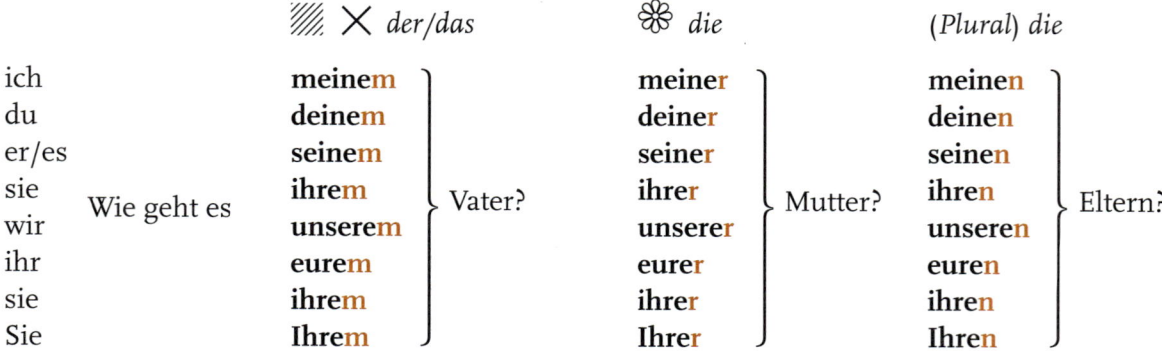

		▨ ✕ *der/das*		✳ *die*		*(Plural) die*	
ich		meinem		meiner		meinen	
du		deinem		deiner		deinen	
er/es		seinem		seiner		seinen	
sie	Wie geht es	ihrem	Vater?	ihrer	Mutter?	ihren	Eltern?
wir		unserem		unserer		unseren	
ihr		eurem		eurer		euren	
sie		ihrem		ihrer		ihren	
Sie		Ihrem		Ihrer		Ihren	

Genitiv-s

Das ist das Buch von Mario.   ➥ Das ist Marios Buch.
Hast du das Kind von Susanne gesehen?   ➥ Hast du Susannes Kind gesehen?
Das ist die Frau von Klaus.   ➥ Das ist Klaus Frau.

Pronomen

Personalpronomen im Überblick

Ich mag dich und gebe dir einen Kuss.

Paul fragt die Lehrerin, ob sie ihm den Stundenplan geben kann.

Ingrid geht ins Nachbarschaftshaus und die Kinder zeigen ihr die Hausaufgaben.

Nominativ	Akkusativ	Dativ
ich	mich	mir
du	dich	dir
er	ihn	ihm
es	es	ihm
sie	sie	ihr
wir	uns	uns
ihr	euch	euch
sie	sie	ihnen
Sie	Sie	Ihnen

Reflexivpronomen im Akkusativ und im Dativ

ich	freue	**mich**
du	freust	**dich**
er/sie/es	freut	**sich**
wir	freuen	**uns**
ihr	freut	**euch**
sie/Sie	freuen	**sich**

Er freut sich über sein Fest.

ich	merke	**mir**
du	merkst	**dir**

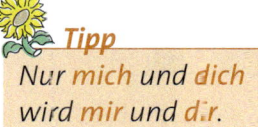
Tipp
Nur mich und dich
wird mir und dir.

Indefinitpronomen

‹ Jemand hat gesagt, dass morgen der Laden geschlossen ist?

❙ Ja, morgen ist Feiertag, da arbeitet niemand. Viele machen einen Ausflug und jeder genießt den Tag.

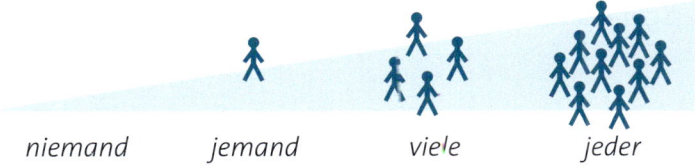

niemand   jemand   viele   jeder

Präpositionen

Verben mit Präpositionen

Ich **freue** mich schon **auf** Samstag. Da will ich mit Ina ins Kino. Ich will ihr Blumen mit-bringen. Hoffentlich **freut** sie sich **über** Blumen! Ich **denke** den ganzen Tag **an** Ina und **warte auf** ihren Anruf. Ich **interessiere** mich **für** nichts anderes mehr. Aber ich **ärgere** mich **über** das Telefon, weil es nicht klingelt!

Worauf freust du dich? – **Auf** meinen Geburtstag.
Worüber freust du dich? – **Über** das schöne Geschenk.
Woran denkst du? – **An** meine Freundin.
Wofür interessierst du dich? – **Für** Musik.

> – *an, auf, über, für* + Akkusativ
> – *mit* + Dativ
> *Eine Liste finden Sie auf Seite 180.*

Wechselpräpositionen

an • auf • hinter • in • neben • über • unter • vor • zwischen

Wohin? → + Akkusativ

Wo? ☉ + Dativ

Maria hängt die Jacke **in den** Schrank.

Die Jacke hängt **im** Schrank.

Sie **stellt** die Bücher **ins** Regal.

Die Bücher **stehen im** Regal.

Sie **setzt** die Puppe **auf das** Bett.

Die Puppe **sitzt auf dem** Bett.

Sie **legt** das Heft **in die** Schublade.

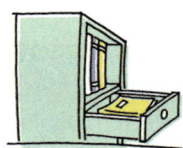

Das Heft **liegt in der** Schublade.

Der Satz

Fragesätze mit *welch-*

Nominativ	Welcher Sender ... / Welches Programm ... / Welche Zeitung ... ist das?
Akkusativ	Welchen Sender ... / Welches Programm siehst du? Welche Zeitung liest du?
Plural	Welche Sender ... / Programme ... / Zeitungen ...
Dativ	Auf welchem Sender ... / In welchem Programm kommt das?
	In welcher Zeitung hast du das gelesen? / Mit welchen (*Pl.*) ...

> **Tipp**
> welcher, welche, welches: Endung wie beim bestimmten Artikel der, die, das.

Fragesätze mit *Was für ein(e)* ...

‹ Was für ein Buch ist das?   ▮ Ein Kinderbuch.
‹ Was für einen Hund hast du? ▮ Einen ganz kleinen Hund.
‹ Was für eine Tasche ist das? ▮ Das ist keine Tasche, das ist ein Rucksack.

> *Was für* **ein** funktioniert wie der unbestimmte Artikel: eine / eine, einen

Sätze mit Dativ

Gefällt es dir hier?   Ja, es gefällt mir gut.
Schmeckt es deinen Eltern?   Ja, der Kuchen ist super!

> *Dativverben: fehlen, helfen, gehören, gefallen, schmecken, zuhören*

Sätze mit Dativ und Akkusativ

	Wer?		*Dativ (Wem?)*	*Akkusativ (Was?)*
	Der Sohn	schenkt	seiner Mutter	Blumen.
	Wir	zeigen	euch	die Wohnung.
Bringst	du		mir	einen Kaffee?
Schreibt	ihr		uns	eine Karte?
Gib			deiner Schwester	die Schokolade!

Vergleichssätze

Klaus ist **kleiner als** Nadine und Nadine ist **größer als** Klaus.

Doris ist **genauso** groß **wie** Iris.

Und wer ist **die Größte**?

Grammatik kompakt

Nebensätze

Nebensätze mit *dass* und *ob* (indirekte Wiedergabe von Aussagen und Fragen)

Sabine Weiß: „Ich arbeite halbtags. Ich möchte gern Vollzeit arbeiten."

Hauptsatz	*Nebensatz*		
Sie sagt,	**dass** sie halbtags		arbeitet.
Sie sagt,	**dass** sie gern Vollzeit	arbeiten	möchte.

Sabine Weiß: „Gibt es einen anderen Kindergarten? Kann Lina den Kindergarten wechseln?"

Hauptsatz	*Nebensatz*		
Sie fragt,	**ob** es einen anderen Kindergarten		gibt.
Sie fragt,	**ob** Lina den Kindergarten	wechseln	kann.

Nebensätze mit *als* (temporal)

Nebensatz	*Hauptsatz*
Als ich 26 Jahre alt war,	habe ich geheiratet.

Hauptsatz	*Nebensatz*
Ich habe geheiratet,	**als** ich 26 Jahre alt war.

> **Tipp**
> *Nebensätze mit **als** immer in der Vergangenheit. Der Nebensatz kann vor oder nach dem Hauptsatz stehen.*
> *Wenn der Hauptsatz am Ende steht, springt das Verb.*

Nebensätze mit *wenn*

Nebensatz	*Hauptsatz*
Wenn Sie ein Fan sind,	(dann) sehen Sie jedes Spiel.

Hauptsatz	*Nebensatz*
Sie sehen jedes Spiel,	**wenn** Sie ein Fan sind.

Nebensätze mit *weil*

Hauptsatz	*Nebensatz*
Ich muss sparen,	**weil** ich Schulden habe.

Nebensätze mit *damit*

Hauptsatz	*Nebensatz*
Ich nehme ein Buch mit,	**damit** ich mich unterwegs nicht langweile.
Ich brauche einen Computer,	**damit** ich zu Hause arbeiten kann.

Hauptsatzverbindungen mit *aber, und, denn, oder*

Das war nicht leicht, *aber* es hat mir geholfen.
Ich war immer viel zu schüchtern *und* ich hatte Angst.
Ich habe mich gut vorbereitet, *denn* der erste Eindruck
ist sehr wichtig.
Ich habe oft meine Arbeit nicht geschafft *oder* es hat
zu lange gedauert.

Aber, und, denn und *oder*
leiten einen Hauptsatz ein.
Das Verb steht auf
Position 2.

Der Relativsatz

Relativsätze am Satzende

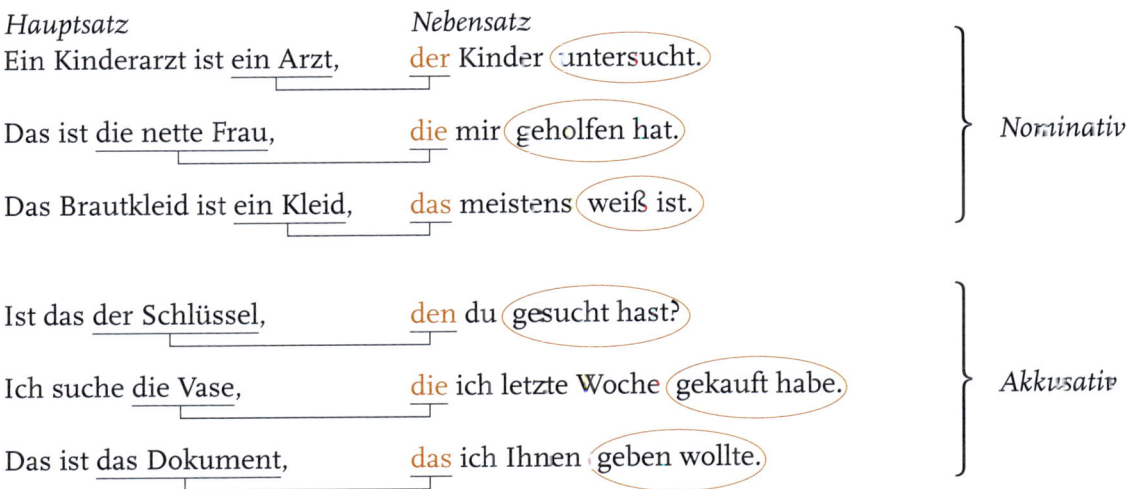

Hauptsatz	Nebensatz	
Ein Kinderarzt ist ein Arzt,	der Kinder untersucht.	Nominativ
Das ist die nette Frau,	die mir geholfen hat.	
Das Brautkleid ist ein Kleid,	das meistens weiß ist.	
Ist das der Schlüssel,	den du gesucht hast?	Akkusativ
Ich suche die Vase,	die ich letzte Woche gekauft habe.	
Das ist das Dokument,	das ich Ihnen geben wollte.	

Relativsätze in der Satzmitte

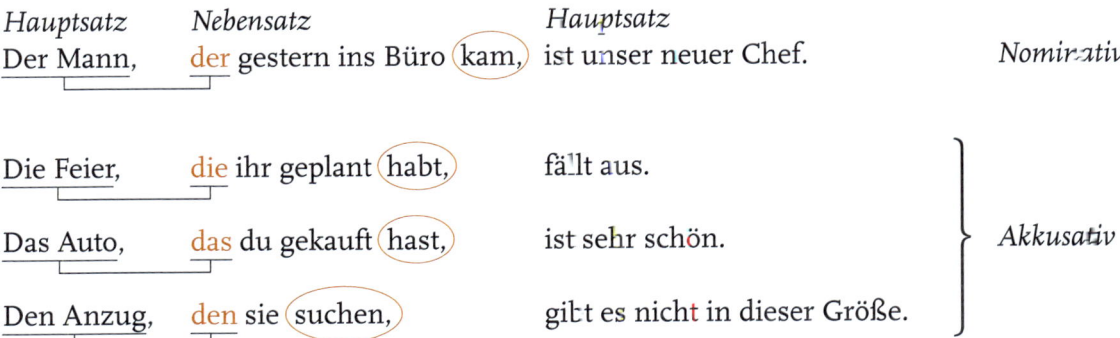

Hauptsatz	Nebensatz	Hauptsatz	
Der Mann,	der gestern ins Büro kam,	ist unser neuer Chef.	Nominativ
Die Feier,	die ihr geplant habt,	fällt aus.	Akkusativ
Das Auto,	das du gekauft hast,	ist sehr schön.	
Den Anzug,	den sie suchen,	gibt es nicht in dieser Größe.	

Sätze mit *trotzdem*

Ich muss arbeiten   Ich komme trotzdem gerne.
Die Prüfung ist schwer. Ich schaffe sie trotzdem.
Das Wetter ist schlecht. Trotzdem gehe ich spazieren.

Tipp
Wenn **trotzdem** *am Anfang*
steht, springt das Verb:
ich gehe ▸ gehe ich spazieren

Hörtexte

Hier finden Sie alle Hörtexte, die nicht in den Einheiten und Übungen abgedruckt sind.

Kursbuch-CD

8 Medien im Alltag

13 b)

Max:	So, die Kinder sind im Bett. Ich bin total kaputt. Was kommt denn heute?
Claudia:	Ja, warte ... Hier, auf VOX kommt CSI-New York ...
Max:	Ach nee, nicht immer diese amerikanische Serien.
Claudia:	Wir können auch *Wer wird Millionär* anschauen ... und mitraten.
Max:	Dazu bin ich zu müde. Ich will lieber einen Film sehen. Was Spannendes, damit ich nicht einschlafe.
Claudia:	Na, dann ist James Bond bestimmt genau das Richtige. Das ist einer mit Pierce Brosnan ... der sieht gut aus.
Max:	Auf welchem Sender kommt der denn?
Claudia:	Auf Pro 7, um 20:15 Uhr. Vorher können wir noch die Tagesschau ...
Max:	Auf Pro 7? Ach nein, da sind immer so viele Werbepausen. Gib mir mal die Zeitung ...
Claudia:	Ne, lass mal, ich ...
Max:	Gib schon her! Hey, auf dem Ersten spielt Deutschland!
Claudia:	Oh nein, kein Fußball – das ist doch nur ein Qualifikationsspiel ... wollen wir nicht lieber ...

9 Sind Sie gesund?

1 b)

Person 1:	Mir geht es gut. Ich fahre jede Woche 30 Kilometer Fahrrad und gehe regelmäßig joggen. So bleibe ich auch mit 70 Jahren noch gesund und fit. Ich fühle mich viel jünger. Ich bin gern aktiv.
Person 2:	Ich habe Schnupfen, Husten und Fieber. Das ist wirklich blöd. Ich muss zu Hause bleiben und kann nicht mit meinen Freunden spielen. Aber meine Mama kümmert sich um mich, dann bin ich ganz schnell wieder gesund.
Person 3:	Meine Gesundheit ist mir sehr wichtig. Ich esse viel Obst und Gemüse. Außerdem bin ich sehr sportlich. Ich gehe zweimal die Woche ins Fitnessstudio.
Person 4:	Ich hatte einen Unfall und sitze jetzt im Rollstuhl. Am Anfang habe ich gedacht, jetzt bist du für immer krank. Aber eigentlich bin ich gesund. Mein Leben ist jetzt nur etwas anders – und ich bin heute fast aktiver als vorher.
Person 5:	Es ist schwierig in meinem Alter. Eigentlich ist man nie richtig gesund. Alles tut mir weh und ich kann vieles nicht mehr alleine machen. Jeden Tag muss ich mehrere Tabletten und andere Medikamente nehmen.
Person 6:	Ob ich gesund bin, wollen Sie wissen? Ich denke schon. Mir geht's gut, ich genieße das Leben. Ja, ich rauche und trinke auch gern mal n' Bier, aber Gesundheitsprobleme habe ich keine. Wie das später ist, weiß ich nicht, aber man lebt ja nur einmal.

9 b) und c)

Vor drei Jahren kam Pedro aus Mexiko nach Deutschland. Dort lebte er in Hamburg in einer kleinen Wohnung. Zuerst blieb er abends oft allein zu Hause, weil er noch keine Freunde hatte. Er arbeitete in einem Krankenhaus als Pfleger und musste viele Patienten versorgen. Einmal kam eine junge, hübsche Patientin auf seine Station. Sie hatte einen schweren Unfall und musste einige Wochen im Krankenhaus bleiben. Pedro blieb oft länger bei ihr als bei den anderen Patienten. Ihr Name war Katrin. Pedro musste nach der Arbeit oft an Katrin denken. Nach ein paar Wochen kam Katrin aus dem Krankenhaus. Aber bevor sie ging, gab sie ihm ihre Telefonnummer. Eine Woche später ging er mit ihr essen und sie haben den ganzen Abend geredet und gelacht. Auf dem Weg nach Hause gab Pedro Katrin einen Kuss. Er war sehr verliebt. Sie waren nun oft abends zusammen, denn auch Katrin war verliebt in Pedro.

11 b)

Peter: Na, dann guten Appetit zusammen. Sagt mal, habt ihr eigentlich von der Büroarbeit auch so schreckliche Rückenschmerzen? Ich kann manchmal kaum noch sitzen, aber bei dem Stress in der letzten Zeit ist das wohl fast normal.

Kollege 1: Bei mir war das auch so. Ich habe mich einfach viel zu wenig bewegt. Aber jetzt gehe ich immer zu Fuß zur Arbeit. Du solltest dich auch mehr bewegen, Peter. Dann hast du auch weniger Rückenschmerzen.

Kollege 2: Stimmt, Rainer hat Recht, Bewegung muss sein.

Peter: Aber ich habe doch nicht so viel Zeit: die viele Arbeit im Büro und dann noch zu Hause die beiden Kinder.

Kollege 2: Ja, ich weiß, das ist nicht einfach. Ich gehe jetzt nur noch bei schlechtem Wetter in die Kantine. Normalerweise mache ich in der Mittagspause immer einen Spaziergang und esse nur ein Sandwich. Du solltest einfach mal mitkommen.

Peter: Gute Idee. Das mache ich gern!

Kollege 1: Weißt du Peter, du solltest Treppen steigen und nicht mit dem Lift fahren, das ist auch gut für die Kondition. Ich nehme den Lift gar nicht mehr.

Kollege 2: Ich auch nicht. Und noch etwas: Ich habe mir eine neue Matratze gekauft, jetzt schlafe ich wunderbar und habe auch keine Rückenschmerzen mehr. Vielleicht solltest du dir auch eine neue kaufen, Peter. Wie alt ist denn deine Matratze?

Peter: Oje, die ist schon mindestens zehn Jahre alt. Eine neue Matratze ist sicher auch keine schlechte Idee. Aber nun kommt, wir haben noch 20 Minuten Mittagspause. Wir machen noch einen kleinen Spaziergang und dann arbeiten wir weiter.

Kollege 1: Ja genau! Los geht's!

10 Feste feiern

1

Schließ die Augen. Sitz bequem auf deinem Stuhl und atme ganz normal. Entspann deinen Kopf und deine Schultern. Entspann deine Arme und Beine. Stell dir vor, du gehst eine Straße entlang. Du kommst zu einem Straßenfest. Auf einmal bist du mittendrin. Du siehst fröhliche Menschen, es ist laut.
Es gibt verschiedene Stände: Man kann hier etwas essen, da etwas trinken. Es gibt Bühnen und Künstler. Du stehst mitten in dem Straßenfest. Schau dich ganz in Ruhe um. Was siehst du alles? Welche Menschen, welche Situationen? Was kannst du hören? Vielleicht Geräusche oder Gespräche? Wie riecht es hier? Was riecht? An was erinnert dich das? Vielleicht möchtest du etwas essen oder trinken? Wie schmeckt es? Bleib noch einen Moment an diesem Ort. Gefällt er dir? Dann schau dir alles noch einmal genau an.
Jetzt komm zurück in diesen Raum. Fühl den Stuhl, auf dem du sitzt, fühl deine Hände und Füße wieder, öffne die Augen.

3

‹ Hier ist Radio 99, die beste Musik in Coburg. An diesem Wochenende ist es in der Innenstadt wieder laut und bunt. Über 100 Sambagruppen machen Musik und überall sieht man schöne Tänzerinnen in ihren tollen Kostümen. Fast 200 000 Besucher sind gekommen und feiern in der Stadt. Meine Kollegin Isabell Mindenburg ist vor Ort. Isabell, wie ist die Stimmung bei dir?

❙ Die Stimmung, ist schon jetzt am Nachmittag super.

‹ Wie ist das Wetter?

❙ Wir haben brasilianische Temperaturen von fast 40 Grad. Die Musiker schwitzen, aber die Zuschauer genießen die Sonne bei eiskalten Cocktails. Viele tanzen und trommeln in den Straßen ...

‹ Sie tanzen? Toll! Aber ...es kann ja nicht jeder den Samba-Schritt. Gibt es da Crash-Kurse?

❙ Nein Thomas, aber das ist eine gute Idee, wir können doch einen Sambakurs hier im Radio anbieten, was meinst du?

‹ Jetzt gleich?

❙ Ja, warum nicht. Die Schritte sind nicht so schwer. Such doch mal eine gute Musik und wir üben hier schon mal. Machen Sie mit?

♦ Ja! Ja!

❙ Also erst einmal ohne Musik: Bewegen Sie Ihr rechtes Bein vor und zurück. Und noch mal: vor und zurück. Super, und jetzt das linke Bein: vor und zurück. Immer viermal. Ich zähle mit: rechts vor und zurück, vor und zurück, 3 und 4, jetzt die andere Seite: links vor und zurück, vor und zurück, 3 und 4 – und wieder rechts: ...

‹ Die Musik habe ich. Seid ihr fertig?

❙ Ja, los geht's: drei, zwei eins ...

9 b)

Lucia: ... Ich war im Sommer auf einer Hochzeit. Das war sehr lustig. Wir haben vorher extra Walzer geübt, aber es hat nicht geklappt. Mein Mann ist mir immer wieder auf die Füße getreten und ich musste die ganze Zeit lachen.

Jana: War es eine schöne Hochzeit?

Lucia: Oh ja! Und die Braut! Sie war wunderschön, so ganz in weiß! Das Paar hat die Ringe getauscht und dann haben sie sich geküsst – wie im Fernsehen. Und nach der Trauung haben alle Reis geworfen und die Kinder haben Blumen gestreut. Danach sind wir in ein Restaurant gefahren. Dort gab es viele Reden und natürlich ein tolles Essen.

Jana: Ja genau. Das ist typisch. Auf welchen Festen warst du denn noch?

Lucia: Das war das erste. Aber meine Nachbarin hat uns zu ihrer Geburtstagsfeier nächsten Samstag eingeladen und ich bin schon sehr gespannt.

11

‹ Hi, ich bin's. Lucia.

▮ Hi, na wie geht es dir?

‹ Ach ganz gut. Aber du weißt doch, die Nachbarin von oben hat uns zu ihrer Geburtstagsfeier eingeladen und jetzt ist Tim nicht da. Soll ich allein hingehen?

▮ Warum denn nicht?

‹ Ich weiß nicht ... Ich kenne die anderen Gäste nicht und ich war noch nie auf einem deutschen Geburtstag. Was soll ich zum Beispiel anziehen? Muss man sich da schick machen?

▮ Nicht zu sehr, ist ja keine Hochzeit. Du musst ja nicht in Jeans gehen.

‹ Und was bringe ich mit? Soll ich einen Kuchen backen?

▮ Blumen und Wein, das passt immer.

‹ Ja, das ist gut. Aber wenn ich nun etwas Falsches sage ... oder mache?

▮ Das kann ich mir nicht vorstellen... Sag gleich, dass du aus Brasilien kommst und erst seit Kurzem in Deutschland bist. Aber du darfst nicht zu spät kommen.

‹ Ja, das habe ich schon gehört. Ich komme am besten fünf Minuten vorher.

▮ Na, so streng sind die Deutschen nun auch wieder nicht.

11 Alles ganz menschlich

1

ehrlich: Also ehrlich, das heißt, wenn man nicht lügt und die Wahrheit sagt. Dann sagt man einfach die Wahrheit und ehrlich kann man nicht sein, wenn man lügt.
Als ich dann das erste Mal vom 3-Meter-Brett gesprungen bin, da hatte die Saskia gesagt, ich bin schon vom 10-Meter-Brett gesprungen – obwohl das überhaupt nicht gestimmt hat.

frech: Mein bester Freund, der ... der ist der Quatschkopf, der Oberquatschkopf in der Klasse ... und der macht immer ganz witzige Sachen. Zum Beispiel beim Turnen. Da muss er vom Bock auf die Matte springen und da ist er so voll auf den Po gefallen und das hat er mit Absicht gemacht und dann hat er „Uaah!" gemacht.
Mama sagt, dass ich frech bin, wenn ich die Teller abräumen soll, aber ich mach's nicht.
Wenn ich frech bin, dann mach ich Quatsch!

Hörtexte

streng: Also, ich hab' eine Lehrerin, die mag ich überhaupt nicht und, ... weil die ist ziemlich streng.

Also jemand, der streng aussieht, hat 'nen roten Kopf und hat 'n bösen Blick und schimpft.

Jemand, der streng ist, der hat meistens so die Arme manchmal in den Hüften, guckt auch nicht so nett und der ... ist meistens auch nicht so nett.

traurig: Wenn man traurig ist, dann ... zum Beispiel, wenn man 'ne schlechte Note kriegt oder die Lehrerin sagt, das kannst du nicht gut, das kannst du auch nicht gut, dann ist man einfach traurig.

Wo ich im Urlaub war, hatte ich Sehnsucht nach Papa. Da war ich drei oder zwei Wochen im Urlaub.

Wenn man zum Beispiel zu seiner Oma fahren will und sich ganz ganz doll darauf freut und dann auf einmal kann man nicht mehr zur Oma fahren, weil sie zum Beispiel im Krankenhaus ist, oder so.

2 a)

Carolin: Ich bin ein eher ruhiger Mensch. **Ich bin gern zu Hause und spiele viel mit meinen Kindern.** Ich möchte mich mit allen verstehen und streite nicht gern. Meine Familie und meine Freunde sind mir wichtiger als Geld und Karriere.

Thomas: Ich bin nicht so selbstbewusst und sehr schüchtern. **Ich lerne auch nicht so leicht neue Leute kennen.** Und ich treffe nicht gern Entscheidungen. Aber ich bin sehr genau und kann stundenlang an einer Arbeit sitzen, bis das Ergebnis perfekt ist.

Andrea: Ich lebe für meinen Job. Manchmal bin ich etwas egoistisch. **In meinem Leben ist kein Platz für einen Freund, aber** ich lebe gern allein, denn meine Unabhängigkeit ist mir sehr wichtig. Gefühle zeige ich nicht so gern.

Rolf: Ich bin sehr romantisch und träume gern. **Das macht mich kreativ.** Ich glaube, ich bin ein guter Künstler. Aber ich kann nicht gut mit Geld umgehen und ich bin nicht sehr ordentlich. Aber ich bin treu und ehrlich.

11 a)

◦ Hi, da bist du ja wieder. Wie war deine Thailandreise?

▌ Sehr aufregend.

◦ Erzähl. Was war das Spannendste?

▌ Das kann ich gar nicht sagen. Ich habe so viele neue Dinge gesehen ... Ich kann dir aber sagen, was am schlimmsten war.

◦ Und was?

▌ Ich habe etwas sehr Dummes gemacht: Ich habe eine thailändische Freundin getroffen und sie hat ihre Schwester mitgebracht. Die Schwester hatte eine kleine Tochter. Sie war so süß und da habe ich ihr spontan über den Kopf gestrichen. Die Kleine hat gleich den Kopf weggezogen und die Mutter hat mich ganz komisch angesehen. Später hat mir meine Freundin erzählt, dass man dort Kinder nie am Kopf anfasst. Gott, war mir das peinlich!

◦ Das habe ich auch nicht gewusst. Aber ich glaube, in Asien berührt man sich überhaupt nicht gerne in der Öffentlichkeit, oder ?

16

Text 1

‹ Spinnst du? Was machst du denn da?

▍ Ich werfe den Abfall weg.

‹ Das ist kein Abfall! Das ist mein Geschenk für Lisa.

Text 2

‹ Was hast du denn? Geht es dir nicht gut?

▍ Wir haben uns getrennt!

‹ Oh, das tut mir leid.

Text 3

‹ Hey, was macht ihr denn hier?

▍ Wir wollten dich ganz spontan mal besuchen.

‹ Okay. Kommt rein.

Text 4

‹ Maja ist immer noch nicht zu Hause!

▍ Ist sie denn sonst pünktlich?

‹ Ja, und sie sollte seit einer Stunde zu Hause sein. Hoffentlich ist nichts passiert.

Text 5

‹ Stell dir vor, Sie nehmen mich! Ich hab den Job.

▍ Das ist ja wunderbar. Herzlichen Glückwunsch!

‹ Ich kann es noch gar nicht glauben.

19

1. Sie freuen sich wahnsinnig über deinen Besuch.
2. Ich auch!
3. Er ist ein treuer Freund.
4. Träum was Schönes!
5. Ein Haufen Mist!

12 Stadt und Land

17

Hört gut zu und passt gut auf,
damit ihr es auch gut versteht.
Denn jetzt geht's nicht um *der, das, die,*
weil es um *dieser, dieses, diese* geht.

Ist es der Hund oder dieser Hund?   Ja genau! Es ist dieser Hund!
[...]

Oh, jetzt seid ihr wirklich schlau,
dieser, dieses, diese – Ja genau!

Hörtexte

13 Immer wieder Schule

12

‹ Ah, hallo Ramón. Na, wie war dein Vorbereitungskurs?

▌ Ach ...Ich glaube, er war gut.

‹ Was heißt, du glaubst? Warst du nicht da?

▌ Leider konnte ich nicht regelmäßig hingehen, weil ich krank war und meine Mutter zu Besuch war und ...

‹ Aber das waren doch nur drei Termine!

▌ Ja, ich weiß.

‹ Und jetzt?

▌ Ich brauche unbedingt Hilfe. Ich weiß gar nicht, wie die Prüfung aussieht und was ich alles machen muss. Kannst du mir nicht helfen? Du hast die Prüfung doch schon gemacht.

‹ Du gehst nicht zu deinem Kurs und ich soll dir wieder helfen. Aber gut, ich komme ...

13

‹ Die Prüfung wird nicht einfach.

▌ Sag das nicht, ich bin doch schon so nervös.

‹ So meine ich das nicht. Ich will nur sagen: Du musst dich gut vorbereiten.

▌ Das will ich ja auch. Hast du ein paar Tipps für mich?

‹ Ja klar. Du musst die Prüfung gut kennen. Ich zeige dir, wie sie aussieht. Also: Welche und wie viele Teile es gibt. Wie viel Zeit du für jeden Teil hast und, das ist auch wichtig, wie und wo man die Fragen beantwortet.

▌ Ja. Das ist sehr gut ...

‹ Genau. Wir schauen uns jetzt zusammen in Ruhe die Prüfung an und ich bin mir sicher, dann schaffst du sie auch.

14 Stärken und Schwächen

11 a)

Maria:	Hallo Pavel, wie geht's?
Pavel:	Super! Der neue Zeitplan ist toll. Ich stehe wirklich etwas früher auf. Die Zeitung lese ich morgens nicht mehr. Aber die 20 Wörter, die ich beim Kaffee lerne, die merke ich mir auch, weil ich es jeden Tag mache.
Maria:	Gut. Und kommst du jetzt auch pünktlich zum Kurs?
Pavel:	Ja, weil ich nicht mehr so viel suchen muss. Ich mache jetzt jeden Tag ein bisschen Hausarbeit, weil ich die Zeit dafür einplane. Und ich packe am Abend vorher meine Sachen. Jetzt ist der Morgen viel entspannter. Überhaupt – Entspannung. Du hattest Recht, man muss auch Pausen einplanen.
Maria:	Und wie klappt es mit dem Lernen am Nachmittag?
Pavel:	Oh, da bin ich ganz streng. Wenn ich lerne, gehe ich nicht an mein Postfach und auch nicht ans Telefon. Ich mache sogar das Handy aus!
Maria:	Pavel, ich bin beeindruckt. Pass auf, dass du nicht langweilig wirst. Ein bisschen Chaos ist ja auch ganz schön.
Pavel:	Keine Angst. Morgen beginnt das Wochenende und weißt du was?
Maria:	Was?
Pavel:	Ich habe gar keine Pläne gemacht. Und darauf freue ich mich!

13 a)

‹ Hallo, ich heiße Peter. Woher kennst du denn den Klaus?

❙ Hallo. Ich bin Susanne. Den Klaus kenne ich schon ganz lange, wir sind zusammen zur Schule gegangen.

‹ Ach das ist ja interessant. Klaus und ich sind Nachbarn, wir joggen dreimal die Woche zusammen und manchmal spielen wir auch Fußball.

❙ Ja, Klaus war schon immer sehr sportlich, ganz anders als ich. Ich gehe lieber ins Kino oder lese. Und du, was machst du noch gern?

‹ Mmh, ins Kino gehe ich auch ganz gern, aber am liebsten reise ich, letztes Jahr war ich in Australien.

❙ Australien, das ist sicher sehr spannend. Da musst du mir mehr erzählen. Ich hole mir nur schnell was zu essen. Möchtest du auch etwas?

‹ Oh ja, da komme ich mit. Ich habe einen …

Lerner-CD: Hörtexte der Übungen

Übungen 8

Zu 12

1. ‹ Ist dein Computer neu?   ❙ Ja, ich surfe jetzt oft im Internet.

2. ‹ Dein Sohn hat schon ein Notebook?   ❙ Ja, er chattet gern.

3. Wo hast du dein Handy? Ich habe dir eine SMS geschickt.

Zu 13

‹ Sind Sie Herr Seifert?

❙ Wer will das wissen?

‹ Ich. Ich bin Kommissar Meiser und ich brauche Ihr Alibi. Was haben Sie gestern zwischen 21:00 Uhr und 23:00 Uhr gemacht?

❙ Ich habe ferngesehen.

‹ Und was haben Sie gesehen?

❙ Fußball.

‹ Wie lange ging das Spiel?

❙ Von 20:15 bis 22:00 Uhr.

‹ Was haben Sie danach gemacht?

❙ Danach bin ich sofort ins Bett gegangen.

‹ Also genau um 22:00 Uhr?

❙ Ja, es war 22:00 Uhr. Ich habe noch auf die Uhr geschaut, weil ich mir den Wecker gestellt habe.

‹ Gut, Herr Seifert. Vielen Dank.

Hörtexte

Zu 14

Text 1: Hier ist das erste deutsche Fernsehen mit der Tagesschau. Guten Abend, meine Damen und Herren. Kabinettsumbildung. Die Bundesregierung hat nach dem Rücktritt von Verteidigungsminister ...

Text 2: ‹ Wissen wir schon, wer der Tote ist?
▮ Nein, er hatte keine Papiere dabei.
‹ Wie lange ist er schon tot?
▮ Ich denke etwa drei Stunden, aber genauer kann ich es erst nach der Obduktion sagen. Es sieht so aus ...

Text 3: ▮ Ich kann ihn nicht vergessen.
‹ Aber es ist doch so viel Zeit vergangen.
▮ Ja, aber er war der Richtige. Das weiß ich. Heute weiß ich das.
‹ Du musst ....

Text 4: Drei Monate durch das Herz Afrikas – immer am Niger entlang. Das Klima ist trocken, die Tierwelt beeindruckend. Im Süden haben wir das Volk ...

Text 5: Die Leute, die extra nach Freiburg kommen, interessiert es nicht, ob du schön spielst oder schlecht. Die wollen den HSV gewinnen sehen, Punkte mit nach Hause nehmen.

Text 6: Herzlich Willkommen, meine Damen und Herren. Begrüßen Sie unsere Kandidaten Saskia und Marcel Meinert. Sie spielen um 100 000 Euro. Die erste Frage ...

Zu 15

Heute kommt das interessante Magazin. / Heute kommt die lustige Serie. / Heute kommt der langweilige Koch. / Heute kommt das wichtige Fußballspiel. / Heute kommt die interessante Dokumentation.

Übungen 9

Zu 2
2)

der Kopf – die Köpfe, das Ohr – die Ohren, der Mund – die Münder, der Hals – die Hälse, der Arm – die Arme, der Bauch – die Bäuche, der Po – die Pos, das Knie – die Knie, der Fuß – die Füße, der Zeh – die Zehen, die Hand – die Hände, der Finger – die Finger, die Nase – die Nasen, das Auge – die Augen

Plus

Hören Sie zu und machen Sie mit!
Bewegen Sie die Arme. Heben Sie die rechte Schulter. Schließen Sie die Augen. Zeigen Sie auf das linke Bein. Machen Sie die Augen wieder auf. Klatschen Sie in die Hände. Zeigen Sie auf Ihre Nase. Bewegen Sie die Zehen. Machen Sie den Mund auf. Strecken Sie die Zunge raus. Halten Sie sich den Rücken. Machen Sie eine Faust. Zeigen Sie auf Ihre Ohren. Heben Sie das rechte Bein. Gehen Sie in die Knie. Zeigen Sie auf den Hals.

Zu 11

Du solltest die Treppe nehmen! / Du solltest weniger essen! / Du solltest früher schlafen gehen! / Du solltest weniger rauchen!

Zu 14

‹ Guten Tag. Kann ich Ihnen helfen?

❙ Guten Tag. Mein Name ist Peter Rosenberger. Ich soll mich hier bei Ihnen melden, weil ich morgen einen Operationstermin habe.

‹ Ja, richtig, Herr Rosenberger. Für die Operation brauchen wir noch ein paar Informationen von Ihnen.

❙ Gut. Was wollen Sie wissen?

‹ Ihr Name ist also Peter Rosenberger. Wo wohnen Sie?

❙ Ich wohne im Husumer Weg 14 in Fürth. Die Postleitzahl ist die 90765.

‹ Und wie ist Ihre Telefonnummer?

❙ 0911-986372.

‹ Und wann sind Sie geboren?

❙ Am 24.08.1973.

‹ Wie ist Ihre Staatsangehörigkeit?

❙ Deutsch.

‹ Welchen Beruf haben Sie?

❙ Ich bin Computerfachmann.

‹ Und bei welcher Krankenkasse sind Sie versichert?

❙ Ich bin bei der Techniker Krankenkasse.

‹ Schwanger sind Sie wohl nicht, oder? Rauchen Sie?

❙ Ja. Ca. 12 Zigaretten am Tag.

‹ Haben Sie ein Brille?

❙ Nein.

‹ Treiben Sie regelmäßig Sport?

❙ Nein, keine Zeit.

‹ Wen sollen wir im Notfall kontaktieren?

❙ Meine Frau, Anna Rosenberger. Sie erreichen sie unter der gleichen Telefonnummer.

‹ Haben Sie Bluthochdruck, Diabetes, Rheuma oder Migräne?

❙ Ich habe Bluthochdruck.

‹ Nehmen Sie regelmäßig Medikamente ein?

❙ Nein. Er ist nicht so schlimm. Wenn ich mich mal richtig aufrege, dann habe ich ein Medikament für den Notfall. Sonst nehme ich nichts ein.

‹ Haben Sie Allergien?

❙ So weit ich weiß, nein.

‹ Eine Frage noch: Wann war Ihre letzte Operation?

❙ Ich hatte noch keine Operation.

‹ So, dann haben wir alles. Bitte unterschreiben Sie das Formular hier.

❙ Okay, mach' ich gerne.

‹ Vielen Dank. Herr Rosenberger, jetzt können Sie mit mir auf Station gehen und ich zeige Ihnen Ihr Bett ...

Übungen 10

Zu 12

(vgl. Dialog, S. 29)

Zu 21

Rolle 1:   Hallo, wie geht's dir?
Rolle 2:   Danke gut, und dir?
Rolle 1:   Prima, weißt du was? Wir feiern mit unserem Deutschkurs ein interkulturelles Fest. Magst du nicht auch kommen?
Rolle 2:   Oh ja, gern. Wann feiert ihr denn?
Rolle 1:   Nächsten Samstag.
Rolle 2:   Und um wie viel Uhr geht's los?
Rolle 1:   Wir fangen so gegen 19:00 Uhr an.
Rolle 2:   Und was wollt ihr machen?
Rolle 1:   Ach weißt du, jeder bringt eine Spezialität aus seiner Heimat mit und manche machen auch Musik oder zeigen einen Tanz aus ihrem Land ... oder so.
Rolle 2:   Soll ich auch etwas mitbringen? Ich habe ein sehr gutes Rezept für einen Kuchen, den man bei uns zu Weihnachten isst.
Rolle 1:   Au ja, prima. Du spielst doch auch Gitarre, oder? Kannst du die auch mitbringen?
Rolle 2:   Ja klar, warum nicht? Also dann, bis Samstag!
Rolle 1:   Bis Samstag. Ich freu mich. Tschüss.

Übungen 11

Zu 3

‹ Liebe Hörerinnen und Hörer, herzlich Willkommen bei *Kulturzeit*. Wir haben heute einen ganz besonderen Gast im Studio, den Star der Leipziger Buchmesse Eva Rasziesky. Guten Tag Frau Rasziesky, schön, dass Sie in unser Studio gekommen sind.

▌Ja, guten Tag, Herr Schmück.

‹ Sie waren ja in Deutschland vor ein paar Monaten noch recht unbekannt. Erst seit „Der traurige Fremde" kennt Sie fast jeder. Was haben Sie vorher gemacht?

▌Ich bin eigentlich Journalistin. In dem Beruf trifft man interessante Menschen und man hört viele Geschichten. Doch das Schreiben für die Zeitung war mir irgendwann nicht mehr genug. Da habe ich dann meinen ersten Roman geschrieben.

‹ Frau Rasziesky, ihr Roman steht seit Wochen auf der Bestseller-Liste. Erzählen Sie uns doch etwas über den „Traurigen Fremden".

▌Sehr gern. Den „traurigen Fremden" gibt es wirklich. Ich habe den Mann vor ein paar Jahren kennengelernt und er hat mir von seinem Leben in Deutschland erzählt.

‹ Sie haben also das Leben von ihm aufgeschrieben?

▌Na ja, nicht ganz, ich habe den Roman geschrieben, weil ich diesen Mann kennengelernt habe. Er hat mir die Idee zu dem Buch gegeben. Aber die Geschichte ist ausgedacht. Es ist die Geschichte von einem Fremden in Deutschland, der Arbeit sucht. Aber eigentlich sucht er Kontakt zu anderen Menschen. Er fühlt sich allein.

‹ Im Roman bekommt der Fremde die Arbeit. Sie beschreiben ihn positiv. Er ist gepflegt, höflich und sympathisch. Er hat aber auch ein dunkles Geheimnis. Was ist sein Geheimnis?

▮ Das möchte ich Ihnen nicht sagen, die Hörer sollen den Roman ja kaufen und lesen.

‹ Frau Rasziesky, herzlichen Dank für das Gespräch.

▮ Ich danke Ihnen.

‹ So, liebe Hörerinnen und Hörer, das war's für heute in der Kulturzeit, wir hören uns wieder am nächsten Sonntag, wenn Sie mögen. Machen Sie's gut.

Zu 6

Ich habe mir einen neuen Mantel gekauft. / Ich habe mir ein neues Auto gekauft. / Ich habe mir einen neuen Schrank gekauft. / Ich habe mir eine neue Uhr gekauft. / Ich habe neue Leute kennengelernt.

Zu 11
3)

‹ Hallo, ich bin vom Deutschlandfunk, wir machen heute eine kleine Umfrage zum Thema Gesten und Tabus. Viele Dinge sind international gleich, aber es gibt auch Unterschiede. Zum Beispiel beim Essen schmatzen. Sagen Sie mir doch mal, wie finden Sie es, wenn man beim Essen laut schmatzt?

▮ Also, das geht gar nicht, das ist bei uns in Deutschland sehr unhöflich. Aber ich habe gehört, dass es in China okay ist. Dort tun es alle und es zeigt, dass es einem sehr gut schmeckt. Ne, aber ich finde das unmöglich, wirklich!

‹ Ja, vielen Dank! Entschuldigung, darf ich Sie mal etwas fragen?

♦ Ja gern, worum geht's denn?

‹ Sie kommen aus der Schweiz, oder?

♦ Ja, aus Zürich.

‹ Das ist ja interessant, wissen Sie, ich mache eine Umfrage zum Thema Gesten und Mimik international. Bei uns in Deutschland begrüßt man sich ja meistens nicht mit Küsschen, so wie zum Beispiel in Frankreich. Wie ist das denn bei Ihnen in der Schweiz?

♦ Na ja, wenn wir uns gut kennen, dann gibt es schon Küsschen, das haben wir ein bisschen von den Franzosen und Italienern übernommen. Ich persönlich begrüße meine Freunde immer mit Küsschen, für Nicht-Schweizer ist das aber nicht immer so einfach. Die wissen oft nicht, auf welcher Seite sie anfangen sollen und wie viele Küsschen man gibt. Meistens geben wir drei. Aber es ist auch kein richtiger Kuss, eher so ein Küsschen in die Luft.

‹ Dankeschön, da bin ich als Deutscher wieder ein bisschen schlauer geworden. Tschüss.

♦ Adé.

‹ Guten Tag, ich komme vom Deutschlandfunk, haben Sie einen Moment Zeit für eine kurze Frage?

▲ Ja, wenn's schnell geht.

‹ Nein, das dauert wirklich nicht lange. Wir fragen gerade Leute, was Sie über Gesten und Mimik im Alltag denken. Finden Sie es in Ordnung, wenn man sich beim Sprechen nicht ansieht?

Hörtexte

▲ Mmh, das ist eine gute Frage. Ich denke, dass es in Deutschland unhöflich ist, wenn man sich beim Sprechen nicht ansieht. Das sagt man schon den Kindern: „Sieh mich an, wenn du mit mir sprichst." Aber ich glaube auch, dass das für einige Menschen schwer sein kann, z. B., weil sie sehr schüchtern sind. Ich finde es allerdings wirklich wichtig, dass man sich ansieht.

◄ Vielen Dank, ich sehe das auch so. Einen schönen Tag noch.

▲ Gleichfalls.

◄ Entschuldigung, wir kommen vom Radio, darf ich Sie mal etwas fragen?

◄ Servus, ja klar, wenn's nicht zu lange dauert.

◄ Oh toll, sie kommen aus Österreich, das passt sehr gut. Wir machen nämlich eine Umfrage über die verschiedenen Gewohnheiten, zum Beispiel bei der Begrüßung. Stimmt es, dass man in Österreich alle Frauen mit Handkuss begrüßt.

◄ Ach Schmarrn, heute doch nicht mehr, das war früher sehr höflich, aber heute kommt das nicht mehr so oft vor. Aber es ist schon lustig, dass alle immer denken, dass der Handkuss typisch für Österreich ist, natürlich gibt es ihn noch, aber ich persönlich mag ihn überhaupt nicht.

◄ Ja, vielen Dank, ich werde bei meinem nächsten Urlaub in Österreich mal aufpassen, wer wann wem die Hand küsst. Ich wünsche Ihnen noch einen schönen Tag.

◄ Ihnen auch!

Zu 15
1)

Text 1

Rolle 1:	Oh Gott, das ist ... ist so schrecklich.
Rolle 2:	Was ist denn los?
Rolle 1:	Wir haben uns getrennt ...!
Rolle 2:	Oh, das tut mir leid.

Text 2

Rolle 1:	Hallo!
Rolle 2:	Hey, was macht ihr denn hier?
Rolle 1:	Wir waren in der Nähe und haben gedacht, wir besuchen dich einfach mal.
Rolle 2:	Das ist schön. Kommt doch rein!

Text 3

Rolle 1:	Gestern hatte ich ein Vorstellungsgespräch.
Rolle 2:	Und wie war's? Erzähl!
Rolle 1:	Sie nehmen mich! Ich hab den Job.
Rolle 2:	Das ist ja wunderbar. Herzlichen Glückwunsch!

Übungen 12

Zu 2

2)

1.

Wohin gehst du? Ins Kino? / Wohin gehst du? In den Kindergarten? / Wohin gehst du? Ins Zentrum? / Wohin gehst du? Ins Museum? / Wohin gehst du? Zur Apotheke? / Wohin gehst du? In die Universität? / Wohin gehst du? Ins Restaurant?

2.

Wo bist du? In der U-Bahn? / Wo bist du? In der Post? / Wo bist du? Am Meer? / Wo bist du? Im Geschäft? / Wo bist du? Auf dem Berg? / Wo bist du? Im Museum? / Wo bist du? Auf dem Marktplatz? / Wo bist du? Im Stadion? / Wo bist du? Auf der Wiese?

Zu 12

1.

Gefällt dir die Wohnung? / Gefällt dir der Garten? / Gefällt dir die Lage? / Gefällt dir das Zimmer? / Gefällt dir der Preis? / Gefallen dir die Nachbarn?

2.

Welchen Boden nimmst du? / Welchen Teppich nimmst du? / Welche Küche nimmst du? / Welches Fenster nimmst du? / Welche Türen nimmst du? / Welche Toilette nimmst du?

Übungen 13

Zu 3

Hier ist Radio Bremen. Im Studio begrüßt Sie ganz herzlich Heiner Mann. Heute ist Heidemarie Brückner mein Gast. Sie ist Direktorin an der Pestalozzi-Grundschule in der Gartenstraße und ich möchte mit ihr über ein Thema sprechen, das vielen Eltern wichtig ist. Es gibt ein Gesetz von der Europäischen Union, das sagt, dass alle Schulkinder jeden Tag frisches Obst bekommen sollen.

‹ Frau Brückner, dieses Gesetz gibt es nun schon seit einiger Zeit. Gibt es denn in der Pestalozzi-Schule für alle Kinder täglich frisches Obst?

▮ Wir haben im Moment einen Obsttag in der Woche. Jeden Mittwoch können sich die Kinder in der Pause kostenlos einen Apfel, eine Banane – oder was es eben in der Jahreszeit gibt – nehmen.

‹ Und tun sie das auch?

▮ Ja, das Obst ist immer sehr schnell weg.

‹ Die EU hat das Gesetz ja auch beschlossen, weil es so viele dicke Kinder gibt. Bringt das denn etwas?

▮ Nein, ein Apfel in der Woche reicht natürlich nicht. Die Kinder bewegen sich zu wenig. Sie sitzen viel vor dem Computer und in den Pausen kaufen sie sich Brezeln, Pizza oder Kekse.

‹ Was meinen Sie, was kann man dagegen tun?

▮ Das Beste ist, wenn die Kinder zu Hause mit der Familie kochen und regelmäßig gesund essen. Aber auch das kann man in der Schule unterstützen. Zum Beispiel durch Kochkurse am Nachmittag. Aber dafür braucht man mehr Geld als für ein paar Kisten Äpfel.

‹ Also bleiben unsere Kinder dick?

❙ Nicht unbedingt. In vielen Schulen gibt es sehr engagierte Lehrer, die organisieren Kochkurse und sammeln dafür Geld.

‹ Na, dann drücken wir ...

Zu 7

Lehrerin:	Danke, dass Sie gekommen sind, Herr Malik. Ich möchte mit Ihnen über Lukas reden.
Vater:	Ja, guten Tag. Was ist denn das Problem?
Lehrerin:	Seine Leistungen sind schlechter geworden und er hat seine Hausaufgaben oft nicht gemacht.
Vater:	Was? Das habe ich nicht gewusst. Er zeigt mir sein Hausaufgabenheft nicht mehr und antwortet nicht, wenn ich nach der Schule frage. Früher hat er seiner Mutter alles erzählt, jetzt nicht mehr.
Lehrerin:	Ja, in der Klasse wird er auch immer stiller. Er wirkt traurig. Wissen Sie, warum?
Vater:	Sein bester Freund, Timo, ist weggezogen. Er fehlt ihm sehr.
Lehrerin:	Gut, dass Sie mir das sagen. Was glauben Sie, wie können wir Ihrem Sohn helfen?
Vater:	Hm, vielleicht können wir ...

Zu 8

Die Mutter hilft dem Sohn bei den Hausaufgaben. / Der Sohn antwortet dem Vater nicht. /
Die Tante gratuliert der Nichte zum guten Zeugnis. / Nora dankt dem Onkel für die Schul-
tüte. / Peter schreibt dem Freund einen Brief. / Er gibt dem Sportlehrer das Geld. /
Frau Richter hört der Schülerin gut zu.

Übungen 14

Zu 4
3)

Susanne:	Ja?
Sabine:	Hallo Susanne. Wie geht's dir?
Susanne:	Gut, und dir?
Sabine:	Mir auch. Stell dir vor, ich habe einen neuen Job.
Susanne:	Toll! Gratuliere! Wie hast du denn das geschafft, erzähl mal!
Sabine:	Du weißt ja, ich habe viele Bewerbungen geschrieben. Und nie hat es geklappt. Ich habe immer nur Absagen bekommen. Aber dann habe ich ein Seminar besucht, das hat mir geholfen.
Susanne:	Das ist ja interessant. Erzähl mal!
Sabine:	Na ja, da habe ich viel gelernt, zum Beispiel kann ich jetzt meine Zeit besser einteilen. Ich hatte oft das Gefühl, dass ich nicht genug schaffe und das hat mich sehr unsicher gemacht. Jetzt bin ich nicht mehr so ängstlich.
Susanne:	Das ist bestimmt gut, wenn du zu einem Bewerbungsgespräch musst, oder?

Sabine:	Ja genau! Und wir hatten auch ein Gesprächstraining. Das war hart, weil man über seine Stärken und Schwächen sprechen musste. Aber danach konnte ich viel besser auf die typischen Fragen antworten.
Susanne:	Das klingt gut. Und wie ging es dann weiter?
Sabine:	Ich habe mich dann wieder beworben und gestern hatte ich ein Gespräch bei der Firma Müller. Sie haben mich genommen! In zwei Wochen ist mein erster Arbeitstag.
Susanne:	Klasse! Das müssen wir feiern, wollen wir heute Abend tanzen gehen?
Sabine:	Gute Idee. Dann bis heute Abend, so gegen acht?
Susanne:	Ja gern. Bis später. Tschüss.
Sabine:	Bis später, Susanne. Tschüss.

Zu 12

Rolle 1:	Hallo, kennen wir uns? Ich bin Aron.
Rolle 2:	Hallo, ich weiß nicht. Ich heiße Birte. Woher kennst du denn die Claudia?
Rolle 1:	Oh, ich kenne sie schon ganz lange, wir sind zusammen zur Schule gegangen.
Rolle 2:	Ach, das ist ja interessant. Claudia und ich kennen uns aus dem Fitness-studio. Manchmal spielen wir auch zusammen Fußball.
Rolle 1:	Ja, Claudia hat schon in der Schule mit den Jungs Fußball gespielt. Ganz anders als ich: Ich bin nicht so sportlich. Ich gehe lieber ins Kino oder lese. Und du, was machst du gern?
Rolle 2:	Mmh, ins Kino gehe ich auch ganz gern, aber am liebsten reise ich, letztes Jahr war ich in China.
Rolle 1:	Wow, China! Das ist sicher sehr spannend. Da musst du mir mehr erzählen. Ich hole mir schnell ein Glas Wein. Möchtest du auch eins oder trinkst du lieber Bier?
Rolle 2:	Ich trinke eigentlich lieber Bier. Warte, ich komme einfach mit.

Prüfungsvorbereitung

1. Hallo, ich bin's, die Petra, tut mir leid, ich kann am Samstag leider nicht mit ins Kino kommen. Ich rufe dich morgen nochmal zwischen 12:30 und 13:00 Uhr an.
2. Ja, guten Tag, Computer Schmitt, ihr Computer funktioniert wieder. Die Reparatur ist fertig. Sie können ihn morgen ab 10:00 Uhr bei uns im Geschäft abholen.
3. Hi, hier ist der Klaus, ich kann leider morgen früh nicht mit dir joggen, ich habe schon um halb acht einen Termin beim Zahnarzt.
4. Hallo, die Sabine hier. Sag mal, hast du morgen zwischen 16 und 18 Uhr Zeit? Dann komm doch zum Kaffeetrinken zu mir. Bis dann!

Alphabetische Wörterliste

Die alphabetische Liste enthält den Wortschatz der Einheiten und der Übungen der Bände A2/1 und A2/2. Namen, Zahlen und grammatische Begriffe sind in der Liste nicht enthalten. Wörter in *kursiv* müssen Sie nicht lernen.

Ein · oder ein – unter dem Wort zeigt den Wortakzent:
ạ = kurzer Vokal   a̲ = langer Vokal

Nationale Varietäten. Die deutsche Standardsprache ist u. a. in Deutschland (D), in Österreich (A) und in der Schweiz (CH) zu Hause. Aber manche Wörter benutzt man nicht in allen Ländern. Beispiel: *Klassenarbeit* (D, CH), *die, -en*: in Deutschland und in der Schweiz; *Schularbeit* (A), *die, -en*: nur in Österreich.

Nach den Nomen finden Sie immer den Artikel und die Pluralform.
Zum Beispiel: Buch, das, "-er = das Buch, die Bücher
" = Umlaut im Plural
* = Es gibt dieses Wort nur im Singular.

Die Zahlen geben an, wo das Wort zum ersten Mal vorkommt (z. B. 7/6 bedeutet Einheit 7, Aufgabe 6 oder Ü7/14 Übungsteil der Einheit 7, Übung zu 14).

A

ạbhängen (von), hängt ạb, ạbgehangen 5/8
ạbhauen, haut ạb, ist ạbgehauen 11/12
ạbheben (Geld), hebt ạb, ạbgehoben 5/6
Ạbholzeiten, die, nur Pl. 1/13
Abit̲ur (D), das, -e (Pl. selten) 3/9
ạbkühlen, kühlt ạb, ạbgekühlt Ü5/12
ạbnehmen, nimmt ạb, ạbgenommen 7/3b
Ạbsage, die, -n 14/4b
Ạbschnitt, der, -e 13/5b
ạbschreiben, schreibt ạb, ạbgeschrieben 13/15a
Ạbsender, der, - Ü4/13
ạbstürzen, st̲ürzt ab, ist ạbgestürzt 8/4b
Abt̲eil, das, -e 14/Ü9
ạchten (auf) 5/2c
Advẹntkranz (A), der, "-e 10/14
Advẹntskranz (D, CH), der, "-e 10/14

*Advẹntszeit (D, CH), die, ** 10/14
*Advẹntzeit (A), die, ** 10/14
Ạffe, der, -n 11/Extra
Agent̲ur, die, -en 8/4b
aggress̲iv 11/2c
Äg̲ypten 11/Extra
ähnliches 9/13a
Akti̲on, die, -en 2/15b
akt̲iv 3/13
Ạlbtraum, der, "-e 10/12a
alemạnnisch 10/Extra
Alibi, das, -s 8/Ü13
ạlle 10/2
all̲einerziehend 1/7
All̲einerziehende, der/die, -n 3/13
Allerg̲ie, die, -n 13/11
Allerh̲eiligen 10/14
Ạlltag, der, ** 1/5
ạls (2) 10/14
ạls 3/4
Ạltstadtviertel, das, - 10/19
Ạmeise, die, -n 14/Extra
amerik̲anisch 1/Extra
amüs̲ieren (sich) 10/1c
anal̲og 8/Extra

ạnbieten, bietet ạn, ạngeboten 3/13
ạnderer, ạnderes, ạndere 1/4b
ạndern (sich) 2/6b
ạnders 8/4b
Ạnfang (am Ạnfang), der, "-e 10/12
ạngenehm 8/3
Ạngestellte, der/die, -n 1/22b
Ạngst, die, "-e 6/4b
ạngstlich 11/18a
ạnkommen, kommt ạn, ist ạngekommen 2/20a
ạnmalen, malt ạn, ạngemalt 10/Ü15
Ạnmeldeformular, das, -e 13/10a
Ạnrede, die, -n Ü4/13
Ạnruf, der, -e 2/17a
Ạnrufbeantworter, der, - 2/3b
ạnsehen, sieht ạn, ạngesehen 8/7b
Ạnsprechpartner/in, der/die, -/-nen 3/13
Ạntwortbogen, der, -bögen 13/14

Anweisung, die, -en 4/15a
Anwendung, die, -en 9/ÜPrüf
anzünden, zündet an,
    angezündet 10/8
Aquarium, das, Aquarien
    12/Ü8
Arbeiter/in, der/die, -/-nen
    12/Ü8
Arbeitsagentur, die, -en Ü1/5
Arbeitslosenquote, die, -n
    1/4b
Architekt/in, der/die, -/nen
    12/Ü11
Ärger, der, * 13/15a
ärgern (sich + über) 2/15b
Argument, das, -e 12/2b
arm, ärmer, am ärmsten
    12/6c
Armee, die, -n 3/4
Art, die, -en 9/ÜPrüf
Artikel, der, - 14/10a
Atlas, der, Atlanten 13/Ü16
atmen 2/20a
Atomuhr, die, -en 2/Extra
auffallen, fällt auf,
    ist aufgefallen 6/7b
aufhängen, hängt auf,
    aufgehängt 2/21
auflockern, lockert auf,
    aufgelockert 14/Extra
aufnehmen (einen Kredit),
    nimmt auf, aufgenommen
    5/2b
aufräumen, räumt auf,
    aufgeräumt 2/3b
aufregen (sich), regt sich auf,
    aufgeregt 11/18a
aufschreiben, schreibt auf,
    aufgeschrieben 1/22a
aufstellen, stellt auf,
    aufgestellt 4/13 St. 3
auftreten (auf/in), tritt auf,
    ist aufgetreten 10/4b
Auftritt, der, -e 8/Extra
Augenbraue, die, -n 11/Ü13
Augenhöhe 5/11c
Ausdauer, die, * 11/21
ausdrücken, drückt aus, hat
    ausgedrückt 8/0

Ausflug, der, „-e 2/15a
ausgeben, gibt aus,
    ausgegeben 5/1a
ausgehen (ein Spiel), geht aus,
    ist ausgegangen 7/Extra
Ausland, das, * 8/10
ausleihen, leiht aus,
    ausgeliehen 5/11c
auspacken, packt aus,
    ausgepackt 10/8
ausrechnen, rechnet aus,
    ausgerechnet 9/13b
Ausrede, die, -n 5/10
Aussage, die, -n 13/18
Aussprache, die, * 12/13c
aussprechen, spricht aus,
    ausgesprochen 14/3a
Ausstellung, die, -en 10/21a
austauschen, tauscht aus,
    ausgetauscht 5/11b
Australien 11/12
austrinken, trinkt aus,
    ausgetrunken 6/Extra
Auswahl, die, * 12/3b
auswählen, wählt aus,
    ausgewählt 4/4b
auswendig (lernen) 14/16b
Auszahlung, die, -en 5/6
ausziehen, zieht aus,
    ist ausgezogen 3/7
Auszug, der, „-e 4/Extra

B

Baby, das, -s 1/7
Babymassage, die, -n 13/10
Badeanzug, der, „-e 12/12
Bademantel, der, "- 9/14
Badmintonball, der, „-e
    7/16a
Ballwechsel, der, - 7/16b
Bancomat (CH), der, -en 5/8
Bancomatkarte (CH), die, -n
    5/8
Bank, die, -en 5/2c
Bankleitzahl (BLZ), die, -en
    5/5a
Bankomat (A), der, -en 5/8

Bankomatkarte (A), die, -n
    5/8
Bankverbindung, die, -en
    5/5a
Basketball, der, * 7/1a
Bauarbeiter/in, der/die, -/-nen
    12/Extra
Baum, der, "-e 2/Extra
Baumarkt, der, "-e 4/13 St. 2a
Bauer/Bäuerin, der/die,
    -n/-nen 12/10b
Bauernhof, der, "-e 12/3b
Bauersfrau, die, -en 12/6c
Baum, der, "-e 12/C
Baustelle, die, -n 12/10c
Beamter/Beamtin, der/die,
    Beamten/-nen 12/Extra
bedanken (sich + bei/für)
    Ü7/5
beeilen (sich) 2/3b
beeinflussen 12/Ü9
begeistert (sein) 10/2
Begriff, der, -e 12/16
begründen 8/9
begrüßen 2/1a
beheben, behebt, behoben
    4/13
Behinderung, die, -en 9/3b
beide 1/8
Beipackzettel, der, - 9/Extra
Bekannte, der/die, -n 14/14a
beleben 10/Extra
Beleg, der, -e 5/6
belegt (sein) 4/Extra
Beleidigung, die, -en 11/12
beliebt 10/14
benutzen 5/11c
Benzin, das, * 5/11c
Beratungsstelle, die, -n 5/2b
bereitliegen, liegt bereit,
    bereitgelegen 4/Extra
Bericht, der, -e 9/3b
bescheiden 11/21
Beschreibung, die, -en 13/18
beschriften 12/1a
besonderer, besonderes,
    besondere 14/Extra
besonders 2/15b
besorgt 11/16

Alphabetische Wörterliste

besprechen, bespricht,
   besprochen 13/5b
Besprechung, die, -en 8/4b
Bestätigung, die, -en 13/Ü5
Besteck, das, -e Ü4/13
bestellen 8/4b
bestimmen 9/16c
bestimmt 10/16
Bestseller, der, - 11/3b
Besucher/in, der/die, -/-nen
   10/Extra
Beton 12/Extra
Betonung, die, -en 9/10c
Betrag, der, "-e 5/5b
Betreff, der, -e Ü4/13
Betreuungszeiten, die, nur Pl.
   1/7
bewegen 4/15a
bewerben (sich), bewirbt
   sich, hat sich beworben
   1/4b
Bewerbung, die, -en 14/4b
Bewerbungsgespräch, das, -e
   14/4b
bewundern 1/Extra
bewusstlos 7/12
Bezirk, der, -e 12/10c
Biergarten, der, "- Ü7/5
bieten, bietet, geboten
   6/19
Bildqualität, die, -en 8/7b
Bildschirm, der, -e 8/7b
*Bildung, die, ** 6/Extra
binden, band, gebunden
   14/S. 75
Bindung, die, -en 1/Extra
Biografie, die, -n 13/Ü16
Biologie, die, * 13/1a
bitter 10/1c
blättern 8/7b
bloß 7/Extra
*Bluthochdruck, der, ** 9/Ü14
Boden, der, "- 12/Ü9
Bohrmaschine, die, -n 5/11c
Boot, das, -e 12/0
böse 11/Extra
Boss, der, -e 5/Extra
Bote, Botin, der/die, -n/-nen
   8/4b

Brasilianer/in, der/die, -/-nen
   10/4b
brasilianisch 10/2
Brauch, der, "-e 13/Ü1
Braut, die, "-e 10/10
Bräutigam, der, -e 11/21a
brav 11/Extra
brechen (sich), bricht sich,
   hat sich gebrochen 7/10a
Brett, das, -er 7/Extra
Brief, der, -e 1/22a
Briefmarke, die, -n 1/22a
Brückentag (D, CH), *der, -e*
   10/14
Brummbär/in, der/die,
   -en/-nen 11/Extra
Brunnen, der, - 12/Extra
Buchmesse, die, -n 11/3a
Bühne, die, -n 14/15b
Bundesland, das, "-er 13/Ü1
Bungalow, das, -s 9/6a
bunt 4/1a
Bürste, die, -n 9/14
Bus, der, -se 12/6c

C

*Champagner, der, ** 5/Extra
Charakter, der, -e 11/3a
Chatforum, das, -foren 12/3a
chatten 8/7b
checken 8/7b
Chemie, die, * 13/1a
chinesisch 9/17b
Clown, der, -s 10/1c
Coach, der 14/4c
Computerspezialist, der, -en
   9/11a
Chor, der, "-e 3/4
Collage, die, -n 3/0

D

da 14/10a
dabei sein, ist dabei, ist dabei
   gewesen 9/11b
damals 13/2b

damit 8/7b
dass 1/11
Datum, das, Daten 9/Ü14
*Dauer, die, ** 9/ÜPrüf
Dauerauftrag, der, "-e 5/6
Dauerkarte, die, -n 7/6a
Decke, die, -n 4/4b
decken (Tisch) Ü4/10
Demonstration, die, -en 10/14
demonstrieren 6/7a
deshalb 3/13
*Deutschschweiz, die, **
   11/Extra
*Diabetes, der, ** 9/Ü14
dickköpfig 11/Extra
direkt 11/12
Direktor/in, der/die, -en/-nen
   13/Extra
dirigieren 2/1a
dies und das 14/13
dieser, dieses, diese 12/10
diskutieren (über) 6/1
Dispokredit (D), der, -e 5/8
doch 10/3
Dokument, das, -e 1/22a
Dokumentation, die, -en
   8/14a
doppelt 7/Extra
Dorf, das, "-er 3/4
Dosierung, die, -en 9/ÜPrüf
Download, der, -s 8/12b
Drache, der, -n 14/16a
Drittel, das, - 4/Extra
drucken 5/6
dumm 11/Extra
durchschnittlich 4/Extra
Durst, der, * 9/12
durstig Ü5/12

E

EC-Karte, die, -n 5/8
Echo, das, -s 14/17
echt 12/6c
egoistisch 11/2b
Ehe, die, -n 3/4
Ehefrau, die, -en 9/Ü14
Ehepaar, das, -e 5/2c

eher nicht 10/9a
ehrenamtlich 6/14
ehrgeizig 11/21
ehrlich 11/1
eigen 5/2c
Eigenschaft, die, -en 11/5a
eigentlich 8/7b
Eindruck, der, "-e 11/3b
eingeben, gibt ein,
   eingegeben 8/19
einigen (sich + auf) 6/1
Einkauf, der, "-e 2/20b
Einladung, die, -en 10/11
einlegen, legt ein, eingelegt
   4/Extra
einleiten, leitet ein, eingeleitet
   14/8c
Einliegerwohnung, die, -en
   4/Extra
einnehmen, nimmt ein,
   eingenommen 9/ÜPrüf
einrichten, richtet ein,
   eingerichtet 4/4b
einsammeln, sammelt ein,
   eingesammelt Ü6/14
einschalten, schaltet ein,
   eingeschaltet 1/22a
einschlafen, schläft ein,
   ist eingeschlafen 2/20
einteilen (Zeit) 14/4b
einverstanden (sein) 11/3b
Einzahlungsschein (A, CH),
   der, -e 5/5
einzig 13/Extra
Eisbahn, die, -en 12/Ü8
eiskalt 10/3
eklig 6/Extra
Elefant, der, -en 11/Extra
elegant Ü1/17
Elektrogerät, das, -e 5/11c
Elternabend, der, -e 13/5
Elternbeirat, der, "-e 13/5a
emotional 1/Extra
Empfänger/in, der/die, -/-nen
   5/5b
empfehlen, empfiehlt,
   empfohlen 8/Ü16
Ende: am Ende 2/15b
enden 10/14

Endung, die, -en 12/8a
Energie, die, -n Ü2/13
Energieeffizienzklasse, die, -n
   5/11c
Energiesparlampe, die, -n
   5/11c
Engagement-Index, der, -e
   1/Extra
engagieren (sich + für) 6/15
Enkel/in, der/die, -/-nen
   3/15
entdecken 12/3b
entfernt (sein) 13/1b
Entscheidung, die, -en 11/2b
entscheiden (sich + für),
   entscheidet sich, hat sich
   entschieden Ü3/11
entspannt (sein) 10/1c
Entspannungsübung, die, -en
   9/13a
enttäuschen 11/19
Erde, die, -n 12/Ü9
Erdkunde, die, * 13/1a
Erfahrung, die, -en 6/4b
Erfolg, der, -e 1/4b
Ergebnis, das, -se 7/6a
erinnern (sich + an) Ü7/9
Erinnerung, die, -en 3/10a
erleben 9/8
Erlebnis, das, -se 3/10a
ernst nehmen nimmt ernst,
   ernst genommen 11/3b
erobern 8/4b
eröffnen 5/8
erreichen 3/1
erschöpft (sein) 14/10b
erschrecken, erschrickt, ist
   erschrocken 14/16a
ersetzen 3/20
erst einmal 14/10a
erstaunt (sein) 13/Extra
Erste, der/die, -n 10/12a
erwachsen 3/20
erwünscht (sein) 8/Ü11
Erzähler/in, der/in -/-nen
   1/5
Erzieher/in, der/die, -/-nen
   Ü1/8
*Erziehung, die, * * 6/Extra

Erziehungsberechtigter/Erzie-
   hungsberechtigte, der/die,
   -berechtigte 13/Ü5
Esel, der, - 11/Extra
Ethik, die, -en 13/1a
*Europa, das, * * 12/Ü1
Europäer/in, der/die, -/-nen
   11/21a
Experte, der, -n 12/7
extra 10/14

F

Fach, das, "-er 13/1a
Fachmann, der, -leute 2/3b
Faden, der, "- 14/S.75
Fähigkeit, die, -en 14/Extra
Fahrstuhl (D), der, "-e 12/Ü8
Fahrt, die, -en 1/4b
fallen, fällt, ist gefallen 4/13
falten 14/S.75
Familienname, der, -n 13/18
Fan, der, -s 7/6
Fanartikel, der, - 7/6a
Fanclub, der, -s 7/6a
Fantasie, die, -n 10/1
Fas(t)nacht, die, "-e 10/14
*Fasching, der, * * 10/14
*Faschingsrummel, der, * * 10/19
*Fasnet, die, * * 10/Extra
Fastenzeit, die, -en 10/14
faszinieren 14/Extra
Faultier, das, -e 14/Extra
Feder, die, -n 6/11
Feiertag, der, -e 6/12
Fehler, der, - 13/15a
fein 12/9a
Feind, der, -e 14/Extra
Feinkostgeschäft, das, -e
   1/Extra
Feld, das, -er 12/3b
Fenstertag (A), der, -e 10/14
Fest, das, -e 10/2
fest 1/4b
festhalten, hält fest,
   festgehalten Ü4/13
feststellen, stellt fest, festgestellt
   14/Extra

feucht 4/13
Feuer, das, - 10/14
Feuerwehr, die, -en 7/11
Feuerwerk, das, -e 10/8
Fiakerfahrer/in, der/die, -/-nen
  12/10b
Figur, die, -en 10/Ü17
Filiale, die, -n 4/Extra
finanziell 11/21
Fischer/in, der/die, -/-nen
  12/10b
Fitnessstudio, das, -s 7/2b
fix 14/10a
flach 12/6c
fleißig Ü7/14
Fluch, der, "-e 11/Extra
Fluchen, das, * 11/Extra
Fluss, der, "-e 12/3b
Flüssigkeit, die, -en 9/ÜPrüf
Formel, die, -n 13/Ü1
Forscher/in, der/die, -/-nen 12/
  Ü9
fränkisch 10/2
Französisch, das, * 13/1a
Frauentag: Internationaler
  Frauentag, der, -e 10/19
frech 11/1
Freiheit, die, -en 5/0
freiwillig 6/15
Freizeitgestaltung, die, *
  6/Extra
fremd 6/4b
Fremde, der/die, -n 11/3b
Fremdsprache, die, -n 3/12
fressen, frisst, gefressen
  14/16a
Freude, die, -n 13/Ü1
freuen (sich + über/auf)
  2/6b
Friedhof, der, "-e 10/14
Frosch, der, "-e 14/16a
Frucht, die, "-e 14/16a
führen 12/15a
füllen 10/14
Fundstück, das, -e 10/Extra
Funken-Abbrennen, das, *
  10/Extra
Funkuhr, die, -en 2/Extra
Fußballprofi, der, -s 9/Extra

Fußballverein, der, -e 6/4c
Fußsohle, die, -n 11/12
Futter, das, * 14/Extra

G

Gardine (D), die, -n Ü4/8
Gast, der, "-e 10/9b
Gebäude, das, - 12/Ü8
Gebiet, das, -e 9/ÜPrüf
Gebrauchsanweisung, die,
  -en 8/7b
gebraucht 3/13
Gebühr, die, -en 5/7
gebührenfrei 5/8
Geburtsdatum, das, -daten
  11/22b
Gedächtnis, das, -se 14/Extra
Gedicht, das, -e 2/20a
geduldig 11/21
Gefühl, das, -e 1/2
Gegenanzeige, die, -n 9/ÜPrüf
gegenüber 4/4b
Gehalt, das, "-er 5/8
Gehaltsbescheinigung, die, -en
  5/8
Geheimnis, das, -se 11/3b
Geheimnummer, die, -n 5/8
gehören (zu) 13/5b
Geist, der, -er 9/Extra
gekleidet (sein) 11/3b
gelaunt (sein) 11/Extra
Geldautomat (D), der, -en
  5/8
gell 3/Extra
gelten, gilt, gegolten 10/Extra
gemein Ü7/13
gemeinsam 2/15b
gemütlich 4/2
genau 10/12 a
Generation, die, -en 3/1
Genie, das, -s 14/Extra
genießen, genießt, genossen
  3/4
genug 3/10a
gepflegt (sein) 11/3b
gerade 14/13b
Gerät, das, "-e 8/18

gerecht 11/21
gering 1/Extra
gern, lieber, am liebsten 6/9
Geruch, der, "-e 10/4b
Geschenk, das, -e 2/18
Geschichte (2), die, * 13/1
Geschichte, die, -n 6/14c
Geschirrspüler, der, - 5/11c
Geschmack, der, "-er 10/1c
gesellig 11/21
Gesellschaft, die, * 6/4c
Gesetz, das, -e 13/Ü3
gesetzlich 10/14
gespannt (sein) 7/0
Gespräch, das, -e 8/4b
gestattet (sein) 8/Ü11
Geste, die, -n 11/0
Gestik, die, * 11/10
gestresst (sein) 9/13a
gesund, gesünder,
  am gesündesten 5/11c
Gesundheitsbereich, der, -e
  6/Extra
Getränk, das, -e 10/Extra
getrennt (sein) 5/8
getrocknet 1/Extra
gewinnen, gewinnt,
  gewonnen 7/0
Gewohnheit, die, -en 8/17
Girokonto, das, -en 5/8
gleichzeitig 9/10
Glück (zum Glück), das, *
  9/3b
glücklich 1/4b
Glühbirne, die, -n Ü5/12
Glühwein, der, -e 10/Ü17
Gold, das, * 6/11
Goldmedaille, die, -en 9/3b
Grab, das, "-er 10/14
Grafik, die, -en 8/3
gratis 4/13 St. 3a
Großelterndienst, der, -e 3/13
Großstadt, die, "-e 12/3b
großzügig 11/21
gründen 3/Extra
Grundlage, die, -n 13/10
gründlich 14/4b
Grundschule, die, -n 13/Extra
Gruppe, die, -n 3/4

Guerilla, die, -s 12/Extra
Gurke, die, -n 12/9a
gut, besser, am besten 6/9
Gutschein, der, -e Ü4/1
guttun, tut gut, gut getan
  9/3b
Gymnasium, das, Gymnasien
  13/Ü3
Gymnastik, die, * 9/3b

H

Hagel, der, * 11/Extra
Hälfte, die, -n 10/12a
Halle, die, -n 10/19
Hallig, die, -en 13/Extra
Handbewegung, die, -en 13/1a
Handkuss, der, "-e 11/Ü11
hängen, hängt, gehangen
  4/1a
Harmonie, die, -n 4/4b
hart, härter, am härtesten 3/4
Haufen, der, - 11/19
häufen, häuft, gehäuft 11/19
häufig 2/0
Hauptschule, die, -n 13/Extra
Hausarbeit, die, -en 9/Extra
Hausaufgabe, die, -n 2/19b
Hausschuh, der, -e 9/10b
Hausverwaltung, die, -en
  4/13 St. 4
Hautausschlag, der, "-e
  9/ÜPrüf
heilig 10/14
Heiligabend, der, -e 10/14
heimlich 12/Extra
Heimweh, das, * 6/4b
Hektik, die, * 14/Extra
hektisch 2/3b
Helfer/in, der/die, -/-nen
  3/13
Herausforderung, die, -en
  9/6a
Hexenschuss, der, "-e 9/Extra
hierher Ü6/2
Hilfsbedürftige, der/die, -n
  Ü6/14
hilfsbereit 11/21

Hilfsorganisation, die, -en
  6/Extra
Himmelfahrt, die, * 10/14
hinfallen, fällt hin,
  ist hingefallen 7/10
Hintergrund, der, "-e 10/4b
Hobby, das, -s 1/5
hoch, höher, am höchsten
  6/9
hochfahren, fährt hoch,
  ist hochgefahren 8/18c
Hochhaus, das, "-er 12/1b
höchstens 2/Extra
hoffen (auf) 2/15b
hoffentlich 11/15
Hoffnung, die, -en 6/4b
Höhepunkt, der, -e 10/2
Holz, das, "-er 10/Extra
hören (auf) 11/8
Hörgerät, das, -e 3/4
Hort, der, -e 1/7
Hosentasche, die, -n
  5/Extra
Hotspot, der, -s 8/7b
Huhn, das, "-er 12/6c
hungrig 5/11c
husten 9/12

I

ideal 7/3c
Idiot/in, der/die, -en/-nen
  11/Extra
Igel, der, - 12/3b
illegal 8/Ü11
im Dunkeln 2/6b
im Wechsel 2/6b
immer mehr 10/4b
immer wieder 9/3b
immerfort 12/Extra
Impfbuch, das, "-er 9/14
Impfpass (A, D), der, "-e 9/14
indisch 10/19
informativ 8/Ü16
Initiative, die, -n 6/15
Innenstadt, die, "-e 10/2
innerer Schweinehund, der, -e
  9/Extra

Integrationsbeirat, der, "-e
  6/4c
intensiv 10/4b
interessieren (sich + für)
  2/15b
interessiert (sein) 3/13
international 9/18
Internetcafé, das, -s 8/2
Internetzugang, der "-e 8/4b
Interview, das, -s 1/5
interviewen 9/6a
islamisch 11/12
Italiener/in, der/die, -/-nen 11/
  Extra

J

Jahrhundert, das, -e 10/Extra
jährlich Ü5/12
japanisch 10/19
Jazz-Musiker/in, der/die,
  -/-nen 10/4b
jeder, jedes, jede 1/4b
jemand 11/12
Jetzt aber! 14/13a
Journalist/in, der/die, -/-nen
  11/4
Jugend, die, * 3/19
Jugendlicher/Jugendliche,
  der/die, -lichen 9/ÜPrüf
Junge, der, -n 13/1a
Jungfrau, die, -en 11/21

K

Kaffeemaschine, die (Pl), -n
  9/14
Kamera, die, -s 3/10
Kamin, der, -e 4/1a
Kamm, der, "-e 9/14
kämmen 2/20a
kämpfen 7/0
Kampfsport, der, -arten 7/1a
Kantine, die, -en 9/11b
Karfreitag, der, -e 10/14
Karneval, der, * 10/14
Karriere, die, -n 1/7

Alphabetische Wörterliste

Karte, die, -n 7/8
Karton, der, -s 4/16
Katzenklo, das, -s Ü4/10
Kauf, der, "-e 5/11c
kaum 4/Extra
Kaution, die, -en 5/6
Keller, der, - 13/Ü1
Kenntnis: zur Kenntnis
    nehmen, die, -se 13/Ü5
Kerze, die, -n 10/4b
Kilometer, der, - 13/1b
Kindheit, die, * 3/10a
Kirschblütenfest, das, -e 10/19
Kissen (D, CH), das, - 4/1a
Kiste, die, -n 4/0
klappen Ü5/1
klappen: es klappt 14/4b
klären 1/4b
Klasse, die, -n 13/1a
Klassenarbeit (D, CH), die,
    -en 13/2b
Klassenfahrt (D, CH), die, -en
    13/2b
Klassenlehrer/in, der/die,
    -/-nen 13/5b
Klassenzimmer, das, - 13/1a
Klassik, die, * 10/19
klauen 3/4
kleben 11/23
Kleingeld, das, * 9/14
klicken 8/7b
Klingel, die, -n 4/13 St. 4b
Klopapierrolle, die, -n 4/Extra
klopfen 9/10
klug, klüger, am klügsten
    11/12
Koffer, der, - 9/15
Kolumbianer/in, der/die,
    -/-nen 10/Extra
kombinieren 12/8
Komiker/in, der/die, -/nen
    8/16
komisch 11/3b
Kommentar, der, -e 12/3b
kommentieren 11/22b
Kommissar/in, der/die, -e/-nen
    8/Ü13
Konditor/in, der/die, -en/-nen
    1/4b

Konferenz, die, -en 13/2b
Konflikt, der, -e 13/5b
König/in, der/die, -e/-nen
    10/14
königlich 12/Ü8
können: nicht mehr können
    14/4c
Konto, das, Konten 5/2b
Kontoauszug, der, "-e 5/6
Kontoinhaber/in, der/die,
    -/-nen 5/5b
konzentrieren (sich) 13/14
kopieren 1/22a
Kopfrechnen, das 14/Extra
Korb, der, "-e 7/18
körperlich 7/3c
Körpergewicht, das 14/Extra
Körperpflege, die, * 5/1a
korrekt 12/Extra
Kostbare, das, * 3/4
Kostüm, das, -e 10/2
Kraft, die, "-e 9/Extra
Krampus (A), der, * 10/14
Krankenkasse, die, -n 9/Ü14
Krankenversicherung, die, -en
    9/Ü14
Krankheit, die, -en 14/Extra
kreativ 11/Extra
Krebs, der, -e 11/21
Kredit, der, -e 5/2b
Kreditinstitut, das, -e 5/5a
Kreis, der, -e 14/15b
Krieg, der, -e 3/4
Krimi, der, -s 8/9
Krise, die, -n 7/3b
kühl 4/4b
kritisch 14/2
Kuh, die, "-e 12/0
Kultur, die, -en 10/20
kümmern (sich + um) 13/Ü3
Kündigung, die, -en Ü4/13
Kunst, die, "-e 11/22
Künstler/in, der/die, -/-nen
    11/2b
Kunstpreis, der, -e 14/13b
Kuss, der, "-e 8/Extra
Küsschen, das, * 11/Ü11
küssen 10/8
Küste, die, -n 12/12

L

Lächeln, das, - 11/3b
Lacher, der, - 14/16a
Laden, der, "- 12/10c
Lage, die, -n 6/3
Lämpchen, das, - 5/11c
Land (auf dem Land), das, *
    12/0
Landschaft, die, -en 12/1
Landsleute, die, nur Pl. 6/4b
Langeweile, die, * 14/Ü10
langweilen (sich) 2/6b
Lärm, der, * 6/7b
Larve, die, -n 10/Extra
lassen, lässt, gelassen Ü5/12
Läufer/in, der/die, -/-nen
    Ü7/5
Laune, die, -n 2/6b
Lebensaufgabe, die, -n 3/Extra
Lebensmittel, das, - 5/1a
Lebkuchen, der, - 10/4b
Lederjacke, die, -n 11/3b
leer 2/3b
Leergut, das, * 6/Extra
legen, liegt, (DSüd, A, CH:
    ist) gelegen 4/10a
Lehrberuf, der, -e 13/2c
Lehre, die, -n 13/2b
Lehrmaterial, das, -ien 13/Ü16
leicht 1/21b
Leidenschaft, die, -en 9/3b
Leihoma, die, -s 3/15
Leistung, die, -en 13/Ü7
leiten 13/10a
Leiter, die, -n 4/0
Leitung, die, -en 13/10
Lektor/in, der/die, -en/-nen
    8/4b
Lenkrad, das, "-er 11/9a
Lerner/in, der/die, -/-nen 14/1
Lernzeit, die, -en 14/10c
leuchten 5/11c
Lexikon, das, Lexika 13/Ü16
Lichterfest, das, -e 10/19
lieb haben, hat lieb, hat lieb
    gehabt 8/Extra
Lift, der, -s 4/13
Lindenbaum, der, "-e 12/Extra

Liste, die, -n 14/4b

Lkw, der, -s 4/16

Lohnabrechnung, die, -en 5/8

lohnen (sich) 6/4b

los sein: es ist etwas/viel los 10/4b

löschen 8/19

lösen 11/9b

losgehen, geht los, ist losgegangen 10/Ü21

Lösung, die, -en 13/2b

Lotto, das, -s Ü1/17

Löwe, der, -n 11/21

lügen, lügt, gelogen 3/1

Luftmatratze, die, -n 12/12

Lust haben 13/Ü11

lustlos 11/Extra

Luxus, der, * Ü1/17

M

Mädchen, das, - 13/1a

Magazin, das, -e 8/14a

Magermilch, die, * 14/16a

Maibaum, der, "-e 10/19

Mal: das erste Mal, das, -e 3/10a

Malbuch, das, "-er 8/9

Manager/in, der/die, -/-nen 9/Ü4

manche 10/2

Mandarine, die, -n 14/16a

Mandel (gebrannte), die, -n 10/1c

Mannschaft, die, -en 7/0

Marathon, der, -s 7/3b

Marke, die, -n 4/Extra

Marktschreier, der, - 12/9

Maske, die, -n 10/Extra

maskiert 10/Extra

Mathelehrer/in, der/die, -/-nen 13/1b

Mathematik, die, * 13/1a

Matratze, die, -n 9/11d

Matura (A, CH), die, * (selten: Maturen) 3/9

Maul, das, "-er 14/Extra

Maus, die, "-e 8/7b

max. (maximal) 9/ÜPrüf

Medien, die, nur Pl. 5/1a

Meditation, die, -en 9/13a

Medizin, die, * 9/17b

Meer, das, -e 12/10a

meinen 1/4

Meinung: der Meinung sein, die, -en 10/12a

meistens 2/15b

melden 7/11

melken, melkt, hat gemolken 12/6c

Memo, das, -s 8/4b

menschlich 11/0

merken (sich + Dativ) 14/3a

Merkmal, das, -e 10/Extra

Mieter/in, der/die, -/-nen Ü4/13

Migräne, die, * 9/Ü14

Milliarde, die, -n 12/Ü8

Millionär/in, der/die, -e/-nen Ü5/1

Millisekunde, die, -n 12/Ü9

Mimik, die, * 11/10

mindestens 8/Ü16

Mit freundlichen Grüßen 4/13 St.4a

miteinander 6/1

mitgeben, gibt mit, mitgegeben 13/5b

Mitglied, das, -er 7/6a

Mitgliedsbuch, das, "-er 3/4

mitmachen, macht mit, mitgemacht 6/15

mitnehmen, nimmt mit, mitgenommen 8/7b

mitreisen 10/1a

mitreißen, reißt mit, hat mitgerissen 10/4b

Mitschüler/in, der/die, -/-nen 13/Ü1

Mittagspause, die, -n 9/11d

mittanzen, tanzt mit, mitgetanzt 10/2

mitteilen, teilt mit, mitgeteilt 8/4b

Mittelalter, das, * 10/Extra

Mittelpunkt, der, -e 11/21

mitten (in + Dativ) 12/6c

Mitternacht, die * 10/9a

Mode, die, -n 14/13b

Modemesse, die, -n 14/13b

Moderator/Moderatorin, der/die, -en/-nen 8/18a

modern 12/Ü8

Möbel, die, nur Pl. 4/4b

Möglichkeit, die -en 11/18a

mobil 1/0

Modell, das, -e 1/14

möglich 4/13 St.4a

Monitor, der, -e 9/16

Moped, das, -s 12/6c

Mord, der, -e 7/Extra

motivieren 9/3b

Motto, das, -s 7/Extra

MP3-Player, der, - 8/2

Müll (D), der, * Ü2/15

Murmeltier, das, -e 14/16a

Musiker/in, der/die, -/-nen 10/1c

Musizieren, das, * 9/Extra

Mut (jdm. Mut machen), der * 9/3b

mutig 14/2

Muttersprachler/in, der/die, -/-nen 13/Ü16

N

Na und?! 3/4

Nachbarschaft, die, * 6/14c

nacherzählen 14/3a

Nacherzählung, die, -en 1/5

nachher 14/5

Nachhilfe 13/Ü16

Nachricht, die, -en 2/3b

nachschlagen, schlägt nach, nachgeschlagen 8/Ü16

nächst: am nächsten 2/3b

Nacht, die, "-e 2/6b

Nachthemd, das, -en 9/14

Nadelbaum, der, "-e 10/17

nah, näher, am nächsten 1/4b

Nasenbluten, das, * 9/ÜPrüf

Nation, die, -en 12/Ü8

national 4/13 St.3a

Alphabetische Wörterliste

Natur, die, * 12/2a
Naturschützer/in, der/die,
 -/-nen 14/Extra
Nebeneffekt, der, -e 7/3b
Nebenwirkung, die, -en
 9/Ü14
Netz, das, -e 7/18
Netzwerk, das, -e 13/Ü1
neugierig 5/15c
Neujahr, *, * 10/14
Neujahrsschoppen, der,
 - 10/19
Neustart, der, -s 5/2c
niemand 2/6b
Nikolaus, der, "-e 10/14
Nordsee, die, * 12/10c
normal 8/Extra
normalerweise 1/6
Notarzt, der, "-e 7/12
Note, die, -n 2/17b
Notebook, das, -s 8/7b
Notfall, der, "-e 9/Ü14
Notiz, die, -en 2/2a
Notruf, der, -e 7/11
Notzeit, die, -en (meist Pl.)
 Ü5/1
NRW (Nordrhein Westfalen),
 *, * 14/13b
nummerieren 1/21b
nun mal 12/3b
nutzen 8/4b
Nützliche, das, * 6/15

O

ob 1/12
oben: von oben 3/10a
Oberschule, die, -n 3/10a
Objektkünstler, der/die, -/-nen
 14/13b
obwohl 1/Extra
Ökosystem, das, -e 14/Extra
offen 11/1
offensichtlich 4/Extra
olympisch 12/Ü8
Oma, die, -s 13/8
Online-Banking, das, * 5/8
Open Air 10/19

Operation, die, -en 9/3b
Opernsänger/in, der/die,
 -/-nen 11/Extra
ordentlich 11/2b
ordnen 1/22a
Ordnung, die, * 4/4b
Ordner, der, - 14/10a
organisatorisch 13/5b
Ortsangabe, die, -n 7/Extra
ostdeutsch 8/Extra
Osterfest/Ostern, das, -e/*
 10/14
Osterhase, der, -n 10/14

P

Paar, das, -e 10/9a
packen 4/13
Paketbote/-in, der/die, -n/-nen
 5/2c
Palast, der, "-e 14/13b
Pantomime, die, -n 8/14b
Papiere, die, (Pl.) 1/22a
Paralympics, die (Pl.), * 9/3b
passend 8/14a
passieren, passiert,
 ist passiert 2/3b
Passwort, das, "-er 8/19
Pause, die, -n 2/1a
PC (Personal Computer), der,
 -s 8/4b
pendeln, pendelt,
 ist gependelt 1/0
Pendler/in, der/die, -/-nen
 1/4
Pension (A, CH), die, -en
 12/6c
persönlich 6/4b
Persönlichkeit, die, -en 11/23
Petersilie, die, * 11/Extra
Pfandbon, der, -s 6/Extra
Pfandtastisch 6/Extra
pfeifen, pfeift, gepfiffen 6/9
Pferd, das, -e 12/0
Pfingstwochenende, das, -n
 10/14
pflücken 9/9
Phase, die, -n 6/4b

Physik, die, * 13/1a
Picknick, das, -s 2/15a
piepen 14/10a
Pinsel, der, - 4/13 St. 2a
Plakat, das, -e 9/17b
Plan, der, "-e 4/16c
platzen, platzt, ist geplatzt
 10/Extra
Politik, die, * 2/15b
Polizei, die, * 7/11
Polster (A), der, - 4/1a
Popsong, der, -s 3/Extra
Porzellanladen, der, -läden
 11/Extra
Position, die, -en 14/15b
positiv 11/23
präsentieren 9/18
Praktikum, das, Praktika 1/22
preiswert 13/Ü16
privat 8/3
probieren 10/4b
Produkt, das, -e 4/Extra
Produktionshelfer/in, der/die,
 -/-nen Ü1/5
Projekt, das, -e 3/13
protestieren 6/1
Prozent, das, -e 1/4b
Programm, das, -e 8/13a
Publikum, das, * 3/Extra
Pufferzeit, die, -en 14/10b
Puppe, die, -n 4/10a

Q

Quatsch, der, * 13/Ü1
querschnittsgelähmt (sein)
 9/3b
Quiz, das, * 8/14a

R

Radio, das, -s 8/2
Radiosendung, die, -en 3/15
Rap, der, -s 12/17
rappen 12/17
rasen (die Zeit rast), rast,
 ist gerast Ü2/18

rasieren 2/8
Rasierer, der, - 9/14
rasten 7/Extra
Rat, der, * 9/Ü6
Ratschlag, der, "-e 9/12
Rätsel, das, - 11/9b
Raum, der, "-e 11/8
rausgehen, geht raus,
    ist rausgegangen 7/20
rauslegen, legt raus, rausgelegt
    14/10b
reagieren (auf) 2/8
Rechenmeister/in, der/die,
    -/-nen 14/Extra
recherchieren, recherchiert,
    hat recherchiert 8/4b
Rechnung, die, -en 5/5a
Recht haben 6/7c
Redakteur/in, der/die, -e/-nen
    10/4b
Rede, die, -n 9/Ü6
Regel, die, -n 4/4b
regelmäßig 5/11c
regieren 5/Extra
Rehaklinik, die, -en 9/3b
reich Ü5/1
reichen 14/10a
reichlich 9/ÜPrüf
Reifendruck, der, * 5/11c
Reihenfolge, die, -n 8/19
reinkommen, kommt rein,
    ist reingekommen 11/15
Reiseführer/in, der/die, -/-nen
    1/Extra
Rekord, der, -e 7/16
Religion, die, -en 13/1a
renovieren 4/13
Rente (D), die, -n 12/6c
Rentner/in, der/die, -/-nen
    2/3b
Reporter/in, der/die, -/-nen
    5/2c
Reporterteam, das, -s 2/3b
Restaurator/in, der/die,
    -en/-nen 12/10b
Rettungsdienst, der, * 7/11
rheinisch 10/Extra
Rheinland, das, * 10/14
Rheuma, das, * 9/Ü14

Rhythmus, der, Rhythmen
    10/4b
Richtige, das, * 13/2c
riesig 12/6c
Rinde, die, -n 12/Extra
Ring, der, -e 10/8
Rocksong, der, -s 3/Extra
Rolle, die, -n 4/13 St. 2a
rollen 11/Ü13
Rollo, das, -s 4/1a
rosten, rostet, ist gerostet
    7/Extra
Rollstuhl, der, "-e 9/1a
Roman, der, -e 11/3a
Romanheld/in, der/die, -/-nen
    11/3
romantisch 11/2b
Röntgenbild, das, -er 9/14
Rosenmontag, der, -e 10/14
Rubrik, die, -en 8/14a
Rübe, die, -n 3/4
rückenfreundlich 9/13a
Rückfrage, die, -n 7/11
Ruhe: jmcn. in Ruhe lassen
    6/1
Rundfunkmuseum, das,
    -museen 10/19
runterfahren, fährt runter,
    ist runtergefahren 8/18c
runterladen, lädt runter,
    hat runtergeladen 8/7b
Russe/Russin, der/die,
    -n/-nen 6/4c

S

Saal, der, Säle 2/11
Saison, die, -s 12/10c
Samba, der oder die, -s 10/2
Savant, der/die, -s 14/Extra
Saxofonist/in, der/die, -en/-nen
    10/4b
Schach, das, * 7/1a
schaffen 3/4
Schatten, der, - 12/Extra
Schauspieler/in, der/die,
    -/-nen 8/16a
Schein, der, -e 5/15b

Scheme (Schemme), die, -n
    10/Extra
schenken 5/Extra
schießen (ein Tor), schießt,
    geschossen 7/Extra
Schimpfwort, das, "-er 11/
    Extra
Schläger, der, - 7/18
Schlaf, der, * 9/Extra
Schlafanzug, der, "-e 9/14
Schlaflosigkeit, die, -en
    9/Extra
schlapp 11/Extra
schlecken 14/16a
schließen, schließt,
    geschlossen 1/8
Schlimme (nichts
    Schlimmes), das, * 4/13
Schluss, der, "-e 14/16a
schmatzen 11/Ü11
schmecken 10/1b
schminken 2/8
schmücken 10/8
schmutzig 11/12
schnarchen 2/20a
Schnecke, die, -n 14/16a
Schönheitsreparatur, die, -en
    4/13 St. 1b
Schritt, der, -e 1/5
schüchtern 14/1
Schuhmacher/in der/die,
    -/-nen 12/10b
Schütze, der, -n 11/21
Schulabschluss, der, "-e
    13/2b
Schularbeit (A), die, -en
    13/2b
Schulbuch, das, "-er 13/5a
Schulden, die, nur Pl. 5/2b
Schüler/in, der/die, -/-nen
    13/1a
Schulferien, die, (Pl.) 1/13
Schulgeld, das, -er 13/1b
Schuljahr, das, -e 13/5b
Schulmuseum, das, -museen
    13/Extra
Schulsachen, die (Pl.) 5/1b
Schulsportwoche (A), die, -en
    13/2b

Alphabetische Wörterliste

Schulsystem, das, -e 13/0
Schultag, der, -e 13/8
Schuluniform, die, -en 3/10a
Schulter, die, -n 11/Ü11
Schultreffen, das, - 13/2c
Schultüte, die, -n 13/Ü1
Schuluniform, die, -en 13/1a
Schulveranstaltung, die, -en
  13/5b
Schulzeit, die, * 3/10a
Schwäche, die, -n 14/0
Schwalbe, die, -n 7/19
Schwangerschaft, die, -en
  9/ÜPrüf
schwedisch 4/Extra
Schwein, das, -e 12/6c
Schweinshaxe, die, -n 9/Extra
schwer 9/3b
Schwimmbad, das, "-er 12/3b
Schwimmer/in, der/die,
  -/-nen 9/3b
schwitzen 10/3
Sehr geehrte/r 4/13 St. 4a
Seife, die, -n 9/14
Sekretär/in, der/die, -e/-nen
  Ü1/2
Sekt, der, * 5/Extra
Sekunde, die, -n 2/0
selbst 12/6c
selbstbewusst 11/2b
Selbstportrait, das, -s 11/9
selbstständig 14/2
seltsam 11/3b
Semester, das, - 13/Ü16
Seminar, das, -e 14/4b
Sender, der, - 8/16a
Sendung, die, -en 8/13b
Seniorenclub, der, -s 3/4
sensationell 4/13 St. 3a
Serie, die, -n 8/14a
Service, der, * 4/13 St. 3a
Sessel, der, - 4/Extra
setzen 4/10a
Sex, der, * 9/Extra
Show, die, -s 8/14a
sicher sein (sich) 12/3b
Siesta, die, -s 4/Extra
Signal, das, -e 12/7c
Silvester, *, meist Sg. 10/7

sinnvoll 8/19
Situation, die, -en 10/12a
Skizze, die, -n 12/15b
Skorpion, der, -e 11/21
skypen 8/2
Smalltalk, der, -s 14/0
Snowboardprofi, der, -s 7/Extra
Sommernachtsball, der, "-e
  10/19
Sommerzeit, die, * 2/6b
Sonnenschein, der, * 11/Extra
Sorge (sich Sorgen machen),
  die, -n 11/18a
soweit 9/ÜPrüf
sozial 6/15
Sozialbereich, der, -e 6/Extra
Spanien 9/Extra
spannend 8/4b
sparen 5/1b
sparsam 11/21
Spaziergang, der, "-e 9/11d
speichern 8/18c
spenden 6/Extra
Spendenbox, die, -en 6/Extra
Spezialist/in, der/die, -en/-nen
  14/15
Spieleabend, der, -e 10/8
Spielfilm, der, -e 8/14a
Spielkonsole, die, -n, 8/0
Spieler/in, der/die, -/-nen
  Ü7/1
Spielplatz, der, "-e 3/15
spontan 11/21
Sport treiben, treibt Sport,
  Sport getrieben 7/0
Sportart, die, -en 7/1
Sportgestaltung, die, * 6/Extra
Sportler/in, der/die, -/-nen
  7/19
Sportplatz, der, "-e 7/10
Sportschau, die, * 7/6a
Sportsendung, die, -en 7/2b
Sportteil, der, -e 2/15b
Sprechblase, die, -n 14/15a
Sprechzeit, die, -en 13/7b
springen, springt,
  ist gesprungen 6/9
Spülmaschine (D), die, -n
  5/11c

Spur: auf der Spur sein, die, -en
  9/Ü4
Staat, der, -en 14/Extra
Stadtmensch, der, -en 12/8a
Stadtteil, der, -e 6/2
stampfen 9/10
Stand, der, "-e 10/2
Stand-by-Modus, der, * 5/11c
Star, der, -s 11/3b
Stärke, die, -n 14/0
Station, die, -en 13/18
statt 1/7
stattfinden, findet statt,
  stattgefunden Ü7/5
Statue, die, -n 4/15a
Stau, der, -s 1/16
Steckdose, die, -n 5/11c
stecken 9/Extra
Stecker, der, - 5/11c
Steinbock, der, "-e 11/21
Stelle (hier: Arbeitsplatz), die,
  -n 1/4b
stellen 4/9
Stellenanzeige, die, -n 1/4b
sterben, stirbt, ist gestorben
  3/4
Sternsinger/in, der/die, -/-nen
  10/14
Sternzeichen, das, - 11/22
Steuerberater/in, der/die,
  -/-nen 4/Extra
Stichpunkt, der, -e 8/5
Stiegenhaus (A), das, "-er
  4/13
Stier, der, -e 11/21
still (sitzen) 3/10a
Stimme, die, -n 4/12b
stimmen 11/23
Stimmung, die, -en 10/1c
Stockwerk, das, -e 12/Ü8
stolz 3/4
stoppen 14/15b
strafbar 8/Ü11
Strandkorb, der, "-e 12/10b
Straßenfest, das, -e 10/0
streichen, streicht, gestrichen
  4/0
streiken 6/7b
streng 11/1

Stress: im Stress sein, der, *
   10/12a
stressig 1/2
Strom, der, * 5/1b
Student/in, der/die, -en/-nen
   Ü1/6
stundenlang 10/9a
Stundenplan, der, "-e 13/1a
stur 11/21
südwestdeutsch 10/Extra
Süßwasser, das, * 13/Extra
Sumo-Ringer, der, - 7/16b
surfen (im Internet) 8/7b
Symbol, das, -e 11/23
sympathisch 11/2c
systematisch 8/3

T

Tablet-Computer, der, - 8/7b
tabu 11/12
Tag (der offenen Tür), der, -e
   10/19
Tag der Arbeit, der 10/14
Talent, das, -e 6/19a
Tänzer/in, der/die, -/-nen
   10/2
Taschengeld, das, * 6/15
Tastatur, die, -en 8/7b
Taste, die, -n 5/6
Taucherbrille, die, -n 12/12
tauschen 8/18d
Tauschpartner/in, der/die,
   -/-nen 6/19a
Tauschring, der, -e 6/19b
Taxi, das, -s 11/Extra
technisch 8/Extra
Teil, der, -e 13/18
Teil, das, -e Ü4/13
teilen 2/15b
teilnehmen (an), nimmt teil,
   teilgenommen 9/3b
Teilnehmer/in, der/die,
   -n/-nen 14/4b
Temperatur, die, -en 10/3
Terminplan, der, "-e 14/13b
Teufel (CH,D)*, der,* - 10/14
Text, der, -e 1/5

Textpuzzle, das, -s 10/13
Thema, das, Themen 13/2b
Tipp, der, -s 1/9
tippen, tippt, hat getippt 8/7b
Tipp-ex, das, * 14/S. 75
Tischtennis, das, * 7/16a
Titelvorschlag, der, "-e 2/20b
Tomatenmark, das, * 14/10a
Ton, der, "-e 8/Extra
Top 10, die, * 4/Extra
Tor, das, -e 7/18
Torte, die, -n 6/20
total 14/10a
Tote, der/die, -n 10/14
totschlagen (die Zeit), schlägt
   tot, totgeschlagen 2/Extra
Tradition, die, -en 10/Extra
trainieren 6/14c
Training, das, -s 7/3c
träumen (von) 3/4
Trauer, die, * 11/19
Traumberuf, der, -e 13/2c
treiben (Sport), hat getrieben
   7/2b
treu 11/2b
Treffen, das, - 6/7b
Treffpunkt, der, -e 2/Extra
Trick, der, -s 8/Extra
Trommel, die, -n 10/1c
trotzdem 2/3b
Tuch, das, "-er 4/4b
Turnhalle, die, -n 13/10
Typ, der, -en 11/0
typisch 1/10

U

u. v. m. (und vieles mehr)
   13/Ü16
Übelkeit, die, * 9/ÜPrüf
über = mehr als 14/4c
Überblick, der, -e 10/19
Überempfindlichkeit, die, -en
   9/ÜPrüf
übergeben, übergibt,
   übergeben 11/12
übernehmen, übernimmt,
   hat übernommen 12/10c

überprüfen 5/11c
überraschen 11/16
Überraschung, die, -en 11/8
Überschrift, die, -en 1/4a
Überstunde, die, -n 5/2b
überweisen, überweist,
   überwiesen 5/5a
Überweisung, die, -en 5/5
Überweisungsschein (D), der,
   -e 5/0
überwinden, überwindet, hat
   überwunden 9/Extra
überziehen, überzieht,
   überzogen 5/2b
Überziehungskredit, der, -e
   5/8
Uhrmacher/in, der/die, -/-nen
   12/10b
umarmen 11/Ü1
Umfrage, die, -n 9/13b
umgehen (mit), geht um,
   ist umgegangen 11/2b
umknicken, knickt um,
   ist umgeknickt 7/10a
umräumen, räumt um,
   umgeräumt 4/4b
Umschlag, der, "-e 8/4b
umstellen, stellt um,
   umgestellt 4/4b
Umwelt, die, * 12/0
Umzug (2), der, "-e 10/2
Umzug, der, "-e 4/13 St. 3
unabhängig 11/21
Unabhängigkeit die, * 11/2b
unbedingt 7/3c
unbefristet 1/4b
unbekannt 11/3
Unfall, der, "-e 7/10
ungeschickt 11/Extra
unglaublich 12/Ü11
Unglück, das, -e (Pl. selten)
   2/3b
unheimlich 14/Extra
Universität, die, -en 12/Ü1
unkompliziert 6/7b
unsicher 10/12a
unterhalten (sich + mit/
   über), unterhält sich,
   hat sich unterhalten 2/6b

Alphabetische Wörterliste

Unterhaltung 5/1a
Unterricht, der, * 13/1a
unterrichten 13/2c
Unterschied, der, -e 12/Ü9
unterschiedlich 10/9a
Unterschrift, die, -en Ü4/13
Untertitel, der, - 8/Ü16
unterstreichen, unterstreicht,
    unterstrichen 1/4b
unterstützen 3/13
Unterwäsche, die, * 9/14
unzerkaut 9/ÜPrüf
Urenkel/in, der/die, -/-nen 3/4
Urlaubstag, der, -e 10/14

V

Valentinstag, der, -e 6/21a
Variante, die, -n 8/Extra
variieren 12/17b
Vatertag, der, -e 10/14
verabreden (sich + mit)
    2/15b
Verabredung, die, -en 2/Extra
verändern 4/13
Veränderung, die, -en 11/21
Veranstaltung, die, -en 1/22a
Veranstaltungsjahr, das, -e
    10/19
verbinden, verbindet,
    verbunden 1/8
Verbot, das, -e 8/Ü11
verbrauchen 5/11c
verbringen (Zeit), verbringt,
    verbracht 2/2b
verdoppeln 10/Extra
vergehen (die Zeit), vergeht,
    ist vergangen 2/1
Vergleich, der, -e 5/15b
vergleichen, vergleicht,
    verglichen 6/13
vergrößern 8/7b
Verkehr, der, * 12/10c
verkleiden (sich) 10/14
Verlag, der, -e Ü1/2
verlängern 10/14
verlaufen (in), verläuft,
    ist verlaufen 6/4b

verletzen (sich) 7/10a
Verletzte, der/die, -n 7/11
verlieben (sich + in) 3/15
verlieren, verliert, verloren
    7/0
vermeiden, vermeidet,
    vermieden 5/11c
Vermieter/in, der/die, -/-nen
    Ü4/13
vermitteln 3/13
veröffentlichen 11/3b
verordnen 9/ÜPrüf
verschieden 12/3b
verschlafen, verschläft,
    verschlafen 8/10
verstecken 4/10c
versuchen 7/3c
verstehen (sich + mit),
    versteht sich, hat sich
    verstanden 11/2b
vertauschen 9/Ü4
verteilen Ü6/14
Vertrag, der, "-e 5/2b
verträumt 11/21a
vertreiben, vertreibt, vertrieben
    10/Extra
verwandeln 10/2
verwechseln 1/Extra
Verwendungszweck, der, -e
    5/5b
verwöhnen 5/Extra
verzweifelt (sein) 9/3b
VHS (Volkshochschule), die,
    -en 13/10
Video, das, -s 5/11c
viel, mehr, am meisten 6/9
virtuell 13/Extra
Villa, die, -en 5/Extra
Vitamin, das, -e 5/11c
Vogel, der, "- 12/0
Volksgruppe, die, -n 2/Extra
Volleyball, der, * 7/1a
Vollpension, die, * 4/Extra
Volltreffer, der, - 7/Extra
vorbereiten (etwas), bereitet
    vor, vorbereitet 10/4b
vorbereiten (sich + auf)
    13/10a
Vorbereitung, die, -en 13/10

vorgestern 2/0
Vorhang (A, CH), der, "-e
    Ü4/8
vorher 6/4c
vorlesen, liest vor, vorgelesen
    6/14b
Vorschlag, der, "-e 13/9
vorsprechen, spricht vor,
    vorgesprochen 14/17
vorstellen (sich), stellt sich
    vor, hat sich vorgestellt
    6/4b
vorstellen (etwas) 12/3b

W

Waage, die, -n 11/21
wachsen, wächst,
    ist gewachsen 2/20a
wackeln 11/Ü13
Wahl, die, -en 13/5b
wählen 13/5a
während 9/ÜPrüf
wahrscheinlich 9/1a
Wald, der, "-er 14/Extra
Walking, das, * 9/13a
Walzer, der, - 10/8
Wand, die, "-e 4/1a
Wanne (Kurzf. f. Badewanne),
    die, -n 5/11c
Was für ein ... 11/0
Waschgang, der, "-e 5/11c
Wäschekorb, der, "-e 14/10a
Wassermann, der, "-er 11/21
Website, die, -s 8/Ü2
wechseln 1/8
wecken 2/3b
weggehen, geht weg,
    ist weggegangen 6/4c
wegwerfen, wirft weg,
    weggeworfen 4/4b
wegziehen, zieht weg, ist weg-
    gezogen 13/Ü7
weich 9/16c
Weihnachtsbaum, der, "-e
    10/4b
Weihnachtsmann, der, "-er
    10/14

Weihnachtsmarkt, der, "-e 10/4b

weil 5/2c

weinen 2/3b

Weingut, das, "-er 12/10c

Weiterbildung, die, -en 6/4c

weitergeben, gibt weiter, weitergegeben 9/Ü4

weitermachen, macht weiter, weitergemacht 6/4c

welcher, welches, welche 8/15

Weltmeisterschaft, die, -en 7/Extra

weltweit 4/Extra

Wende, die, -n 8/Extra

wenn 7/7

Werbung, die, -en 8/Extra

werden, wird, geworden 13/0

werfen, wirft, geworfen 7/15

westdeutsch 8/Extra

Wettbewerb, der, -e 7/19

Wettkampf, der, "-e 12/16

Widder, der, - 11/21

wieder 2/6b

Wiedervereinigung, die, * 12/10c

wiegen, wiegt, gewogen 7/16b

Wiese, die, -n 12/0

wieso 7/1b

wirken 4/4b

Wirkstoff, der, -e 9/ÜPrüf

Wirtschaft, die, -en 13/1a

witzig 10/Extra

wohl fühlen (sich), fühlt sich wohl, wohl gefühlt 2/6b

Wohngemeinschaft, die, -en 12/6c

Wolke, die, -n 12/0

Wolkenkratzer, der, - 12/Ü8

woran 2/17a

worauf 2/17a

Wörterschlange, die, -n 3/19

worüber 2/17a

wozu 8/12b

wunderschön 1/4b

würfeln 9/7

Wurst, die, "-e 12/9a

wütend 2/3b

Y

Yoga, der/das, * 9/13a

Z

zahler 13/1b

Zahnpasta, die, -pasten 9/10b

Zärtlichkeit, die, -en 3/Extra

Zauber, der, * 2/11

Zaun, der, "-e 12/0

Zeichen, das, - 11/12

Zeitdieb, der, -e 14/11

Zeitplan, der, "-e 14/10b

zeitlos 2/Extra

Zeitschrift, die, -en 9/14

Zeitumstellung, die, -en 2/6

Zensur (D), die, -en 13/1b

Zentrum, das, Zentren 10/2

ziehen (durch), zieht, ist gezogen 10/2

ziemlich Ü3/11

Zimmerservice, der, * 4/Extra

Zins, der, -en 5/Üb

Zuckertüte, die, -n 13/Ü1

Zuckerwatte, die, * 10/2

zuhören 10/4b

Zukunft, die, * 12/7

Zuneigung, die, * 3/Extra

Zunge, die, -n 11/Ü13

Zungenbrecher, der, - 14/16

zurückstellen (Uhr), stellt zurück, zurückgestellt 2/6b

zurückzahlen, zahlt zurück, zurückgezahlt 5/15a

zusammenarbeiten (mit) 13/5b

Zuschauer/in, der/die, -/-ner 10/2

zuschicken, schickt zu, zugeschickt 5/8

zusehen, sieht zu, zugesehen Ü7/5

Zweck, der, -e 8/0

zweisprachig 13/Ü16

Zwetschgenzweig, der, -e 7/19

Zwilling, der, -e 10/Ü8

zwitschern 7/19

Unregelmäßige Verben

Infinitiv	Präsens	Perfekt
abhauen	sie haut ab	sie ist abgehauen
abheben	er hebt ab	er hat abgehoben
abnehmen	sie nimmt ab	sie hat abgenommen
anbieten	er bietet an	er hat angeboten
anfangen	sie fängt an	sie hat angefangen
anrufen	er ruft an	er hat angerufen
auffallen (jemandem)	ihm fällt auf	ihm ist aufgefallen
ausleihen	er leiht aus	er hat ausgeliehen
backen	sie backt	sie hat gebacken
beginnen	er beginnt	er hat begonnen
bekommen	sie bekommt	sie hat bekommen
beschreiben	er beschreibt	er hat beschrieben
bewerben (sich)	sie bewirbt sich	sie hat sich beworben
bieten	er bietet	er hat geboten
bleiben	sie bleibt	sie ist geblieben
brechen (sich etw.)	er bricht sich das Bein	er hat sich das Bein gebrochen
bringen	sie bringt	sie hat gebracht
denken	er denkt	er hat gedacht
einladen	sie lädt ein	sie hat eingeladen
einsteigen	er steigt ein	er ist eingestiegen
empfehlen	sie empfiehlt	sie hat empfohlen
entscheiden (sich + für)	er entscheidet sich für	er hat sich entschieden für
erschrecken	er erschrickt	er ist erschrocken
essen	sie isst	sie hat gegessen
fahren	er fährt	er ist gefahren
fallen	sie fällt	sie ist gefallen
finden	er findet	er hat gefunden
fliegen	sie fliegt	sie ist geflogen
geben	er gibt	er hat gegeben
gehen	sie geht	sie ist gegangen
genießen	er genießt	er hat genossen
gewinnen	sie gewinnt	sie hat gewonnen
hängen	er hängt	er hat gehangen
halten	er hält	er hat gehalten
helfen	sie hilft	sie hat geholfen
kennen	er kennt	er hat gekannt
kommen	sie kommt	sie ist gekommen
können	er kann	er hat gekonnt
laufen	sie läuft	sie ist gelaufen
lesen	er liest	er hat gelesen
liegen	er liegt	er hat gelegen (D) er ist gelegen (DSüd, A, CH)
lügen	sie lügt	sie hat gelogen
messen	er misst	er hat gemessen
nehmen	sie nimmt	sie hat genommen

Infinitiv	Präsens	Perfekt
pfeifen	sie pfeift	sie hat gepfiffen
riechen	er riecht	er hat gerochen
scheinen	sie scheint	sie hat geschienen
schlafen	er schläft	er hat geschlafen
schließen	sie schließt	sie hat geschlossen
schreiben	sie schreibt	sie hat geschrieben
schreien	er schreit	er hat geschrien
schwimmen	sie schwimmt	sie hat geschwommen
sehen	er sieht	er hat gesehen
sein	sie ist	sie ist gewesen
singen	er singt	er hat gesungen
sitzen	sie sitzt	sie hat gesessen (D)
		sie ist gesessen (DSüd, A, CH)
Sport treiben	er treibt Sport	er hat Sport getrieben
sprechen	sie spricht	sie hat gesprochen
springen	er springt	er ist gesprungen
stattfinden	es findet statt	es hat stattgefunden
stehen	sie steht	sie hat gestanden (D)
		sie ist gestanden (DSüd, A, CH)
sterben	er stirbt	er ist gestorben
streichen	sie streicht	sie hat gestrichen
streiten	er streitet	er hat gestritten
tragen	sie trägt	sie hat getragen
treffen	er trifft	er hat getroffen
trinken	sie trinkt	sie hat getrunken
tun	er tut	er hat getan
überweisen	sie überweist	sie hat überwiesen
überziehen	er überzieht	er hat überzogen
umsteigen	sie steigt um	sie ist umgestiegen
unterhalten (sich)	er unterhält sich	er hat sich unterhalten
verbinden	sie verbindet	sie hat verbunden
verbringen	er verbringt	er hat verbracht
vergessen	sie vergisst	sie hat vergessen
vergleichen	er vergleicht	er hat verglichen
verlieren	sie verliert	sie hat verloren
vermeiden	er vermeidet	er hat vermieden
verstehen	sie versteht	sie hat verstanden
wachsen	sie wächst	sie ist gewachsen
waschen	er wäscht	er hat gewaschen
werfen	sie wirft	sie hat geworfen
wiegen	er wiegt	er hat gewogen
wissen	sie weiß	sie hat gewusst
ziehen	er zieht	er hat gezogen

Verben mit Präpositionen

mit Akkusativ:

achten	auf	Bitte achten Sie auf die Zeit.
arbeiten	an	Sie arbeitet an ihren Schwächen.
ärgern (sich)	über	Er ärgert sich über die Verspätung.
aufpassen	auf	Pass bitte auf das Baby auf.
bedanken (sich)	für	Bedank dich für das Geschenk!
denken	an	Ich denke den ganzen Tag an dich.
diskutieren	über	Wir diskutieren immer über das gleiche Thema.
engagieren (sich)	für	Sie engagiert sich für das Projekt.
einigen (sich)	auf	Sie einigen sich auf einen Preis.
erinnern (sich)	an	Erinnerst du dich an deine Kindheit?
freuen (sich)	auf	Lukas freut sich auf seinen Geburtstag.
freuen (sich)	über	Wir freuen uns über die Einladung.
hoffen	auf	Ich hoffe auf deine Hilfe.
hören	auf	Er hört nicht auf mich.
interessieren (sich)	für	Ich interessiere mich nicht für Sport.
konzentrieren (sich)	auf	Ich konzentriere mich auf die Prüfung.
reagieren	auf	Hast du schon auf das Problem reagiert?
sprechen	über	Wir müssen über das Problem sprechen.
unterhalten (sich)	über	Wir unterhalten uns über die Reise.
verlieben (sich)	in	Sie hat sich gleich in Paul verliebt.
warten	auf	Ich warte schon seit 20 Minuten auf den Bus.

mit Dativ:

abhängen	von	Das hängt von Ihrem Gehalt ab.
auftreten	auf	Er tritt auf dem Fest auf.
bedanken (sich)	bei	Ich bedanke mich bei meinem Onkel.
fragen	nach	Ich habe nach dem Termin gefragt.
gehören	zu	Du gehörst zu mir.
passen	zu	Das Sofa passt nicht zum Tisch.
studieren	an	Meine Schwester studiert an der Freien Universität.
träumen	von	Ich träume von einer langen Reise.
treffen (sich)	mit	Mit wem triffst du dich am Samstag?
unterhalten (sich)	mit	Ich habe mich mit meinem Onkel unterhalten.
verabreden (sich)	mit	Ich habe mich mit deiner Mutter verabredet.
verstehen (sich)	mit	Ich verstehe mich gut mit ihr.

DEUTSCHLAND, ÖSTERREICH UND DIE SCHWEIZ

1 = Basel-Stadt
2 = Basel-Landschaft
3 = Aargau
4 = Schaffhausen
5 = Thurgau
6 = St. Gallen
7 = Appenzell-Ausserrhoden
8 = Appenzell-Innerrhoden
9 = Unterwalden
10 = Nidwalden
11 = Glarus

Bildquellenverzeichnis

Inhalt Lerner-CD – Hörtexte für die Übungen

Ja!
genau

Deutsch als Fremdsprache
Lösungen

A2
Band 2

Cornelsen

8 Medien im Alltag

1

Man hört ... einen Computer, eine SMS, ein Radio, einen Fernseher, ein Telefon (Festnetz), ein Handy, eine Zeitung

5

Schritt 1: Wenn sie ihren Kollegen etwas mitteilen oder Besprechungen organisieren wollte, musste sie ein „Memo" schreiben. Diese Nachrichten hat dann ein Bote im Haus verteilt. Auch ihre Fotos hat sie per Post bei den Agenturen bestellt. Nach zwei Tagen hat sie einen dicken Umschlag mit vielen Fotos bekommen.

Schritt 2: Ich hatte auch privat einen Internetanschluss. Aber den habe ich nicht so oft genutzt. Nur zum Buchen von Reisen oder wenn ich wissen wollte, was im Kino läuft. Ich habe den ganzen Tag am PC gesessen, da wollte ich abends nicht mehr ins Internet. Das war bei meinen Kindern ganz anders ...

Schritt 3: Sie sagt, dass sie auch ihre Fotos per Post bei den Agenturen bestellt haben. Sie sagt, dass sie nach zwei Tagen einen dicken Umschlag mit vielen Bildern bekommen haben. Sie sagt, dass das immer sehr spannend war. Sie sagt, dass sie die Bilder zusammen ausgesucht haben.

7

a) Ja, Sabine freut sich über den Tablet-Computer.

b) Filme/Bücher runterladen, Filme ansehen, lesen, Fotos ansehen, im Internet surfen, spielen

10 *Vorschläge:*
Mein Vater braucht einen Fernseher, damit er sich nicht langweilt.
Meine Mutter braucht einen Radiowecker, damit sie nicht verschläft.
Mein Bruder braucht einen Internetanschluss und eine Kamera, damit er mit seiner Freundin im Ausland sprechen kann.
Meine Schwester braucht eine Tageszeitung, damit sie weiß, was in der Welt passiert.

13

a) *Das Erste:* Fußball: Belgien–Deutschland, *RTL:* Wer wird Millionär?, *Pro Sieben:* James Bond 007: Goldfinger, *VOX:* CSI NY, *3Sat:* Ins heiße Herz Afrikas

b) CSI: New York, Wer wird Millionär?, James Bond 007: Goldfinger, Tagesschau, Fußball: Belgien–Deutschland, Qualifikationsspiel

14

Nachrichten: Tagesschau, auslandsjournal extra
Quiz/Show: Wer wird Millionär?
Sport: Belgien-Deutschland (Fußball)
Spielfilm: James Bond 007
Serie: Gute Zeiten, schlechte Zeiten; CSI: NY
Dokumentation: Ins heiße Herz Afrikas
Magazin: Galileo; Prominent, Kulturzeit

9 Sind Sie gesund?

1

b) Person 1: F – Person 2: E – Person 3: C – Person 4: B – Person 5: A – Person 6: D

4

Schritt 1: Aber nach einigen Operationen wusste sie, dass sie nie mehr gehen kann. Sie war verzweifelt. Dann kam sie in die Rehaklinik und hat viel Wassergymnastik gemacht. Das hat ihr gut getan, endlich konnte sie sich ein wenig bewegen. Etwas später hat sie in der Zeitung einen Bericht über die Paralympics gelesen. Eine querschnittsgelähmte, deutsche Schwimmerin hat die Goldmedaille gewonnen. Das hat sie motiviert, sie wollte auch wieder schwimmen.

Schritt 2: Nach meinem Unfall haben mein Freund Frank und ich bald geheiratet. Ich habe halbtags in einer Bank gearbeitet und fast 20 Stunden pro Woche trainiert. Ich habe gesünder gelebt als vor meinem Unfall und ich ich hatte ein neues großes Ziel: 2016 wollte ich an den Paralympics in Rio de Janeiro teilnehmen!

Schritt 3: Sie sagt, dass sie nach der Rehaklinik bald wieder mit dem Training anfangen wollte. Sie sagt, dass sie aber erst noch warten musste, denn ihr neuer Alltag war zuerst wirklich schwer. Sie sagt, dass nichts mehr wie früher war. Sie sagt, dass sie vieles neu lernen musste. Sie sagt, dass sie sich oft schlecht gefühlt hat und dass sie gedacht hat: „Das schaffe ich nie!" Sie sagt, dass ihr zum Glück ihre Familie und viele Freunde geholfen haben. Sie sagt, dass sie ihr immer wieder Mut gemacht haben, wenn sie traurig war.

6

b)

Präteritum	Präsens	Infinitiv
arbeitete	sie arbeitet	arbeiten
sie blieb	sie bleibt	**bleiben**
sie **kam**	sie **kommt**	kommen
sie lebte	sie **lebt**	**leben**
sie **ging**	sie geht	gehen
sie **war**	sie **ist**	sein
es **gab**	es gibt	geben

8

a) ihm die Telefonnummer geben: 5 –
nach Deutschland kommen: 1 – mit ihr Essen
gehen / verliebt sein: 6 – als Krankenpfleger
arbeiten: 2 – einen Motorradunfall haben: 3 –
Katrin im Krankenhaus kennenlernen: 4

b) *Vorschlag:*
Pedro kam vor drei Jahren nach Deutschland.
Er arbeitete in einem Krankenhaus als Kranken-
pfleger, als Katrin einen Motorradunfall hatte.
So lernte er sie im Krankenhaus kennen. Beim
Abschied / Als sie wieder gesund war, gab Katrin
ihm ihre Telefonnummer. Sie gingen zusam-
men essen und waren sehr verliebt.

11

c) 1. *richtig* – 2. *falsch* – 3. *richtig* – 4. *falsch* –
5. *richtig*

14

Pfanne, Fußball, Kaffeemaschine, Familienfotos,
Hund

10 Feste feiern

2

Wer?:	Was?
fast 200.000 Menschen	haben das Samba-Festival besucht
über 100 Samba-Gruppen	haben die Innenstadt in ein „Fränkisches Rio" verwandelt, es gab Essen und Caipirinha, Höhepunkt war der Samba-Umzug
alle Musiker und die Tänzerinnen	sind durch die Straßen gezogen
Kinder, Studenten, Alt und Jung	haben sich amüsiert / Samba getanzt

Wann?	Wo?
am Wochenende	In Coburgs Innenstadt

3

1e – 2c – 3a – 4d – 5b

5

Schritt 1: Eigentlich ist er Jazz-Musiker, aber
seine Frau Lucia, die aus Rio de Janeiro kommt,
tanzt Samba. Er mag den intensiven Rhythmus
sehr und so hat er immer mehr Samba gespielt.

Schritt 3: Er sagt, dass die Stimmung dort ganz
anders ist. Er sagt, dass es kein ruhiges, gemütliches Fest ist und dass es einfach zu heiß ist.
Er sagt, dass er Schnee, Kerzen und Lebkuchen
braucht und dass er mit seiner Familie zusammen sein möchte. Er sagt, dass er das Gefühl
von Ruhe und Wärme liebt. Er sagt, dass ihm,
wenn er Weihnachten nicht zu Hause sein kann,
etwas fehlt. Er sagt, dass Lucia zum Glück in der
Weihnachtszeit gern hier (dort) ist. Er sagt, dass
sie den Weihnachtsmarkt und seine Gerüche
liebt.

8

Hochzeit: sich küssen, Reis werfen, tanzen,
Ringe tauschen
Silvester: sich küssen, das Feuerwerk ansehen
tanzen
Geburtstag: Kerzen anzünden, Geschenke auspacken, tanzen, einen Spieleabend machen,
singen
Weihnachten: Kerzen anzünden, der Baum
schmücken, Geschenke auspacken, singen

9

b)
1. Lucia musste lachen, weil ihr Mann nicht
   tanzen kann / ihr immer auf die Füße getreten ist.
2. Das Brautpaar hat die Ringe getauscht und
   sich geküsst. Die Gäste haben Reis geworfen,
   die Kinder haben Blumen gestreut und
   danach sind alle in ein Restaurant gefahren.
3. Sie geht zur Geburtstagsfeier von ihrer
   Nachbarin.

11

1. *falsch*, 2. *falsch*, 3. *richtig*, 4. *falsch*

12

a)
☺: Beim Essen habe ich mich entspannt /
Blumen und Wein waren genau richtig. /
Die Nachbarin hat sich gefreut. Wir haben viel
über deutsche Gewohnheiten gesprochen
☹: Am Anfang war es ein Albtraum. Ich war die
Erste. / Ich habe nur die Hälfte verstanden.
Ich wollte am liebsten wieder gehen.

14

1d – 2c – 3a – 4e – 5g – 6b – 7f

SCHON FERTIG

Januar: 1. Neujahr; 6.: Heilige Drei Könige
Februar: Karneval
März: Karneval / Ostern
Oktober: Nationalfeiertage
November: Allerheiligen
Dezember: Nikolaus, Heiligabend, Weihnachten

15

1. Das ist die Kerze, die brennt am Sonntag.
2. Das ist das Fest, das am 24.12. beginnt.
3. Das sind die Kinder, die am 6. Januar singen.

16

1. Die Kinder, die am 6. Januar von Haus zu Haus gehen, sammeln Geld.
2. Der Adventskranz, der mit vier Kerzen geschmückt ist, steht auf dem Wohnzimmertisch.
3. Das Osterbrot, das noch heiß ist, ist bestimmt gut.

17

1. Was ist eine Geburtstagstorte? Das ist eine Torte mit Kerzen, die man zum Geburtstag bekommt.
2. Was sind Weihnachtsmärkte? Das sind Märkte, die es in der Adventszeit gibt.
3. Was ist ein Brückentag? Das ist ein Tag, den man zwischen zwei Feiertagen frei nimmt.

11 Alles ganz menschlich

1

traurig – streng – ehrlich – frech

2

a) *von links nach rechts:*
Andrea – Rolf – Carolin – Thomas

4

Schritt 1: Sie hatte ein komisches Gefühl. Er wirkte sehr fremd auf sie, aber sie hat ihm die Arbeit gegeben.
Er hatte intelligente und liebe Augen und sie war sehr neugierig. Sie wollte diesen Mann genauer kennenlernen.

Schritt 2: Er ist nicht sehr groß, hat kurze dunkle Haare und eine etwas lange Nase. Er sieht insgesamt sehr gepflegt aus, ist gut rasiert und modern gekleidet. Er hat eine schwarze Lederjacke und bequeme Hosen an. Die Schuhe sind gut geputzt. Er ist seltsam. Er geht ganz vorsichtig und langsam die Treppe hoch. Das passt überhaupt nicht zu ihm.

Schritt 3: Der Journalist schreibt, dass Eva Rasziesky letztes Jahr noch unbekannt war. Er schreibt, dass sie dieses Jahr der Star auf der Buchmesse in Leipzig ist. Er schreibt, dass sie einen neuen Roman veröffentlicht hat. Er schreibt, dass er „Der traurige Fremde" heißt und dass er sofort in die Bestseller-Liste gekommen ist. Er schreibt, dass er die Geschichte von einem Mann erzählt, der ein dunkles Geheimnis hat.

11

a) *Vorschlag:*
Die Frau hat in Thailand einem Kind über den Kopf gestrichen. Das tut man dort nicht.

12

1B – 2D – 3E – 4A – 5F – 6C

13

niemand – jemand – viele – jeder

14 *Vorschläge:*

Jemand flüstert/sagt zu seinem Nachbarn etwas.
Jemand gießt seinen Wein in die Blume.
Jemand telefoniert. Jemand sucht etwas in der Tasche.
Niemand tanzt/lacht / hat Spaß.
Viele trinken. Viele langweilen sich.
Jeder langweilt sich.

15

1F – 2B – 3E – 4A – 5C – 6D

16

traurig: Text 2, glücklich: Text 5, überrascht: Text 3, wütend: Text 1, besorgt: Text 4

18

wütend: 1 (ironisch), 4, 5, 9
glücklich: 1, 5, 8
traurig: 3, 5, 6, 7, 9
ängstlich: 2, 5, 6, 9

19

1. freuen – 2. auch – 3. treuer – 4. Träum! – 5. Haufen

12 Stadt und Land

3

a) Hans-Peter und Rainer

4

Schritt 1: Ein Leben auf dem Land kann sie sich nicht vorstellen. Ja klar, sie mag die Natur, aber in der Stadt hat sie viel mehr Möglichkeiten: die neue Ausstellung im Museum, ein Spaziergang im Park, ein Besuch im Schwimmbad oder im Theater. Und wenn sie nicht alleine frühstücken möchte, trifft sie sich mit Freunden in einem gemütlichen Café.

Schritt 3: Er sagt, dass er als Kind in einer Großstadt gewohnt hat. Er sagt, dass er jetzt schon seit 21 Jahren auf dem Land lebt und dass es herrlich ist. Er sagt, dass hier (dort) alles so schön grün ist. Er sagt, dass es keinen Lärm und keine Staus gibt. Er sagt, dass sie viel weniger Stress haben und dass die Ruhe so angenehm ist. Er sagt, dass in seinem Garten ein Igel lebt und dass er seine Milch vom Bauernhof bekommt. Er sagt, dass er das Landleben liebt!

6

a) *blauer Text:* Foto C – *roter Text:* Foto A – *grüner Text:* Foto B

b) *vgl. Lösung 7b*

c) *blauer Text:* das große Haus, mit dem riesigen Garten, eine kleine Wohnung, gemütliche 3-Zimmerwohnung, mit sonnigem Balkon, in zentraler Lage
roter Text: auf dem langweiligen Land, eine lange Fahrt, meine armen Eltern, ein kleines Zimmer, in einer netten Wohngemeinschaft, in der großen Stadt
grüner Text: ein echter Stadtmensch, Mein ganzes Leben, auf dem flachen Land, meine große Liebe, auf seinem schönen Bauernhof, seinen netten Hund, Die harte Arbeit, mein neues Leben

7

b) *Vorschläge:*
René Marquard lebt jetzt in einem großen Haus mit Garten. Später möchte er in einer kleinen Wohnung in der Nähe von seiner Tochter leben. Er möchte viel reisen.
Anton Fiebig lebt mit seinen Eltern auf dem Land. Sie müssen ihn immer mit dem Auto abholen. Wenn er 16 ist, möchte er den Mopedführerschein machen. Später möchte er in der großen Stadt in einer netten Wohngemeinschaft leben.

Ina Merkel war immer ein Stadtmensch. Im Juni heiratet sie Dieter und dann lebt sie auf seinem Bauernhof.

9

a) Feine Wurst vom jungen Schwein!
Kommen Sie: Hier gibt es guten Käse.
Schweizer Käse ist der Beste!
Mit grünen Gurken schmeckt alles besser!
Frischer Fisch! Kaufen Sie frischen Fisch!
Blumen! Wer will schöne Blumen!?

10

b) Fischer – Fiakerfahrer – Weinbäuerin – Restauratorin – Uhrmacher – Strandkorbvermieter

c) *Fotos und Orte:*
Hein Tütjes: E / Hamburg, Christine Beck: A / Freiburg, Romain Jérôme: C / Genf, Gerald Gallasch: F / Wien, Horst Hauptmann: B / Rügen (Ostseeinsel), Silke Bienke: D / Dresden

11

2. Dieser Wein. 3. Diesen Laden. 4. In dieser Stadt. 5. In diesem Stadtteil.

13

b) einfach – brauchen – mich – nachts – Tochter – Töchter – suchen – schlecht – Bücher – endlich – euch – machen – richtig – Besuch – Nachbarn – nächtlich – gemütlich

c) einfach – brauchen – mich – nachts – Tochter – Töchter – suchen – schlecht – Bücher – endlich – euch – machen – richtig – Besuch – Nachbarn – nächtlich – gemütlich

Ich-Laut nach: i, ö, e, ü, eu, ä
Ach-Laut nach: a, au, o, u

13 Immer wieder Schule

3

Schritt 1: Für seine Arbeit braucht er gute Ideen, klare Regeln und Spaß am Unterrichten. Abends bereitet er seine Stunden vor oder er korrigiert Hausaufgaben oder Klassenarbeiten. Er weiß nie, ob der Tag gut wird oder einfach nur anstrengend. Denn jede Klasse ist anders. Das gefällt ihm.

Schritt 2: Ich habe im letzten Jahr die Fächer Mathematik und Erdkunde in zwei zehnten und einer siebten Klasse unterrichtet. Insgesamt hatte ich 65 Schüler und Schülerinnen. Alle waren verschieden und ich musste alle gut kennen, damit ich auch gerechte Zensuren geben konnte.

Schritt 3: Er sagt dass der Beruf anstrengend, aber auch nie langweilig ist. Er sagt, dass es so viele verschiedene Aufgaben gibt. Er sagt, dass er natürlich unterrichtet, dass er aber auch Elternabende macht, an Konferenzen teilnimmt, Klassenfahrten organisiert ...

4

a)
1. Peter ist zuerst vier Jahre in die **Primarschule** gegangen, dann hat er wie alle Kinder die **Sekundarstufe I** besucht und mit 15 ist er auf die **Maturitätsschule** gekommen. Heute studiert er an der **Universität**.
   Das ist in der **Schweiz**.
2. Lena war drei Jahre im **Kindergarten**. Mit sechs kam sie in die **Grundschule**, dann hat sie die **Realschule** besucht und mit 15 hat sie eine Lehre gemacht und ist zur **Berufsschule** gegangen.
   Das ist in **Deutschland**.
3. Naomi ist mit sechs in die **Volksschule** gekommen. Sie hatte nicht so gute Zensuren und ging danach auf die **Hauptschule**. Aber danach hat sie an der **BMS** ihre Matura gemacht und studiert jetzt an der **Fachhochschule**.
   Das ist in **Österreich**.

b) *Text zu Deutschland:*
1: Deutschland – 2: Bundesland – 3: Grundschule – 4: Realschule – 5: Gesamtschule – 6: Berufsschule – 7: Gymnasium
Text zur Schweiz:
1: Schweiz – 2: Kanton – 3: Primarschule – 4: Sekundarstufe I – 5: Fachmittelschule – 6: Maturität – 7: Universität
Text zu Österreich:
1: Österreich – 2: zentral – 3: Volksschule – 4: AHS-Oberstufe – 5: Matura – 6: Polytechnikum – 7: BMS – 8: Akademie

5

a) und b)
1. Text A, Zeile 3: Am 7. September um 19 Uhr.
2. Text B, Zeile 17: Um 20 Uhr.
3. Text A, Zeile 5: Die Schulbücher kosten 49,80 Euro.
4. Text B, Zeile 12: Die Eltern sollen sich auf den Platz von ihrem Kind setzen.
5. Text A, Zeile 4: Sie sollen den Elternbeirat wählen.
6. Text B, Zeile 20: Im Elternbeirat sind 14 Eltern.
7. Text B, Zeile 22–25: Er arbeitet eng mit der Schule zusammen, organisiert mit den Lehrern Klassenfahrten und andere Schulveranstaltungen. Er kann auch bei Konflikten an der Schule helfen.

6

a) 1a und c; 2 b und d

b) *Zeile 2:* ... möchte ich **Ihnen** einige wichtige Informationen geben.
Zeile 7: ...und geben Sie ihn **Ihrem Kind** mit.
Zeile 8: ... auf ein spannendes Schuljahr **mit Ihnen und Ihren Kindern**.
Zeile 12: ...auf den Platz **von Ihrer Tochter oder von Ihrem Sohn**.
Zeile 14: Nach der Wahl erzähle ich **Ihnen**, was ich ...
Zeile 15: ... **mit Ihren Kindern** machen möchte.

7

a)
1. Frau Winter, können Sie **uns** sagen, wann die Wahl zum Elternbeirat stattfindet?
2. Die Klassenlehrerin hat **ihren** Schülern einen Brief für die Eltern mitgegeben.
3. Jonas, ich habe heute mit **deiner** Lehrerin gesprochen. Sie hat **dir** doch einen Brief für uns gegeben, oder?
4. ◀ Ist der Elternbeirat an **eurer** Schule sehr aktiv? ▮ Ja, wir sind sehr zufrieden mit **seiner** Arbeit. Die letzte Klassenfahrt war toll. **Unserer** Tochter hat sie sehr gut gefallen.

10

a) Einen Vorbereitungskurs für die Start Deutsch 1-Prüfung.

b) *Vorschlag:*
◀ Ich möchte **besser mit dem Computer/mit Windows arbeiten**. Gibt es da einen Kurs?
▮ Ja, da haben wir einen Kurs **am Nachmittag**.
◀ Wann beginnt der Kurs?
▮ Am **1. Oktober um 14:30 Uhr**.
◀ Wie lange dauert der Kurs?
▮ Es sind insgesamt **vier** Termine.
◀ Wo findet der Kurs statt?
▮ Hier in der Hauptstraße, Raum **1.6**.
◀ Wer leitet den Kurs?
▮ **Frau Weiler**.

11

1b: Er hat kein Auto. Trotzdem macht er viele Ausflüge.
2c: Er wird schnell müde. Trotzdem lernt er abends lange.
3d: Er hat eine Allergie. Trotzdem hat er eine Katze.
4a: Morgen wird es kalt. Trotzdem fährt er mit dem Fahrrad.

12

Ramón weiß nicht, wie die Prüfung aussieht und was er machen muss.

13

Der Freund zeigt Ramón die Prüfung und sagt ihm, was er machen muss.

15

a) Es ist gut gelaufen.

b) Diego – Manuels – Lucia – Nadjas – Nadja – Lucias – Evelyn – Ramón

16

1. Diegos Freund – 2. Lucias Mann – 3. Evelyns Auto – 4. Mikes Katze

18

	Wie viel Zeit?	Wie viele Teile?	Was für Teile?
Hören	15 Min.	drei	Telefon, Öffentliche Ansagen, Gespräch
Lesen	20 Min.	drei	Listen/Inhalt, Zeitungsmeldung, Kleinanzeigen
Schreiben	30 Min.	zwei	Formulare, Kurzmitteilung

14 Stärken und Schwächen

5

Schritt 1: Als sie in der Ausbildung war, hatte sie einen sehr strengen Chef. Sie hatte immer Angst vor Fehlern und am Ende konnte sie nicht mehr. Sie wollte die Firma wechseln. Sie hat über 20 Bewerbungen geschrieben und sie hatte auch Einladungen zu Gesprächen, aber am Ende hat sie nur Absagen bekommen. Dann hat sie ein Seminar bei Martin Schwanke gemacht, weil sie so unsicher war.

Schritt 3: Sie sagt, dass sie in diesem Seminar eine Liste mit ihren Stärken und Schwächen schreiben mussten. Sie sagt, dass das nicht leicht war, dass es ihr aber geholfen hat. Sie sagt, dass sie heute weiß, was sie in einem Bewerbungsgespräch auf die Frage nach ihren Schwächen und Stärken antworten kann.

SCHON FERTIG *Vorschlag:*

1. vorher:
Sie hatte einen sehr strengen Chef. Sie hatte immer Angst vor Fehlern.
Sie hat immer nur Absagen bekommen. Sie war sehr unsicher. Sie hat ihre Arbeit nicht geschafft oder es hat zu lange gedauert. Sie hatte Angst vor Gesprächen.

nachher:
Sie kennt sich besser. Sie arbeitet in kleinen Schritten und kann ihre Zeit besser einteilen. Sie ist gut auf Gespräche vorbereitet und weiß, was sie auf die Fragen nach ihren Stärken und Schwächen antworten kann. Sie arbeitet seit drei Jahren bei einer neuen Firma und es gefällt ihr gut, weil sie viel ruhiger geworden ist.

2. *Vorschlag:*
Sehr geehrter Herr Schwanke,
ich interessiere mich für Ihr Seminar zum Thema „Leben mit Stärken und Schwächen". Können Sie mir sagen, wann Sie es wieder anbieten? / Wann und wo es das nächste Mal stattfindet? Wie hoch ist die Teilnahmegebühr? / Wie teuer ist es?
Mit freundlichen Grüßen
Unterschrift

7

a) *blau:*
1. Als ich in der Ausbildung war, hatte ich einen sehr strengen Chef.
2. Dann habe ich ein Seminar bei Martin Schwanke gemacht, weil ich so unsicher war.
3. Wenn man sich besser kennt, kann man seine Stärken auch besser nutzen.
4. Wir haben ein Gesprächstraining gemacht, damit ich meine Angst verliere.

gelb:
1. Da war nicht leicht, aber es hat mir geholfen.
2. Ich habe meine Arbeit nicht geschafft oder es hat zu lange gedauert.
3. Ich hatte immer Angst vor Fehlern und am Ende konnte ich nicht mehr.
4. Ich habe mich auf die Gespräche gut vorbereitet, denn der erste Eindruck ist sehr wichtig.

8

c)
1. *Als, damit, **wenn** und **weil** leiten einen Neben-satz ein. Das Verb steht am Ende.
2. *Aber, und, **denn** und **oder** leiten einen Haupt-satz ein. Das Verb steht auf Position 2.

SCHON FERTIG
Beispiele:
Ich habe über 20 Bewerbungen geschrieben und ich hatte auch Einladungen zu Gesprächen, aber am Ende habe ich nur Absagen bekommen.
(Hs + Hs + Hs)

Beim Üben mit den anderen Seminarteilnehmern habe ich gelernt, dass wir alle verschiedene Dinge gut können. (Hs + Ns)
Ich bin schüchtern, aber in meinem Beruf muss
ich viel mit anderen Menschen sprechen.
(Hs + HS)
Jetzt arbeite ich schon seit drei Jahren bei der
Firma Müller und es gefällt mir gut, weil ich viel
ruhiger geworden bin. (Hs + Hs + Ns)

10
b)
– Er steht eine halbe Stunde früher auf.
– Er liest morgens keine Zeitung. Er lernt
  10 Minuten neue Wörter.
– Er geht pünktlich um 7:45 los
– Er macht eine Mittagspause und geht danach
  einkaufen.
– Er übt am Nachmittag 45 Minuten.
– Er plant eine Pause und Pufferzeit ein.
– Er plant auch die Hausarbeit ein.
– Er legt seine Sachen für den nächsten Tag
  raus.

11
a) Zeitung lesen, Sachen suchen, Postfach
checken und telefonieren

13
a) über Reisen, gemeinsame Freunde, Kino,
Sport
b) Kunst (und Mode)

14
a) 1c – 2d – 3e – 4b – 5a

c) *Vorschläge:*
1. Ich koche gern. Sie auch?
2. Was mögen Sie lieber: ... oder ...?
3. Ich bin die Tochter/Frau / der Sohn/Mann
   von ... Ich arbeite bei / für ...
4. Das ist doch Herr ... / Frau .... Kennen Sie
   ihn/sie auch?
5. Moment, ich helfe Ihnen.

Lösungen zu den Übungen

Übungen 8

Zu 4
der Brief, die E-Mail, der Fernseher,
das Internet

zu 5
1)
2. arbeiten ist nicht mehr möglich: *wenn der
   Computer abstürzt*
3. früher haben sie geschrieben: *Briefe*
4. zum Recherchieren musste man: *telefonieren,
   in die Bibliothek gehen*
5. den Kollegen etwas mitteilen: *ein Memo
   schreiben*
6. bei den Agenturen bestellen: *Fotos per Post*
7. heute organisiert man fast alles: *per E-Mail*
8. privat nutzt sie: *das Internet nicht oft*

2) *Vorschlag:*
Der Computer hat den Alltag (nicht nur) von
Anna Maluki erobert. Früher hat sie Briefe
geschrieben. Zum Recherchieren musste sie
telefonieren oder in die Bibliothek gehen. Wenn
sie einem Kollegen etwas mitteilen wollte, musste sie ein Memo schreiben. Die Fotos hat sie per
Post bei den Agenturen bestellt. Heute organisiert man fast alles per E-Mail. Anna Maluki hat
auch privat einen Internetanschluss, aber sie
nutzt ihn nicht oft.

Zu 6 *Vorschlag:*
Das ist ein Computer. Er kann sehr gut rechnen.
Man kann mit ihm Texte oder Briefe schreiben
und muss sie nicht wieder neu schreiben, wenn
etwas falsch ist. Man kann auch Musik hören
oder Informationen aus dem Internet recherchieren. Mit dem Computer kann man per
E-Mail oder Chat mit anderen Menschen sprechen. Es gibt viele Programme für fast alle
Berufe.

Zu 7
1) *alle trennbaren Verben:* vorstellen, mitnehmen,
runterladen, ansehen
alle Wörter mit sch: schreiben, Bildschirm, schon,
schön
alle Wörter mit ss und tt: muss, dass, blättern,
chatten, besser

2) *richtig:* 2, 4, 5; *falsch:* 1, 3, 6, 7

Zu 9
1. Ich muss mein Notebook mitnehmen, damit
   ich Fragen von meinem Chef beantworten
   kann.

2. Ich gehe im Urlaub immer in ein Internet-cafe, damit ich meine E-Mails lesen kann.
3. Ich schreibe meinen Eltern eine SMS, damit sie sich keine Sorgen machen.
4. Ich höre morgens Radio, damit ich mich über das Wetter informiere.
5. Ich habe mir einen Tablet-Computer gekauft, damit ich unterwegs Filme ansehen kann.

Zu 10

1: weil – 2: damit – 3: weil – 4: damit – 5: damit – 6: weil

Zu 11

1) 2. Das Lesen von Zeitungen beim Autofahren ist strafbar. 3. Das Trinken von Alkohol ist hier nicht gestattet. 4. Das Kopieren von Computer-spielen kann illegal sein. 5. Das Mitbringen von Flaschen ist nicht erwünscht. 6. Das Fotografie-ren von Bildern ist im Museum nicht erlaubt.
7. Das Füttern von Tieren ist im Zoo verboten.

2)
1. Ich male gern. Ich liebe das Malen.
2. Nach der Schule gehe ich schwimmen. Beim Schwimmen kann ich gut entspannen.
3. Mein Vater kann gut kochen. Er braucht zum Kochen kein Rezept.
4. Ich schlafe gut, aber ich brauche zum Schla-fen drei Kissen.

3) *Vorschläge:*
Zum Backen brauche ich Mehl. Beim Bügeln schaue ich fern. Beim Duschen singe ich. Zum Einkaufen brauche ich Zeit. Beim Frühstücken lese ich Zeitung. Beim Joggen höre ich Musik. Zum Reisen brauche ich meinen Pass. Beim Kochen entspanne ich mich. Zum Spielen gehe ich mit den Kindern auf den Spielplatz.

Zu 12

1. ◄ Ist dein **Computer** neu?
   ► Ja, ich **surfe** jetzt oft im **Internet**.
2. ◄ Dein Sohn hat schon ein **Notebook**?
   ► Ja, er **chattet** gern.
3. Wo hast du dein **Handy**? Ich habe dir eine **SMS** geschickt.

Zu 13

1. Er sagt ihm, dass er bis 22:00 Uhr Fußball gesehen hat und dann ins Bett gegangen ist.
2. Er lügt, weil das Fußballspiel erst um 20:45 Uhr begonnen hat. Ein Spiel dauert 90 Minuten und hat immer eine Pause von 15 Minuten. Das Spiel war also erst um 22:30 Uhr zu Ende.

Zu 14

Text 1: b – Text 2: a – Text 3: e – Text 4: f – Text 5: d – Text 6: c

Zu 15

Welches Magazin? / Welche Serie? / Welcher Koch? / Welches Fußballspiel? / Welche Dokumentation?

Zu 16

1)
2. das (Programm) – 3. die (Sendung) – 4. die (Serien, Plural)

2)
1. Der Videotext für Gehörlose
2. Die Kindernachrichten „Logo"
3. „Sturm der Liebe"
4. Telenovelas

3) *Vorschlag:*
Liebe Maria,
ich habe in meinem Deutschbuch ein paar gute Tipps zum Fernsehen und Deutschlernen gefun-den. Vielleicht interessiert dich das auch. Man kann über den Videotext für Gehörlose bei einem Spielfilm Untertitel einschalten und dann mitlesen. Das ist eine gute Idee, denn so ver-steht man viel mehr. Das probiere ich auch bald aus.
Und das klappt auch gut: Wenn ich einen Film gut kenne, leihe ich mir die DVD aus und sehe ihn auf Deutsch. Dann verstehe ich viel mehr und es macht Spaß.
Liebe Grüße

Zu 19

E-Mails löschen, speichern, chatten
Dokumente öffnen, surfen, ausdrucken
Im Internet chatten, surfen, öffnen
Filme runterladen, ausdrucken, ansehen
das Passwort vergessen, eingeben, vergrößern
das Postfach öffnen, schließen, schreiben

Übungen 9

Zu 2 *Vorschläge:*
☺
Ich bin zufrieden, weil ich Freunde habe.
Mir geht es gut, wenn ich Sport mache.
Ich bin glücklich, wenn ich die Prüfung schaffe.
Mir geht es gut, wenn die Sonne scheint.
Ich bin zufrieden, wenn ich für die Prüfung lerne.

☹

Heute fühle ich mich krank, weil ich eine
Erkältung habe.
Mir geht es nicht gut, wenn ich wenig
geschlafen habe.
Ich bin traurig, wenn ich nicht in den Urlaub
fahre.
Mir geht es nicht gut, wenn ich viel rauche.
Heute fühle ich mich krank, weil meine Nase
läuft.

2)
das Ohr/die Ohren, der Mund/die Münder,
der Hals/die Hälse, der Arm/die Arme,
der Bauch/die Bäuche, der Po/die Pos, das Knie/
die Knie, der Fuß/die Füße, die Hand/
die Hände, der Finger/die Finger, die Nase/
die Nasen, das Auge/die Augen

Zu 3 *Vorschläge:*
Sport: Fußball, Joggen, Schwimmen, Ergebnis,
siegen, verlieren, Paralympics, Goldmedaille,
das Training ...
Gesundheit: keine Schmerzen haben, zum Arzt
gehen, Medizin, fit sein, nicht rauchen, kein
Alkohol trinken, viel Obst essen, ...

Zu 4
1) 1d – 2e – 3b – 4a – 5f – 6g – 7c

2)
Felix Bernhard **macht** anderen Menschen Mut:
Er **sitzt** seit einem Motorradunfall im Rollstuhl
und musste mit 19 Jahren den Alltag neu lernen. Sport war immer sehr wichtig für ihn, aber
er möchte keine Medaillen **gewinnen**. Er **hatte**
ein anderes großes Ziel: Mit dem Rollstuhl den
Jacobsweg schaffen, das sind über 2450 Kilometer. Über seine Erfahrungen auf diesem Weg
erzählt er in seinem Buch „Dem eigenen Leben
auf der Spur".
Nach seinem Unfall hat der Sportler schnell
wieder mit dem Training **angefangen**. Sport gibt
ihm neue Energie und er möchte am Leben
teilnehmen. Er will als Motivations-Manager
arbeiten und seine Erfahrungen weitergeben.
Sie möchten mehr über Felix Bernhard wissen?
Dann **lesen** Sie den Bericht über seine Erlebnisse auf seiner Homepage: www.felixbernhard.de.

Zu 6
1) wollte – wollen, kam – kommen, hatte –
haben, gab – geben, wusste – wissen, konnte –
können, musste – müssen

2) 1: war – 2: lebte – 3: kam – 4: ging – 5: hatten
– 6: blieb – 7: arbeitete – 8: war – 9: konnten –
10: gab – 11: hatte

Zu 11
Stimmt, ich sollte wirklich die Treppe nehmen. /
Stimmt, ich sollte wirklich weniger essen. /
Stimmt, ich sollte wirklich früher schlafen
gehen. / Stimmt, ich sollte wirklich weniger
rauchen.

Zu 12 *Vorschläge:*
Wenn du immer müde bist, solltest du mehr
Sport machen. Du solltest mehr spazieren ge-
hen. Du solltest vielleicht einen Kaffee trinken. /
Du solltest dich ausruhen. / Du solltest mehr
schlafen. / Du solltest früher ins Bett gehen. /
Du solltest weniger arbeiten. Du solltest nicht so
lange fernsehen/am Computer sitzen. ...

Zu 14

Familienname	**Rosenberger**
Vorname	**Peter**
Straße	*Husumer Weg 14*
PLZ, Wohnort	**90765** *Fürth*
Telefon	**0911-986372**
Geburtsdatum	**24.08.1975**
Staatsangehörigkeit	*deutsch*
Beruf	**Computerfachmann**
Krankenversicherung	Techniker Ersatzkasse
Sind Sie schwanger?	ja ✗ nein
Rauchen Sie?	✗ ja nein
Tragen Sie eine Brille?	ja ✗ nein
Treiben Sie regelmäßig Sport?	ja ✗ nein
Kontakt im Notfall	*Anna Rosenberger, Ehefrau*

Welche Krankheit/Krankheiten haben Sie?
✗ Bluthochdruck Diabetes Rheuma Migräne
Haben Sie Allergien?   ja ✗ nein
Wann war Ihre letzte
Operation?   _____/

PRÜFUNGSVORBEREITUNG
1. *Richtig,* 2. *Richtig,* 3. *Falsch*

Übungen 10

Zu 1
der Straßenmusiker 4 – der Getränkestand 8 –
der Clown 3 – die Trommel 5 – spielen 2 –
sich unterhalten 6 – Bier trinken 7 – gebrannte
Mandeln kaufen 1

Zu 3
1) 1: Menschen – 2: am Wochenende – 3: besucht – 4: schon – 5: super – 6: war perfekt –
7: Tänzerinnen – 8: die Straßen – 9: gut
unterhalten – 10: Samba gelernt – 11: einen
Sambakurs 12: mitgemacht haben

Zu 4

wir **genießen** unsere Ferien in Brasilien. Die
lange Reise haben wir gut **vorbereitet**. Vielen
Dank auch für eure tollen Tipps! Hier ist es sehr
heiß und wir **schwitzen** eigentlich immer.
Besonders bei unserem Sambakurs. Unsere
Lehrerin ist toll, sie **tritt** auf vielen Festen **auf**
und tanzt auch beim Karneval. Ihr merkt, wir
amüsieren uns gut und vermissen den Winter
in Deutschland nicht. Wart ihr schon auf dem
Weihnachtsmarkt?

Zu 8

1) 2c (b) – 3h – 4g – 5b (e) – 6d (b) – 7e (d) –
8a (b)

2) *Vorschlag:*
Monika und Klaus haben sich im Zug kennengelernt. Dann haben sie sich oft getroffen und
nach drei Monaten habe sie sich die Ringe
gkauft. Sie haben im Sommer geheirat, es war
eine sehr schöne Hochzeit, viele Leute waren da
und haben Reis geworfen. Sie haben eine Hoch-
zeitsreise nach Italien gemacht und ein Jahr
später haben sie Zwillinge bekommen.

Zu 11 *Vorschlag:*
Gäste, Einladung, Blumen / Spieleabend,
Kuchen, Geburtstagsfeier, Party, essen, tanzen,
auspacken, Geschenk …

Zu 12
5 – 1 – 2 – 4 – 3

Zu 14
1)
1. Januar: Neujahr
6. Januar: Tag der Heiligen Drei Könige
24. + 25. April: Ostern
1. Mai: Tag der Arbeit
12. + 13. Juni: Pfingsten
1. August: Nationalfeiertag (CH)
3. Oktober: Nationalfeiertag (D)
26. Oktober: Nationalfeiertag (A)
1. November: Allerheiligen
24. Dezember: Heiligabend
31. Dezember: Silvester

2)
1. Im Süden.
2. Der Osterhase.
3. Ein Tag zwischen zwei Feiertagen, den man
   frei nimmt / der das Wochenende verlängert.
4. Es gibt Weihnachtskerzen, einen Adventskranz mit vier Kerzen und der Nikolaus
   kommt auch. Es gibt auch viele Weihnachtsmärkte.

Zu 15
1) 1d – 2c – 3a – 4b

Zu 17
1)
1. Das ist der Adventskranz, der auch bei uns
   auf dem Tisch steht.
2. Das ist Onkel Willi, der dieses Jahr den
   Weihnachtsmann spielt.
3. Das ist das Geschenk, das meinem Sohn
   so gut gefallen hat.
4. Die Kinder suchen die Ostereier, die die
   Mama versteckt hat.
5. Der Osterhase, den ich meinem Neffen
   geschenkt habe, ist aus Schokolade.
6. Das Osterbrot, das schon meine Oma
   gebacken hat, schmeckt sehr gut.

2) 1: die, 2: den, 3: die, 4: das, 5: die, 6: den,
7: die, 8: den, 9: das, 10: der

Zu 18 *Vorschläge:*
Ich sehe einen Hund, der einen Hut trägt. Ich
sehen einen Mann, der ein Bier trinkt und einen
anderen Mann, der eine Bratwurst isst. Ich sehe
eine Frau und einen Mann, die zusammen
tanzen. Ich sehe eine Frau, die als Katze verkleidet ist und einen Jungen, der ein Foto von ihr
macht. Es gibt auch einen Mann mit einer roten
Nase, der Bonbons wirft. Und ich sehe einen
kleinen Jungen, der weint.

Übungen 11

Zu 2
1) 1: wütend – 2: pünktlich – 3: chaotisch –
4: streng – 5: offen – 6: faul – 7: neugierig –
8: ruhig – 9: frech – 10: treu – 11: lieb –
12: ehrlich

Zu 3
1. *falsch* – 2. *richtig* – 3. *falsch* – 4. *richtig* –
5. *falsch*

Zu 6
Ja, was für einen Mantel? – Ja, was für ein Auto?
– Ja, was für einen Schrank? – Ja, was für eine
Uhr? – Ja, was für Leute?

Zu 7
1. Wo – 2. wem – 3. Wie – 4. Woher – 5. wann –
6. Worüber – 7. Wie viele – 8. Wann –
10. Welchen – 11. Wann – 12. Warum

Das fragt ein Kommissar/ein Polizist.

1: mag – 2: treffe – 3: ärgere – 4: kam –
5: erzählt. 6: wollte – 7: fragen – 8: zugehört –
9: interessiert – 10: sage

Zu 11
1) 2F– 3I– 4C– 5B – 6D – 7G – 8E – 9A

3) 1: *falsch*, 2: *richtig*, 3: *falsch*, 4: *richtig*. 5: *falsch*

Zu 13
1)
‹ Kennst du **jemand(en)**, der mit der Zunge an
die Nase kommt?
▮ Ja, ich kenne **viele**. Fast **jeder** in meiner
Familie kann das, aber ich kenne **niemand(en)**,
der mit den Ohren wackeln kann.

2)
‹ Kennst du jemand(en), der eine Augenbraue
hochziehen kann?
▮ Ja, ich kenne viele. Fast jeder in meiner
Familie kann das, aber ich kenne niemand(en),
der die Zunge rollen kann.

Zu 15
3)

Singular	*Plural*
2. Sei nicht so traurig!	Seid nicht traurig!
3. Wein doch nicht!	Weint doch nicht!
4. Mach dir keine Sorgen!	Macht euch keine Sorgen!
5. Reg dich nicht so auf!	Regt euch nicht so auf!
6. Ärger dich nicht!	Ärgert euch nicht!

Zu 17
1) 1. lachen c) – 2. weinen a) – 3. sich aufregen b) – 4. sich ärgern b) – 5. sich freuen c)

2) *Vorschläge:*
1. Gestern war ich im Kino und am Ende ist
   der Held gestorben. Ich habe (sehr) geweint.
2. Meine Großmutter hat mir ein Paket
   geschickt. Ich habe mich (sehr) gefreut.
3. Meine Tochter hat ihr Zimmer nicht aufgeräumt. Ich bin (so) wütend!
4. Am Samstag feiere ich meinen Geburtsag.
   Meine Cousine aus Athen kommt auch.
   Ich freue mich (auf sie).
5. Gestern kam die Handyrechnung: 60 Euro!
   Ich habe mich (schrecklich) aufgeregt.
6. Pjotr hat von seiner Katze erzählt. Das war
   lustig. Ich musste (so) lachen.

Zu 18
A2 – B1 – C4 – D5 – E3 – F6

Übungen 12

Zu 1
1)
der: Bahnhof / Bahnhöfe – Baum / Bäume –
Berg / Berge – Bus / Busse – Hund / Hunde –
Fluss / Flüsse – Frisör / Frisöre – Kindergarten /
Kindergärten – Marktplatz / Marktplätze –
Park / Parks, Spielplatz / Spielplätze –
Strand / Strände – Verein / Vereine – Verkehr / –
– Weg / Wege – Zoo / Zoos

das: Auto / Autos – Büro / Büros – Café / Cafés –
Dorf / Dörfer – Freibad / Freibäder –
Geschäft / Geschäfte – Hochhaus / Hochhäuser –
Kaufhaus / Kaufhäuser – Meer / Meere –
Museum / Museen – Restaurant / Restaurants –
Stadion / Stadien, Theater / Theater, Kino / Kinos,
Zentrum / Zentren

die: Apotheke / Apotheken –
Bäckerei / Bäckereien – Bank / Banken/ Bänke –
Bibliothek / Bibliotheken – Blume / Blumen –
Haltestelle / Haltestellen – Natur / – –
Pflanze / Pflanzen – Post / – – Praxis / Praxen –
Schule / Schulen – Straße / Straßen –
U-Bahn / U-Bahnen– Universität / Universitäten–
Wiese / Wiesen

2) *Vorschläge:*
Ich finde es wichtig, dass die Universität in der
Nähe ist. Ich finde Bäume und Wiesen wichtig.
Ich finde einen Spielplatz / einen Park / eine
Bibliothek / ... in der Nähe wichtig. Ich finde es
wichtig, dass es Theater und Museen gibt. ...

zu 2
1) *Vorschläge:*

fahren in	ins Zentrum	Ich fahre heute ins Zentrum.
sein neben	der Post	Der Bahnhof ist neben der Post.
gehen über	die Straße	Du musst nur über die Straße gehen.
stellen unter	den Baum	Komm, wir stellen uns unter den Baum.
liegen zwischen	der Schule, der Universität	Meine Wohnung liegt zwischen der Schule und der Universität.
leben in	der Stadt	Ich lebe in der Stadt.
gehen zu	zur Apotheke	Gehst du zur Apotheke?
spazieren gehen mit	dem Hund	Ich gehe heute Abend mit dem Hund spazieren.

fragen nach	dem Weg	Warte, ich muss nach dem Weg fragen.
gehen in	ins Kino	Ich gehe ins Kino.
studieren an	der Universität	Ich studiere an der Universität in Leipzig.

2) 1. Ja, ich gehe ins Kino. / Ja, ich gehe in den Kindergarten. / Ja, ich gehe ins Zentrum. / Ja, ich gehe ins Museum. / Ja, ich gehe zur Apotheke. / Ja, ich gehe in die Universität. / Ja, ich gehe ins Restaurant.
2. Ja, ich bin in der Post. / Ja, ich bin am Meer. / Ja, ich bin im Geschäft. / Ja, ich bin auf dem Berg. / Ja, ich bin im Museum. / Ja, ich bin auf dem Marktplatz. / Ja, ich bin im Stadion. / Ja, ich bin auf der Wiese.

Zu 3

1) *Das ist die Antwort von Rainer.*

2) 1f – 2c – 3a – 4e – 6b

Zu 6

1. Ina Merkel, 2. René Marquard, 3. Anton Fiebig, 4. René Marquard, 5. Ina Merkel, 6. Anton Fiebig

Zu 7

1)

1. der kleine Garten
   └ ein kleiner Garten
   └ kleiner Garten

   den großen Garten
   └ einen kleinen Garten
   └ kleinen Garten

   mit dem großen Garten
   └ mit einem kleinen Garten
   └ mit kleinem Garten

2. das schöne Zimmer
   └ ein schönes Zimmer
   └ schönes Zimmer

   in dem schönen Zimmer
   └ in einem schönen Zimmer
   └ mit schönem Zimmer

3. die große Liebe
   └ eine große Liebe
   └ große Liebe

   mit der großen Liebe
   └ mit einer großen Liebe
   └ mit großer Liebe

2) Eine Stadt in den Wolken

Seit Januar 2010 ist der Burj Khalifa das weltweit höchste Gebäude. Der riesige Wolkenkratzer in Dubai ist 828 m hoch. Er hat 189 Stockwerke und bei gutem Wetter kann man ihn noch aus 100 km Entfernung sehen. Der Bau hat mehr als 1,5 Milliarden Dollar gekostet. 3000 Arbeiter aus 150 verschiedenen Ländern haben das hohe Gebäude gebaut.

Es gibt ein teures 7-Sterne-Hotel, moderne Büros und Apartments, ein großes Einkaufszentrum, ein riesiges Aquarium über drei Stockwerke hoch!) und – mitten im heißen Dubai – eine Eisbahn. Bis zu 200 Menschen können gleichzeitig mit den 54 Aufzügen fahren. So kommt man dem blauen Himmel über Dubai sehr schnell näher, denn der schnellste Fahrstuhl schafft zwölf Meter in einer Sekunde.

PLUS *Vorschlag:*
Liebe Maria,
ich habe heute im Deutschkurs gelesen, dass das weltweit höchste Gebäude in Dubai steht. Es ist 828 m hoch und es hat 189 Stockwerke. Man kann es noch aus 100 km Entfernung sehen. Man kann dort sogar eine Eisbahn besuchen/Eis laufen. Es gibt ein 7-Sterne-Hotel und sehr schnelle Fahrstühle. Das möchte ich gerne mal sehen. Wie geht es dir?
Liebe Grüße Sonja

7 *Vorschläge:*
3) Der Taipei 101 in Taipeh ist höher als das Empire State Building in New York, aber kleiner als der Burj Khalifa in Dubai. Der Eiffelturm in Paris ist höher als der Messeturm in Frankfurt, aber kleiner als das Empire State Building in New York.

PRÜFUNGSVORBEREITUNG
Richtig: 3, 4
Falsch: 1, 2, 5

Zu 10

1d – 2c – 3e – 4b – 5f – 6a

Zu 11

– Dass ich **diesen** Preis bekommen habe, ist unglaublich.
– Ich liebe **diese** Stadt.
– **Dieses** gute Gefühl, das ich hier habe. Ich bin einfach gern in **dieser** Stadt.
– Ja klar, **dieses** Haus hier zum Beispiel.

Zu 12

1. Nein, mir gefällt diese Wohnung hier besser. /
Nein, mir gefällt dieser Garten hier besser. /
Nein, mir gefällt diese Lage hier besser. /
Nein, mir gefällt dieses Zimmer hier besser. /
Nein, mir gefällt dieser Preis hier besser. /
Nein, mir gefallen diese Nachbarn hier besser.

2. Ich nehme diesen Boden hier. / Ich nehme
diesen Teppich hier. / Ich nehme diese Küche
hier. / Ich nehme dieses Fenster hier. / Ich
nehme diese Türen hier. / Ich nehme diese
Toilette hier.

Übungen 13

Zu 1
1)
1. Damit er nicht alleine auf die Schüler und
Schülerinnen aufpassen musste.
2. Weil sie sehr streng waren.
3. Weil sie auf der Mädchenschule immer
Röcke tragen musste und später nur noch
Hosen angezogen hat.
4. Weil Biologie und Geschichte ihre Lieblingsfächer waren.
5. Weil er am ersten Schultag eine Schultüte
bekommen hat.

2) 2g – 3b – 4h – 5a – 6e – 7f – 8d

Zu 2
waagerecht:
2: Klasse – 3: Hausaufgaben – 5: Schüler –
10: Elternabend
senkrecht:
1: Schulabschluss – 2: Klassenfahrt – 4: korrigieren – 6: Lehre – 7: Regeln – 8: Zensur – 9: Fach

Zu 3
1) *Nr. 2*
2) 1b – 2c – 3b – 4a – 5b – 6b

Zu 5
Damit der Lehrer/die Lehrerin weiß, dass die
Eltern die Einladung gelesen haben.

Zu 6
mit mir und den Kindern; mit Freunden
auf dem Land
in einer Großstadt, in meinem Garten; in der
Natur; in der Stadt; im Park, im Schwimmbad
oder im Theater, in einem gemütlichen Café
seit 21 Jahren

von: **vom** Bauernhof
aus der Stadt
zu jeder Jahreszeit

Zu 7
1: mir – 2: nach der Schule – 3: seiner Mutter –
4: mir – 5: Ihrem Sohn – 6: mit Ihnen – 7: in der
Klasse – 8 ihm
Reihenfolge: 3 – 5 – 7 – 1 – 4 – 8 – 2 – 6

Zu 8
Wem? Ihrem Sohn? / Wem? Seinem Vater? /
Wem? Ihrer Nichte? / Wem? Ihrem Onkel? /
Wem? Seinem Freund? / Wem? Seinem Sport-
lehrer? / Wem? Ihrer Schülerin?

Zu 11
1) *Vorschläge:*
Ich habe wenig Zeit. Trotzdem gehe ich heute
Abend ins Kino.
Ich habe keine Lust. Trotzdem spiele ich mit
den Kindern.
Ich habe wenig Zeit. Trotzdem treffe ich am
Wochenende meine Freunde.
Ich habe keine Lust. Trotzdem muss ich meine
Hausaufgaben machen.
Ich habe wenig Zeit. Trotzdem lese ich viel.
Ich habe wenig Zeit. Trotzdem muss ich
einkaufen.

2) *Vorschläge:*
Ich werde auch nicht jünger. Kaputt? Du wirst
nach dem Duschen wieder fit. Das Wetter wird
morgen schön. Wir werden beide Lehrer. Ramón
und Lucia, ihr werdet immer besser. Die Kinder
werden jedes Jahr größer.

Zu 16
1. Warum ist Rollos Lehrer immer mit zwei
Eltern auf Klassenfahrt gefahren?
2. Warum waren Klaras Lehrerinnen nicht so
nett?
3. Warum war Klaras Kleidung später anders?
4. Warum waren Annas Zensuren in Biologie
und Geschichte so gut?
5. Warum war Sebastians Freude am ersten
Schultag noch groß?

PRÜFUNGSVORBEREITUNG
1b – 2g – 3a – 4x – 5f

Übungen 14

Zu 2
2. selbstständig – 3. kritisch – 4. ängstlich –
5. ordentlich– 6. langsam/langweilig – 7. freundlich – 8. fleißig – 9. aktiv – 10. langsam/lang-
weilig – 11. vorsichtig

Zu 4
1)
a) die Ausbildung, der Chef, Bewerbungen
schreiben, Absagen bekommen, der Beruf, das
Bewerbungsgespräch, sich bei verschiedenen
Firmen bewerben, die Firma
b) bekannt, streng unsicher, verschieden, besser
(gut), gründlich, lange, klein, schüchtern, leicht,
wichtig, ruhig
c) Bewerbungsgespräch

2) 2d – 3f – 4a – 5c – 6b – 7e
Vorschläge:
Ich habe viele Bewerbungen geschrieben,
aber ich habe immer Absagen bekommen.
Meine Arbeit habe ich immer geschafft und
ich habe meine Zeit gut eingeteilt.
Ich habe auf die Fragen ehrlich geantwortet,
als ich mich bei der Firma beworben habe.

3) 1. *richtig*, 2. *falsch*, 3. *sagt sie nicht*, 4. *falsch.*
5. *richtig*

Zu 8
1)
1. weil: Sie hat die Firma gewechselt, weil der
   Chef zu streng war.
2. damit: Sabine Weiß nimmt an einem Seminar zum Thema Stärken und Schwächen teil,
   damit sie ihre Angst vor Fehlern verliert.
3. wenn: Sie kann in einem Bewerbungsgespräch besser sein, wenn sie ihre Stärken
   und Schwächen kennt.
4. als: Als Sabine 38 Jahre alt war, hat sie einen
   neuen Job gefunden.

2)
1. aber: Sabine Weiß ist sehr gründlich, aber
   sie kann ihre Zeit nicht gut einteilen.
2. denn: Susanne Raiber kann mit Sabine
   feiern, denn Sabine hat einen neuen Job
   gefunden.
3. und: Sabine Weiß arbeitet als Sekretärin und
   sie muss sich um ihre Familie kümmern.
4. oder: Ihre Kinder bleiben nachmittags im
   Hort oder die Oma holt die Kinder ab.

3) Als ich vor einem Jahr einen Sprachkurs **gemacht habe**, **konnte** ich noch nicht gut Deutsch.
Ich **hatte** große Angst vor Fehlern und ich **habe**
die Leute oft nicht **verstanden**. Ich **habe** nicht
viel **gesprochen**, weil ich schüchtern **war**. Dann
habe ich jeden Tag etwas auf Deutsch gemacht,
damit ich besser Deutsch **spreche**. Beim Einkaufen **habe** ich mit den Verkäuferinnen **gesprochen** oder ich **habe** mit meinem Nachbarn **geredet**. Wenn ich etwas nicht **verstanden habe**, habe
ich zu Hause das Wort im Wörterbuch gesucht
und gelernt. Das **hat** mir Spaß **gemacht**, denn
ich **konnte** jeden Tag ein bisschen besser
Deutsch. Jetzt **spreche** ich schon viel besser, aber
ich **muss** immer noch viel **üben**

Zu 10
1) 1b – 2c – 3b – 4c

2) 1c – 2e – 3a – 4b – 5f – 6d

Zu 11 *Vorschlag:*
Es ist sieben Uhr, der Wecker klingelt, aber
Chiara steht erst um halb acht auf. Von Viertel
vor acht bis zehn nach acht frühstückt sie und
sieht fern. Dann verpasst sie den Bus, der um
8:15 fährt. Um zehn nach neun kommt sie zum
Kurs und ist zu spät. Bis um 13 Uhr hat sie Unterricht, dann geht sie nach Hause. Um 15 Uhr
will sie putzen, aber schon zwanzig Minuten
später / schon um zwanzig nach drei bekommt
sie einen Anruf. Sie telefoniert bis fünf/17 Uhr.
Abends um sechs möchte sie lernen, ihre
Hausaufgaben machen. Aber nach einer Viertel-
stunde / um Viertel nach sechs bekommt sie
Besuch.
Ich glaube nicht, dass Chiara ihre Hausaufgaben
gemacht hat, aber sie hatte einen schönen Tag.

Zu 15
2. Wie war denn Ihr Urlaub / dein Urlaub?
3. (Ich bin das erste Mal hier.) Kennen Sie /
   Kennst du die Stadt gut?
4. Waren Sie / Warst du schon im neuen James
   Bond-Film?
5. Wie geht es Ihren Kindern / deinen Kindern?

PRÜFUNGSVORBEREITUNG
1. 12:30 und 13 Uhr
2. zehn Uhr
3. halb acht (7:30 Uhr)
4. 16 und 18 Uhr